実践に活かす

教育課程論・
教育の方法と技術論

樋口直宏／林　尚示／牛尾直行　編著

はじめに

　本書は、2002（平成14）年に刊行された『実践に活かす　教育課程論・教育方法論』を受け継いで、新たな内容およびメンバーで作成した著作である。この間の動向を振り返ると、OECDをはじめとする学力や高等教育、成人力、教師に関する各種調査とともに、国内における「全国学力・学習状況調査」の実施（2017（平成29）年）といった、教育のグローバル化に伴う諸改革が行われた。学習指導要領については、「確かな学力」を目指した一部改正（2003（平成15）年）、知識・技能の活用と小学校「外国語活動」の新設（2008〜2009（平成20〜21）年）、道徳の特別教科化（2015（平成27）年）、資質・能力の育成と小学校「外国語」の新設といった改正が行われた。教育方法領域に関しても、児童生徒の学習を主体とするアクティブ・ラーニングや協働学習への転換、ICT技術の進展に伴うタブレット、電子黒板、デジタル教材等の活用、およびプログラミングや反転学習といった新たな内容・方法が開発されている。

　また2016（平成28）年から2017（平成29）年にかけて、教育職員免許法および同法施行規則が改正され、教職課程の科目と必要事項が変更になった。これまで、「教育課程の意義及び編成の方法」と「教育の方法及び技術（情報機器及び教材の活用を含む。）」は「教育課程及び指導法に関する科目」に位置づけられていたが、改正によって「教育課程の意義及び編成の方法（カリキュラム・マネジメントを含む。）」は「教育の基礎的理解に関する科目」に、「教育の方法及び技術（情報機器及び教材の活用を含む。）」は新設された「総合的な学習の時間の指導法」とともに「道徳、総合的な学習の時間等の指導法及び生徒指導、教育相談等に関する科目」において、それぞれ扱われることとなった。

　さらに、教職課程で共通的に習得すべき資質・能力を示す「教職課程コアカリキュラム」が作成され、課程認定審査等において利用されることとなった。具体的には、「教育課程の意義及び編成の方法（カリキュラム・マネジメントを含む。）」では意義、編成の方法、カリキュラム・マネジメントについ

て、「教育の方法及び技術（情報機器及び教材の活用を含む。）」では教育の方法論、教育の技術、情報機器及び教材の活用について、「総合的な学習の時間の指導法」では意義と原理、指導計画の作成、指導と評価について、それぞれ全体目標とともに各項目の一般目標と到達目標が定められている。

　旧著においても、これらの動向を踏まえて毎年の増刷時に修正を施すとともに、2009（平成21）年には全面改訂を行ってきた。しかしながら、20年近くの年月を経て改訂には限界があり、このたび内容や執筆者を見直し、新たな書籍として刊行することとなった。編者は、旧著の生みの親である故唐沢勇先生（筑波大学元教授）の教えを受けた３名が引き続き担当したが、執筆者については編者と関わりの深い若手研究者も新たに加わった。構成についても、旧著を参考にしながら大幅に見直すとともに、同一項目であっても全面的に書き直すことを原則とした。「教職課程コアカリキュラム」への対応も考慮しながら構成および執筆を進めたが、結果的に２つの教職科目をまたいで扱うテキストになったことは、本書の特徴と言えるだろう。

　具体的には、本書は３部から構成されている。「第１部　教育課程論」においては、現代社会における教育目標の特徴とともに、教育課程の基本原理について検討する。また、学習指導要領に関する法制上の位置づけや現在までの歴史的変遷とともに、カリキュラム・マネジメントやカリキュラム開発についても取り上げる。「第２部　教育方法論」においては、まず伝統的な教育方法の原理や学習指導の技術と形態を取り上げ、認知科学や学習論についても扱う。それとともに、授業を成立させる条件である教材と学習環境や、教育の情報化とICTを用いた授業実践について考察する。さらに、授業研究や授業分析、および児童生徒に対する教育評価の方法について、今日的動向を踏まえながら検討する。「第３部　教育実践論」においては、伝統的な民間教育団体の活動や学校現場で取り入れられた実践を扱う。また総合的な学習の時間については、「教職課程コアカリキュラム」に即して意義や指導計画および評価について検討する。さらに授業づくりと実践事例については、現職の先生方を中心に各校種および教科の学習指導案例を提示していただいた。

　本書の名称については、新しい書名にすることも考えたが、旧著の一部を改めるにとどめた。特に、「実践に活かす」は編者にとって思い入れが深く、

本書においてもそれぞれの箇所においてどのように実践に活かすことができ
るのかを考えながら執筆した。それゆえ、本書が教職課程のみならず、教職大
学院や教員免許状更新講習等の場においても活用されることを願っている。
「理論と実践の往還」と言われるが、本書がその一端を担えることができれば
望外の喜びである。

　2020（令和2）年3月

　　　　　　　　　　　　　　　　　　　　　　編者代表　樋口直宏

目次

第3部　教育実践論

第1部 　教育課程論

第1章　教育目標とカリキュラム

1. はじめに

　現代社会における教育目標は、例えばSocity5.0、AI（Artificial Intelligence）、ビッグデータ（big data）などと関係が深い。Socity5.0は内閣府が科学技術施策として提唱しているもので、サイバー空間（仮想空間）とフィジカル空間（現実空間）を高度に融合させたシステムによって、経済発展と社会的課題の解決を両立させようとする考え方である。経済発展や社会的課題の解決はこれまで人間の知的行為によって決定がなされてきたが、これからは、コンピュータによる計算によって機械的に実行された結果も活用されるかもしれない。しかし、その一方で管理しきれないほど巨大で複雑なデータをどのように活用していくかということは、これから発展していく分野であろう。

　また、学力研究の歴史としては、グローバルスタンダードとしてのコンピテンシーを検討しているOECD（Organisation for Economic Co-operation and Development）の議論もある。この議論はPISA（Programme for International Student Assessment）とも関わっており、世界規模で各国の教育政策にも影響を与えている。

　日本の場合も、資質・能力（汎用的能力）の育成に関心が高まっている。教育基本法と学力の3要素（「知識・技能」「思考力・判断力・表現力等」「主体的に学習に取り組む態度」）、全国学力学習状況調査、国際バカロレア（International Baccalaureate）の知の理論（TOK）、思考スキル、マインドマップ、哲学的対話など、教育目標に影響を及ぼす様々なものがある。

　教育目標とカリキュラムを検討するためには多方面からのアプローチがある。その中で、ここでは、国内の状況としては教育基本法、学習指導要領に着目する。そして世界規模では、国際バカロレア、OECD Education 2030プロジェクトなどに着目する。

2．教育目標とは

　教育目標とは、教育の目標のことである。教育とは教えて育むことである。目標とは目じるしのことである。教育の目標は教育の主体によって様々に定義される。

　日本の学校教育では、教育の目標について「（教育の目標）第2条　教育は、その目的を実現するため、学問の自由を尊重しつつ、次に掲げる目標を達成するよう行われるものとする。一　幅広い知識と教養を身に付け、真理を求める態度を養い、豊かな情操と道徳心を培うとともに、健やかな身体を養うこと。二　個人の価値を尊重して、その能力を伸ばし、創造性を培い、自主及び自律の精神を養うとともに、職業及び生活との関連を重視し、勤労を重んずる態度を養うこと。三　正義と責任、男女の平等、自他の敬愛と協力を重んずるとともに、公共の精神に基づき、主体的に社会の形成に参画し、その発展に寄与する態度を養うこと。四　生命を尊び、自然を大切にし、環境の保全に寄与する態度を養うこと。五　伝統と文化を尊重し、それらをはぐくんできた我が国と郷土を愛するとともに、他国を尊重し、国際社会の平和と発展に寄与する態度を養うこと。」（教育基本法第2条）と定義されている。これら5つが日本の教育の目標、つまり目じるしとなっている。

　さて、教育目標の基になるのは教育の目的である。日本の学校教育では教育の目的について「（教育の目的）第1条　教育は、人格の完成を目指し、平和で民主的な国家及び社会の形成者として必要な資質を備えた心身ともに健康な国民の育成を期して行われなければならない。」（教育基本法第1条）と定義されている。目的とは、得ようとしてねらう対象であり、めあてと言い換えることもできる。目的が到達点で、そのための目じるしが目標という関係になっている。

　このような目標に基づきつつ、世界の教育改革の動向も見据えて具体的な教育の方向性が検討されることとなる。

3．日本の教育目標とカリキュラム

⑴学習指導要領総則

　学習指導要領は、文部科学省が学校教育法等に基づいて各学校で教育課程（カリキュラム）を編成する際の基準を定めたものである。基準設定の理由は、全国のどの地域で教育を受けても、一定の水準の教育を受けられるようにするためである。

　そして、学習指導要領総則には教育目標が示されている。学習指導要領総則とは、教育課程編成の一般方針、内容等の取扱いに関する共通的事項、授業時数等の取扱い、指導計画の作成にあたって配慮すべき事項などが定められた部分である。

　文部科学省では、学校教育の目標と学習指導要領で示す教育目標については区分して使用している。学校教育の目標は教育基本法での教育の目標（第2条）、学校教育法の義務教育の目標（第21条）といった部分を示す。それに対して教育目標という場合は各学校の教育目標を設定（第1章総則第2の1参照）するという文脈で使用されている。

　小学校学習指導要領の総則を例とすると、教育課程の編成及び実施には学校の教育目標について「学校の教育目標など教育課程の編成の基本となる事項は、学校教育の目的や目標及び教育課程の基準に基づきながら、しかも各学校が当面する教育課題の解決を目指し、両者を統一的に把握して設定する」（文部科学省　2017）とされている。

　学校が当面する教育課題については、事前の研究や調査の検討によって把握することになる。具体的な学校の教育目標の例を示すと次のようなものがある。

○国立大学法人東京学芸大学附属小金井小学校
　　明るく思いやりのある子　強くたくましい子　深く考える子
○小金井市立小金井第二小学校
　　心豊かな子ども　自ら考え行動する子ども　健康な子ども
○私立成城学園初等学校
　　個性尊重の教育　自然と親しむ教育　心情の教育　科学的研究を基とする教育

---

(2)学習指導要領改訂の考え方

　2017年の学習指導要領改訂は、各教科等を通して「何ができるようになるか」ということが定められている。 具体的には、知識・技能の習得、思考力・判断力・表現力等の育成、学びに向かう力・人間性等の涵養を目指して教育が行われる。

図1　学習指導要領改訂の考え方
（文部科学省 2019）

そして、「どのように学ぶか」ということについては、「主体的・対話的で深い学び（アクティブ・ラーニング）」の視点から学習過程の改善が図られる。その詳細は、図1の通りである。

　さらに、これらの考え方を通して、「よりよい社会を創る」ということや「未来の創り手となるために必要な資質・能力を育む」ことなどが重視されている。

4．国際バカロレアにおける教育の目標とカリキュラム

(1)国際バカロレアとは

　国際バカロレア（International Baccalaureate,IB）とは、1968年にスイスのジュネーブ（Geneva, Switzerland）で設立された非営利教育団体である国際バカロレア機構（International Baccalaureate Organization）が提供する大学入学資格試験や教育プログラムである。

　教育プログラムには、3歳〜12歳対象のPYP(Primary Years Programme)、11歳〜16歳対象で5年間のMYP（Middle Years Programme）、16歳〜19歳対象で2年間のDP（Diploma Programme）などがある。2018年4月1日現在、世界にはPYPが1658校（国内27校）、MYPが1488校（国内16校）、DPが3340校（国内38校）で実施されている。

　IBワールドスクール（IB認定校）が価値を置く人間性を10の人物像「IB

の学習者像」として設定している。

(2)国際バカロレアにおける教育の目標

「IB の学習者像」は、探究する人、知識のある人、考える人、コミュニケーションができる人、信念をもつ人、心を開く人、思いやりのある人、挑戦する人、バランスのとれた人、振り返りができる人によって構成されている。そして、それぞれの特徴は図2のようになる。

本書第3部の「2　総合的な学習の時間の指導」で示した文部科学省の指導要録における評価の観点と比較すると、文部科学省の知識・技能は IB の「知識ある人」に対応する。文部科学省の思考・判断・表現は、IB の「考える人」「コミュニケーションができる人」に対応する。文部科学省の主体的に学習に取り組む態度は「探究する人」、「挑戦する人」に対応する。

そのため、文部科学省の指導要録における総合的な学習（探究）の時間の評価の観点と「IB の学習者像」を比較すると共通する部分がある一方で、直接的には重ならない部分もある。

IB の「信念をもつ人」「心を開く人」「思いやりのある人」「バランスのとれた人」「振り返りができる人」などは、図1学習指導要領改訂の考え方（文部科学省 2019）では「何ができるようになるか」の人間性等に関わる内容に対応する。

(3)国際バカロレアのカリキュラム

国際バカロレアは、大きく分けると3つの教育プログラムがあり、それらは次のように整理されている。日本の教育制度と完全には一致しないもの

探究する人
私たちは、好奇心を育み、探究し研究するスキルを身につけます。ひとりで学んだり、他の人々と共に学んだりします。熱意をもって学び、学ぶ喜びを生涯を通じてもち続けます。

知識のある人
私たちは、概念的な理解を深めて活用し、幅広い分野の知識を探究します。地域社会やグローバル社会における重要な課題や考えに取り組みます。

考える人
私たちは、複雑な問題を分析し、責任ある行動をとるために、批判的かつ創造的に考えるスキルを活用します。率先して理性的で倫理的な判断を下します。

コミュニケーションができる人
私たちは、複数の言語やさまざまな方法を用いて、自信をもって創造的に自分自身を表現します。他の人々や他の集団のものの見方に注意深く耳を傾け、効果的に協力し合います。

信念をもつ人
私たちは、誠実かつ正直に、公正な考えと強い正義感をもって行動します。そして、あらゆる人々がもつ尊厳と権利を尊重して行動します。私たちは、自分自身の行動とそれに伴う結果に責任をもちます。

心を開く人
私たちは、自己の文化と個人的な経験の真価を正しく受け止めると同時に、他の人々の価値観や伝統の真価もまた正しく受け止めます。多様な視点を求め、価値を見いだし、その経験を糧に成長しようと努めます。

思いやりのある人
私たちは、思いやりと共感、そして尊重の精神を示します。人の役に立ち、他の人々の生活や私たちを取り巻く世界を良くするために行動します。

挑戦する人
私たちは、不確実な事態に対し、熟慮と決断力をもって向き合います。ひとりで、または協力して新しい考えや方法を探究します。挑戦と変化に機知に富んだ方法で快活に取り組みます。

バランスのとれた人
私たちは、自分自身や他の人々の幸福にとって、私たちの生を構成する知性、身体、心のバランスをとることが大切だと理解しています。また、私たちが他の人々や、私たちが住むこの世界と相互に依存していることを認識しています。

振り返りができる人
私たちは、世界について、そして自分の考えや経験について、深く考察します。自分自身の学びと成長を促すため、自分の長所と短所を理解するよう努めます。

図2　IB の学習者像（国際バカロレア）

の、幼稚園や小学校段階がPYP（Primary Years Programme）、主として中学校段階がMYP（Middle Years Programme）、高校2－3年段階がDP（Diploma Programme）である（図3）。

DPを例とすると、IBの学習者像を中心として、中心に近い部分に「知の理論」「課題作文」「創造性・活動・奉仕」が配置されている。そして、その周囲に「言語の習得」「言語と文学」「個人と社会」「数学」「芸術」「理科」が配置されている（図4）。

国際バカロレアは世界各国の教育制度の制約を超えて、世界共通の大学入学資格としての性格を持っている。最終試験は45点満点である。選択科目を6つ受験し、選択科目はそれぞれ7点満点である。それに加えて、EE（Extended Essay：課題論文）とTOK（Theory of Knowledge：知の理論）が合わせて3点である。さらに、CAS（Creativity, Action,

国際バカロレアは、3つの教育プログラムがあります。

①小学校に相当するのがPYP（初等教育プログラム）
②中学校に相当するのがMYP（中等教育プログラム）
③高校に相当するのがDP（ディプロマ資格プログラム）

国際バカロレア　3つの教育課程

高校2年生から学ぶディプロマ資格プログラムが、「世界共通のパスポート」と呼ばれ、大きな注目を集めています。

図3　国際バカロレア3つの教育課程
（国際バカロレア）

図4　DPのプログラムモデル
（国際バカロレア）

Service：創造性・活動・奉仕）の要件も満たされなければならない。24点以上で国際バカロレア修了資格（IB Diploma）を取得できる。

類似するものとしては、イギリスのGCE（General Certificate of Education）、フランスのバカロレア（Baccalauréat）、ドイツのアビトゥア（Abitur）などがある。これらは、それぞれの国での中等教育レベルの認証試験であり、大

学入学資格として機能している。

5. OECD の Education 2030における教育の目標

教育の目標は、世界規模では、例えば OECD も検討を進めている。Future of Education and Skills 2030において、OECD では、2030年を目途として次のような Learning compass を作成している（図5）。

これによると、学習のゴールは Well-being である。児童生徒は Student agency（主体性）を発揮して Well-being に到達するように学ぶイメージである。その際に役立つものが Learning compass である。Learning compass にはキーコンピテンシーとして知識、スキル、態度・価値がある。

ここでの知識については、学問的知識（disciplinary knowledge）、学際的知識（interdisciplinary knowledge）、認識論的知識（epistemic knowledge）および手続的知識（procedural knowledge）の4種類の知識に分けている。

スキルについては、認知スキルとメタ認知スキル（cognitive and metacognitive skills）、社会的および感情的なスキル（social and emotional skills）、身体的および実践的スキル（physical and practical skills）の3区分のスキルに分けている。態度・価値については、個人、社会、環境の幸福に向かう道の選択、判断、行動、行動に影響を与える原則と信念であるとしている。

キーコンピテンシーの周囲に Core foundations（コア基盤）

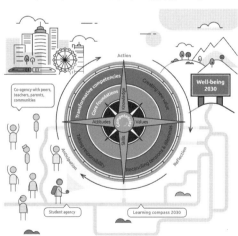

図5　The OECD Learning Compass 2030

がある。Core foundations は識字と数学や物理などの認知的基礎、健康についての基礎、道徳や倫理などの社会的情動的基礎が含まれる。そしてその周囲に Transformative competencies（変革を起こす力のあるコンピテンシー）が取り囲んでいる。Transformative competencies には価値の創造、緊張やジ

レンマへの対処、責任感に関わるものが含まれる。これらのコンピテンシーを、予測、実践、振り返りのサイクル（AARサイクル）で学びながら児童生徒は Well-being に到達するというモデルである。

　ゴールである Well-being は社会の幸福（well-being of society）という意味で、OECD による「私たちが望む未来（"the future we want"）」である。ここでの Well-being の状況を国別に比較するために、「OECD のよりよい生活指数（The OECD's Better Life Index）」として公表されている。日本の場合、現在の Well-being についての国別の状況では、日本は次のような位置づけである（図6）。

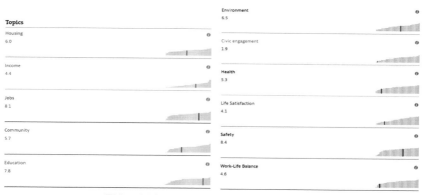

図6　OECD Better life Index Japan 2018

ハウジング、所得、仕事、コミュニティ、教育、環境、市民参加、健康、人生の満足、安全性、仕事と生活のバランスといった11の項目から総合的に特徴をとらえている。日本は安全性、仕事、教育については高得点である。安全性については、殺人率の低さと「夜1人で歩いても安心」という指標によって評価がなされている。仕事については、15－64歳の75%が有給の仕事をしていることが評価されている。教育については、25－64歳の成人の高等教育修了割合が高いことが評価されている。一方で、市民参加は1.9と低い。これは、最近の選挙での投票率がOECD平均よりも大幅に低いことが大きく影響している。

6．本章のまとめ

　本節では、文部科学省の学習指導要領、国際バカロレアのディプロマプログラム、OECD の Education 2030プロジェクトなどを活用して教育目標とカリキュラムについて検討を深めてきた。そして、その成果は次の3点にまとめることができる。

　一つ目に、文部科学省の学習指導要領については、生きて働く知識・技能の習得、未知の状況にも対応できる思考力・判断力・表現力等の育成、学びを人生や社会に活かそうとする学びに向かう力・人間性等の涵養が資質・能力として重視されていた。そして、それらを実現できるようにカリキュラムが検討されていた。

　二つ目に、国際バカロレアのディプロマプログラムでは IB の学習者像として探究する人、知識のある人、考える人、コミュニケーションができる人、信念をもつ人、心を開く人、思いやりのある人、挑戦する人、バランスのとれた人、振り返りができる人という10項目が目指されていた。そして、それを実現するために EE、TOK、CAS などを内部に持つ同心円型のカリキュラムモデルが作成されていた。

　三つ目に、OECD の Education 2030事業では、2030年をゴールとして Well-being を目指す学習モデルが提示されていた。そして、知識、スキル、態度・価値を中心部におき、周囲に Transformative competencies を配置する Learning compass が示されていた。

　文部科学省の学習指導要領などや国際バカロレアのディプロマプログラムなどは教育内容や時間数を定めているが、OECD は現在のところ具体的なカリキュラムを策定していない。しかし、OECD の PISA 調査などが各国の教育施策に影響を及ぼしていることも考えると、今後は世界規模で初等中等教育のカリキュラムの平準化が進むのではないかとも考えられる。

　なお、教育目標とカリキュラムの検討で残されている課題は、どのような将来を教育のゴールに設定することが正しいのかということである。教育目標を設定する枠組みの確立は、世界レベルでも日本の教育行政のレベルでもさらに検討を要している。

学習課題

○教育目標はどのように決められるか考えてみよう。

○今後ますます重要となる教育目標は何か考えてみよう。

引用・参考文献

・国際バカロレア（2015）『知の理論（TOK）指導の手引き』。

・国際バカロレア「IBの学習者像」Retrieved from https://ibconsortium. mext. go. jp/wp-content/uploads/2019/04/IB%E 5 %AD%A 6 %E 7 %BF%92%E 8 %80%8 5%E 5 %83% 8 F. pdf（July 16, 2019）。

・国際バカロレア「IBの学習者像」Retrieved from（http://istimes. net/articles/667 （July 16, 2019）。

・文部科学省（2017）「小学校学習指導要領（平成29年告示）解説 平成29年7 月」Retrieved from http://www. mext. go. jp/component/a_menu/education/ micro_detail/__icsFiles/afieldfile/2019/03/18/1387017_001. pdf（July 16, 2019）。

・文部科学省（2019）「学習指導要領改訂の考え方」Retrieved from http://www. mext. go. jp/component/a_menu/education/micro_detail/__icsFiles/afieldfi le/2019/02/08/1384661_003. pdf（July 16, 2019）。

・OECD 2019a 'Learning compass' Retrieved from https://www. oecd. org/ education/2030-project/teaching-and-learning/learning/（July 16, 2019）。

・OECD 2019b http://www. oecdbetterlifeindex. org/countries/japan/（July 16, 2019）。

（林　尚示）

第2章　教育課程の基本原理

1．教育課程の概念

(1)教育課程とは

　カリキュラム・教育課程は教育目的とともに教育方法とも深く関連する概念である（大浦　1990、p. 11）[1]。教育課程は教育内容を組織した計画である。そして、現在、文部科学省が示した「学習指導要領」は国における教育課程の基準である。

　小学校と中学校を例とすると、小学校の場合、国語、社会、算数、理科、生活、音楽、図画工作、家庭、体育および外国語の各教科、特別の教科道徳、外国語活動、総合的な学習の時間、特別活動によって教育課程が構成されている（文部科学省　2017a）。中学校の場合、国語、社会、数学、理科、音楽、美術、保健体育、技術・家庭、外国語の各教科、特別の教科道徳、総合的な学習の時間、特別活動によって教育課程が構成されている（文部科学省 2017b）。そして、指導計画の編成には「教科・教材選択」、「教科・教材の学年配列」、「教科相互間の構造的関係」、「教科領域と教科外領域の関係性」の４要素（広岡　1950、p. 6）が含まれている。

(2)教育課程研究の展開

　「学科課程」、「教科課程」という用語が姿を消し、「教育課程」という用語が普及する第二次世界大戦後は、日本のカリキュラム研究上、教育の規制緩和、地方分権化の視点から極めて先進的な時代であった。この時期、各学校レベルで数々の特色あるカリキュラム開発が推進されていた[2]（林　2001、pp. 111－121）。

　第二次世界大戦後は、伝統的な教科による従来のカリキュラムへの不満などの要因から、活動分析と社会機能法に基づく「カリキュラムの現実生活化」（佐藤　1952、p. 12）が進展した。1940年代後半から1950年代前半にかけて、学習者の日常生活を調査する教育活動や、地域社会見学を実施し、地域社会の社会機能を調査することによる教育活動が各地の学校で展開された。こ

のような潮流に乗り、地域社会に根ざした多様なカリキュラムが開発された
が、その基底には、従来の政府が作成したカリキュラムが一部の人々に奉仕
する必ずしも民主的でないイデオロギー性を有する点、教科並列型で人間形
成上有用ではない点等が当時指摘されていた（海後　1950、p. 7）。

　第二次世界大戦前のカリキュラム研究としては、僅かに阿部重孝による
『学科課程論』（1932年）が存在する程度である。しかし、この『学科課程論』
は日本のカリキュラムを論じたものではなく、アメリカのカリキュラム研究
について論じたものである。それと比較して、第二次世界大戦後の日本の10
年間は、教育実践の側面からも教育研究の側面からも「最もはなやかなカリ
キュラム研究の時代」（安彦　1999、p. 21）であったとされている。

　この時代、アメリカでの「社会的経験」を基礎とした「作業単元」を普及
させたヴァージニア州初等学校の「コース・オブ・スタディ試案」[3]が日本
に紹介され、これらアメリカの先進的なプランを参考として、日本では新教
科「社会科」等を含めた幅広い範囲での教育実践研究が開始されている。

　戦後初期の具体的なカリキュラム研究を概観するために、1948（昭和23）
年の「文部省実験学校研究発表会」の内容を紹介する（表1参照）（海後
1950、p. 114）。この例からわかるように、特に東京高等師範学校附属小学校
はコア・カリキュラムの研究を推進している代表的な学校の1つである。ま
た、東京第三師範学校でも「生活カリキュラム」の研究が推進されている。
奈良女子高等師範学校附属小学校は戦前から児童中心主義的な教育実践の推
進学校であり、戦後初期にも「しごと」、「けいこ」、「あそび」によって構成
される奈良プランを実施している。

　先にも説明したように、日本では教育課程という用語は戦後初期に誕生し
た。教科絶対主義的な明治以降第二次世界大戦までの間の学校教育から、教
科の活動と教科外活動とによって学校教育が構成される第二次世界大戦以後
の時期の、まさに転換期においてこの用語は誕生したのである。そして、第
二次世界大戦後の10年間、学校教育の規制緩和・地方分権化の中で多様な教
育課程が誕生し、教育学研究者と教育実践者とが連携協力して教育実践研究
を推進した。

表1　「文部省実験学校研究発表会」発表小学校およびその研究内容

小学校名	研究内容
東京高等師範学校附属小学校	コア・カリキュラム
東京第一師範学校附属小学校	学校図書館
東京第三師範学校附属小学校	生活カリキュラムと図画・工作
千葉師範学校男子部附属小学校	算数科カリキュラム
神奈川師範学校男子部附属小学校	図画・工作カリキュラム等
長野師範学校女子部附属小学校	理科カリキュラム
奈良女子高等師範学校附属小学校	奈良プラン

（山口満（2001）『現代カリキュラム研究』林分担部分参照）

　この教育実践研究の成果は、その後の新自由主義的な政策の一環としての教育の規制緩和・地方分権化との関係においても高く評価できる[4]。現在、「総合的な学習の時間」の実施ともあいまって、校長のリーダーシップが求められ、かつ、教師集団の協力による特色ある学校づくりが展開されようとしている。

2．カリキュラムの類型

⑴「統合」の程度による類型

　カリキュラムの類型化は複数の観点から可能であるが、まず、最初に教育内容の「統合」の程度による類型を紹介しよう。「統合」の程度によるカリキュラムの類型は、第二次世界大戦後初期の日本の教育課程研究に多大な影響を与えたホプキンス（L. T. Hopkins）による類型である。この類型は、次の6タイプにカリキュラムを区分するものである（林　1990、p. 22）。

ア　教科カリキュラム（Subject Curriculum）

　教科カリキュラムとは、教授目的や教材の性質によって、国語・社会・算数（数学）・理科などの教科で構成されるカリキュラムである。

イ　相関カリキュラム（Correlated Curriculum）

　相関カリキュラムとは、教科カリキュラムによる教科の区分を踏襲しつつ、2教科以上の教科間の相互関連を図るカリキュラムである。

ウ　融合カリキュラム（Fused Curriculum）

　融合カリキュラムとは、教科の学習内容を中心とするが、時事問題などを

利用するため、教科の境界を撤廃したカリキュラムである。

エ　広領域カリキュラム（Broad-fields Curriculum）

　広領域カリキュラムとは、教科の枠組みを取り払って、広領域で教育内容が再編成されたカリキュラムである。

オ　コア・カリキュラム（Core Curriculum）

　コア・カリキュラムとは、特定の教科、学習者の関心、社会の問題などを中核（コア）としたカリキュラムである。

カ　経験カリキュラム（Experience Curriculum）

　経験カリキュラムとは、既存の学問や教科の体系ではなく、学習者の興味や欲求から作成されたカリキュラムである。

　ホプキンスの6類型は、学校で選択される教育内容として知識体系と生活経験のどちらを重視するか、教科相互の関連を分科的に組織するか統合的に組織するかという観点からの分類である[5]。実際の学校のカリキュラムは、これらのカリキュラム類型のどれか1つに区分可能であるというよりは、現実にはいくつかのタイプの組み合わせにおいて構成されることが多いようである。

　経験カリキュラムを研究した代表的人物はデューイ（J. Dewey）であり、デューイは「探究としての共同活動としての学校と授業」という学校観・授業観を持っていた（杉浦　1987、pp. 54-55）。また、カリキュラムの総合化については、近年、教科原理による総合化、言語と文学による総合化、テーマによる総合化、問題アプローチによる総合化など、多様な総合化の試みも実施されている（Dr. Donna et al.　1997）。平成10年の学習指導要領の改訂により登場した「総合的な学習の時間」もカリキュラムの総合化の表出形態の1つである。「総合的な学習の時間」は経験カリキュラムや広領域カリキュラムの要素を内包するものである。よって、2002年度以降の小学校・中学校のカリキュラムや2003年度以降の高等学校のカリキュラムは、教科カリキュラムに経験カリキュラムや広領域カリキュラムを併置した形態ととらえることができる。

　なお、カリキュラムの「統合」とは別に、教授・学習の「統合」に関しては、日本教育史上「合科教授」あるいは「合科学習」（Gesamtunterricht）と

称される[6]。

(2)多様なカリキュラム

　近年の教育学研究や教育実践場面において、カリキュラム概念についての解釈は多様性を持つ。例えば、アイスナー（E. W. Eisner）とバランス（E. Vallance）は『矛盾するカリキュラム概念』（Conflicting Conceptions of Curriculum）の中で、カリキュラムを次の5タイプに区分している[7]。

ア　認識過程の発展としてのカリキュラム

イ　工学としてのカリキュラム

ウ　自己実現化、完成していく経験としてのカリキュラム

エ　社会改造関連のためのカリキュラム

オ　学問的理性主義としてのカリキュラム

　これらの類型は、各時代のカリキュラム研究者がそれぞれの立場で教育課程について定義したものを分類し類型化したものである。学問的理性主義のカリキュラムは日本では「学問中心教育課程」とも呼ばれ、「経験中心教育課程」と対置されてきた。両者の相違点は、「学問中心教育課程」が学問構造を教授・学習活動の出発点に位置づけたのに対して、「経験中心教育課程」が学問構造を教授・学習活動の到達点に位置づけたことである（竹田　1976、p. 111）。

　また、カリキュラム開発に焦点化すると、アトキン（J. M. Atkin）による「工学的アプローチ（Technological approach, 工学的接近）」と「羅生門的アプローチ（Rashomon approach, 羅生門的接近）」の2類型が提示されている[8]。「工学的アプローチ」とは、教育内容の論理的配列を重視し、教育目標の分類、教育目標に即した教育内容、テストによる達成度測定という形態でのカリキュラム開発アプローチである。それに対して「羅生門的アプローチ」とは、教師の自由度を重視した大まかな教育目標、実践しながら変更可能な柔軟な教育内容、教師や観察者の眼による評価という形態でのカリキュラム開発アプローチである。

　「工学的アプローチ」によるカリキュラム研究は、アイスナーとバランスによる分類では「工学としてのカリキュラム」概念に内包されるであろう。「羅生門的アプローチ」によるカリキュラム研究は、カリキュラムを絶えず教師

が微調整していくことにより、「認識過程の発展としてのカリキュラム」概念や「自己実現化、完成していく経験としてのカリキュラム」概念に内包されるであろう。

これとは別に、履修原理によってカリキュラムを分類することも可能である（安彦　1990、p. 55）。具体的には、「年齢主義のカリキュラム」と「課程主義のカリキュラム」の２類型に分類できる。「年齢主義のカリキュラム」とは、年齢に基づいて在学する学校種別や学年を決定するシステムである。現在の日本の義務教育制度は、この「年齢主義のカリキュラム」を採用している。また、「課程主義のカリキュラム」とは、一定以上の教育内容を修得した場合に課程修了が認可され、進級が許可されるシステムである。日本の場合、例えば高等学校のカリキュラムは、この「課程主義のカリキュラム」を採用している。

3．カリキュラムと教育課程

⑴カリキュラムと教育課程の概念的差異性

「教育課程」はカリキュラムの邦訳として登場したが、現在、これらの専門用語は厳密には必ずしも完全に同一の内容を示すものではない。一般的には、教育課程の意味内容はカリキュラムの意味内容よりも狭義である。

具体的には、教育課程という用語は日本の教育政策上の用語であり、「学校教育法施行規則」や「学習指導要領」によって明示された内容を指す。したがって、文字言語によって表記された記録物、いわゆる「書かれた文書」が教育課程である。

なお、教育課程と類似する用語として「指導計画」というものがある。教育課程と指導計画とは、ともに学校における教育内容の実施計画のことであるが、教育法令上は次のように区別される。教育課程とは、学校教育での各教科、道徳、総合的な学習の時間、特別活動の全体計画である。それに対して、指導計画とは、全体計画ではない部分的な計画であり、具体的には、各教科別の計画、授業レベルの計画、学年単位の計画、学級単位の計画、学期計画、週間計画などは指導計画である（天野　1989、p. 45）。

これらに対して、カリキュラムという用語は、より多義的かつ広義に使用

される。進歩主義教育学者の立場では、カリキュラムは、学校における学習者の学習経験の総体として把握されている。これは、カリキュラムの語源としての「教授・学習過程の轍や方向付けられたコースを辿って走ること」に通じる概念である。このようなカリキュラム概念によって、教授・学習内容がどのような経緯で学習者に内在化されていくかという内在化のプロセスにも注意が行き届く反面、この定義では「学校教育＝カリキュラム」というような極めて広義の解釈になるという研究対象の拡散への懸念も指摘できる。

　もちろん、カリキュラム概念を狭義に解釈し、「書かれた文書」として解釈するビューチャンプ（G. A. Beauchamp）のような客観主義の立場も存在する（安彦　1997、p. 21）。ここからも、教育課程概念と比較して、カリキュラム概念は広義の解釈から狭義の解釈にいたる幅広い多義性を有している点を再確認できるであろう。

　なお、日本の学習指導要領や法令等においては教育課程という用語で表記が統一されている。しかし、カリキュラムという用語も教育研究や教育実践上様々な場面で使用されている。日本では、従来からカリキュラムという用語は特に教師集団、教育学研究者等によって広く使用されている[9]。

(2)20世紀後半のカリキュラム研究

　法令用語・行政用語としての教育課程とは別に、カリキュラムという用語で、第二次世界大戦後の10年間も多様な教育実践研究が推進されてきた。

　アメリカにおいては、1970年代に「ヒドゥン・カリキュラム（かくれたカリキュラム）」（Hidden Curriculum）が注目されるようになる。この「ヒドゥン・カリキュラム」とは、学校において教師の意図的で明示的な教授・学習活動において学習者が獲得する教育内容以外に、暗黙のうちに学習者の人間形成に影響を及ぼす学習内容を指している。また、ジャクソン（P. W. Jackson）も「公式的カリキュラム」（Official Curriculum）と「かくれたカリキュラム」という概念を使用して、教室生活がそれ自体で学習者への「かくれたカリキュラム」の役割を担っている点を指摘している。ブルーム（B. S. Bloom）も「顕在的カリキュラム」（Manifest Curriculum）と「潜在的カリキュラム」（Latent Curriculum）という概念を使用して、学習者が経験する無意図的で非明示的なカリキュラムの影響を指摘している[10]。

　近年も新たなカリキュラム研究の試みが進展しつつある。その１つに、ヤング、バーンスティン、ブルデュー、イリッチ、アップルらの知見を生かした、カリキュラム・ポリティクスに関する研究も存在する。これは、カリキュラム編成、展開に際して作用する権力関係、権力行使の過程等を研究対象とするものである[11]。この、カリキュラム・ポリティクス研究からの重要な問題提起は、「カリキュラムの展開過程に働いている権力作用は、計画の段階とは異なったものとなっている」（長尾　1996、p. 135）という指摘であろう。つまり、計画段階での「書かれた文書」としてのカリキュラム研究で見通すことの困難な教育現象を、展開場面に注目することにより補足説明できるのである。

　また、アメリカにおいては、構成主義的研究手法に基づくカリキュラム研究（Steff and Gale　1995）やアクション・リサーチの手法を導入したカリキュラム研究（Mekernan　1996）などが実施されている。

　いずれの場合でも、学習者の人間形成への効果的で有意義な支援のためにカリキュラムは開発され、研究されるものである。そして、学習者各個人の利益になると同時に、人類の平和と安全とを維持するために、国際的な視野からカリキュラム研究は実施される必要があるだろう。

学習課題

○教育課程は、どのような根拠に基づいて決めたらよいか考えてみよう。

○今後ますます重要となるカリキュラムの内容は何か考えてみよう。

注

[1] 大浦猛（1990）は教育方法との関連において、「教育する（学ばせる）内容項目の組織を、『教育課程』という」と定義している。

[2] 例えば東京高等師範学校附属小学校・東京教育大学附属小学校でも、総合カリキュラムの研究が実施されていた（林　2001、pp. 111－121）。

[3] アメリカでの1930年代と1940年代のカリキュラム開発運動については、佐藤（1990、pp. 276－317）で詳細が述べられている。

[4] 佐藤学は、現在の教育政策の特徴を、グローバル化した資本主義の市場原理への

適応という視点から、「規制緩和」政策の一環として説明している（日本教育方法学会　1999、p. 28）。

5) 山口満は、教育内容の選択及び組織方法の観点から、カリキュラムの類型を教科カリキュラムと経験カリキュラムに区分している（長谷川、佐々木　1992、p. 12）。

6) 栗原修は、教育内容の統合について論じている（稲葉　1992、p. 16）。

7) 武村重和（1995、p. 145）は、アイスナーとバランスのカリキュラム類型を紹介し、各時代の多くのカリキュラム研究者のカリキュラム観をまとめている。

8) 安彦忠彦は、カリキュラム開発の類型として、アトキンの2類型を紹介している（教育技術研究会　1995、p. 42）。

9) 長尾彰夫（1989、p. 11）は、教育課程とカリキュラムの区分を「厳格な概念上の区分というよりは、むしろ慣習的な用語法上の違いであろう」と説明している。

10) 1970年代以降のカリキュラム研究については、天野正輝（1995、p. 116）の研究を参照した。

11) カリキュラム・ポリティクスに関する研究は、日本では長尾彰夫らにより実施されている（日本教育方法学会　1995、pp. 159-161）。

引用・参考文献

・安彦忠彦（1990）「カリキュラムの類型」細谷俊夫　奥田真丈　河野重男　今野喜清（編著）『新教育学大事典』第2巻　第一法規。

・安彦忠彦（1997）『中学校カリキュラムの独自性と構成原理―前期中等教育課程の比較研究』明治図書。

・安彦忠彦（編著）（1999）『新版カリキュラム研究入門』勁草書房。

・天野正輝（1989）『教育課程編成の基礎研究』文化書房博文社。

・天野正輝（1995）『教育方法の探究』晃洋書房。

・稲葉宏雄（編著）（1992）『教育課程』協同出版。

・大浦猛（編著）（1990）『教育の方法・技術』山文社。

・海後勝雄（1950）『教育課程概論』朝倉書店。

・教育技術研究会（編）（1995）『教育の方法と技術』（第3版）ぎょうせい。

・佐藤正夫（1952）『教育課程』柳原書店。

・佐藤学（1990）『米国カリキュラム改造史研究─単元学習の創造─』東京大学出版会。
・杉浦美朗「探究としての共同活動─デューイ教育学の根本問題」、鰺坂二夫（編）（1987）『教育方法学の位相と展開』福村出版。
・竹田清夫（1976）「学問の構造と教育課程」金子孫市、『現代教育課程論』、第一法規。
・武村重和（1995）『教育課程』国土社。
・長尾彰夫（1989）『新カリキュラム論』有斐閣。
・長尾彰夫（1996）『"学校文化"批判のカリキュラム改革』明治図書。
・日本教育方法学会（編）（1995）『戦後教育方法研究を問い直す─日本教育方法学会30年の成果と課題─』明治図書。
・日本教育方法学会（編）（1999）『教育課程・方法の改革─新学習指導要領の教育方法学的検討─』明治図書。
・林尚示（1999）「カリキュラムの類型」天野正輝（編著）、『教育課程重要用語300の基礎知識』明治図書。
・林尚示「戦後初期における東京高等師範学校附属小学校・東京教育大学附属小学校の総合カリキュラム」、山口満（編著）（2001）。『現代カリキュラム研究』学文社。
・長谷川栄、佐々木俊介（1992）『教育の方法と技術』協同出版。
・広岡亮蔵（1950）『教育課程』誠文堂新光社。
・文部科学省（2017a）『小学校学習指導要領』。
・文部科学省（2017b）『中学校学習指導要領』。
・Dr. Donna M. Wolfinger, Dr. James W. Stockard Jr.（1997）*Elementary Methods：An Integrated Curriculum*（黒上晴夫他（訳）（1999）『総合カリキュラム』日本文教出版）。
・McKernan, J.（1996）*Curriculum Action Research：A Handbook of Methods and Resources for the Reflective Practitioner.* Second Edition. Kogan Page.
・Steff, L. P. and Gale, J.（ed）（1995）*Constructivism in Education.* Lawrence Erlbaum Associates.

（林　尚示）

29

第3章　教育課程に関する法規と学習指導要領

1．教育課程に関する法規

　日々の教育実践には、教師それぞれの創意工夫を活かした授業、学校ごとの特色のある教育が求められている。教師はよりよい授業をするために日々教材研究を重ね、子どもたちにいかによりよく学ばせるか取り組んでいる。では、教師・学校は自由に教育課程を計画・実行しているのだろうか。

　例えば、小学校算数でかけ算の九九を皆が小学2年生に学ぶのはなぜか。そもそも学校で学ぶ教科はなぜ国語、算数（数学）、…と決まっているのか。年間の各教科・科目の授業時数は何時間で、それは何を根拠に定められるのか。これらの疑問に答えるためには、日々教師が続けている教育実践の背後に教育課程に関する法規と学習指導要領があることを学ぶ必要がある。本章では、教育課程を規定している主たる法規について解説した後、学習指導要領について詳しく見ていくことにしよう。

(1)学校教育の目的・目標

　学校教育の目的・目標を考える際に、第一の前提として教育基本法の前文および第1条を踏まえておく必要がある。教育基本法前文は、「個人の尊厳を重んじ、真理と正義を希求し、公共の精神を尊び、豊かな人間性と創造性を備えた人間の育成を期するとともに、伝統を継承し、新しい文化の創造を目指す教育を推進する」と記している。さらに第1条（教育の目的）は、「教育は、人格の完成を目指し、平和で民主的な国家及び社会の形成者として必要な資質を備えた心身ともに健康な国民の育成を期して行われなければならない」と記し、教育の目的が「人格の完成」であることを明言している。これには、戦後日本の教育が目指すものとして、旧大日本帝国憲法下での「国家の発展に奉仕しうる人材の養成」のための国家主義的な教育原理ではなく、個人を最大限尊重するという意味が込められているのである。

表1　教育課程を規定する主たる教育法規等

法規名	条項	内容
学校教育法	11条	児童・生徒・学生の懲戒と体罰禁止
	16条・17条	就学義務
	21条	義務教育の目標
	29条・30条	小学校の目的・目標
	33条	教育課程に関する事項（文部科学大臣が定める）
	34条	教科用図書・その他の教材の使用・デジタル教科書
	35条	性行不良による出席停止
	45条・46条	中学校の目的・目標
	50条・51条	高等学校の目的・目標
	72条	特別支援学校の目的
	83条	大学の目的
同法施行令	29条	学期および休業日
同法施行規則	24条	校長の指導要録作成義務
	25条	校長の出席簿作成義務
	28条	学校備付表簿とその保存期間
	50条	小学校の教育課程の編成
	51条（別表1）	小学校の年間標準授業時数
	52条	小学校の教育課程の基準
	53条	教育課程編成の特例
	59条	学年（4/1～3/31）
	61条	公立小学校の休業日
	63条	非常変災等による臨時休業
	72条	中学校の教育課程の編成
	73条（別表2）	中学校の年間標準授業時数
	74条	中学校の教育課程の基準
	83条（別表3）	高等学校の教育課程の編成
	84条	高等学校の教育課程の基準
	102条・103条	定時制・通信制・単位制高等学校の学年による教育課程の区分を設けない場合その他
地方教育行政の組織及び運営に関する法律	21条	教育委員会の職務権限
	33条	学校等の管理
学校保健安全法	19条	感染症予防のための出席停止
	20条	感染症予防のための臨時休業
義務教育学校標準法定数標準法	3条	1学級の児童・生徒数
教科書発行臨時措置法	2条	教科書
学習指導要領	総則	教育課程の編成及び実施など

　教育基本法の規定を受け、学校種別ごとにその目的を明記しているのが学校教育法である。例えば同法第21条は義務教育の目標として10項目を示した上で、29条に「小学校は、心身の発達に応じて、義務教育として行われる普通教育のうち基礎的なものを施す」という目的を記している。「心身の発達に応じて」とは、児童の心身の発達の程度を十分に考慮に入れた上で教育を計画・実施することを意味し、その上ですべての者に共通な一般的・基礎的な教育を施すと規定しているわけである。同様に、学校教育法は中学校の目的・目標（第45・46条）、高等学校の目的・目標（第50・51条）、特別支援学校の目的（第72条）、大学の目的（第83条）などを定めている。

(2)教育課程の編成

　前述の目的・目標規定を踏まえ、各学校の教育課程は各学校で編成することが基本とされている。それは、地域や学校の実態に応じ、児童・生徒の発達段階や特性に留意しながらカリキュラムを運営していくためでもある。

　各学校でどのような教育課程を編成するかという、教育課程の編成権は基本的には学校長の校務掌理権（学校教育法第37条4項）の一部と考えられ、校長がその権限を持つ。ただし、学校長が学校全体のすべての教育課程編成をするというのは現実的ではなく、年間計画→学期計画→月間計画・単元計画→各授業案の順で具体化された指導計画が、学習指導要領などの基準に沿っているかどうか確認し、具体的な指導・助言を教員にする権限があると解すべきであろう。その意味で、教育課程編成の主体は学校である。

　教育課程の編成に関する規定は、大きくは、a.学校教育法及び同法施行規則、b.学習指導要領、c.地方教育行政の組織及び運営に関する法律（以下「地教行法」と略）と3つに大別されることを理解しておきたい。

　第一に、学校教育法施行規則は各学校段階ごとの各教科の構成や年間標準授業時数などの基本的な基準を規定している。例えば同施行規則第50条（教育課程の編成）では、小学校の教育課程は、国語、社会、算数、理科、生活、音楽、図画工作、家庭、体育、外国語の各教科、特別の教科である道徳、外国語活動、総合的な学習の時間、特別活動の5領域によって編成されることが明記されている。同施行規則第51条は別表に標準授業時数を定めるとしており、表2がそれである。2008（平成20）年改正の教科・領域構成や時数と

比較すると、従来の外国語活動が第3・4学年に繰り下がり、新たに第5・6学年に外国語が教科として新設されていることなどがわかる。同様に、中学校の場合は同法施行規則第73条の別表2（表3参照）、高等学校の場合は同法施行規則第83条の別表3に教科等が示されている。

第二に、教育課程の編成の基準は、文部科学大臣が告示する学習指導要領によると定められている（小学校：学校教育法施行規則第52条、中学校：同74条、高等学校：同84条）。学習指導要領は、後述するように、学校種別ごとに、各教科で学習すべき大まかな基準を明示したものとして、教育課程編成上非常に重要なものである。

第三に、地教行法は、第21条5項で教育委員会の職務権限として「学校の組織編制、教育課程、学習指導、生徒指導及び職業指導に関する」事務を管理し執行すると規定している。また、同法33条1項は、教育委員会が所管の学校の組織編制や教育課程などについて必要な教育委員会規則を定めると規定している。以上のように、教育課程の編成は、国・文部科学省から学校教育法施行規則や学習指導要領に基づいて大まかな基準が示され、教育委員会から委員会規則で各学校に対して指導助言が行われることにより、各学校はそれらを踏まえて実際の教育課程を編成するという流れになっていることがわかるだろう。

(3)学年・休業日・授業日

学校の学年は4月1日に始まり、翌年3月31日に終わる（学校教育法施行規則59条など）。ただし高等学校の定時制と通信制の課程および単位制高等学校では、学年による教育課程の区分を設けないことができる（同施行規則第101・103条）。また、修業年限3年を超える定時制高校の課程では最終学年は9月30日に終わることができたり（同施行規則第104条2項）、帰国子女として外国の学校を修了したのち日本の高等学校に入学しようとする者は、学年の途中においても入学・卒業ができる（同条3項）。

学期は、公立の学校（大学を除く）に関しては当該学校を設置する市町村または都道府県の教育委員会が定める（学校教育法施行令第29条）。また休業日には、公立学校の場合、国民の祝日、土曜日・日曜日、夏季休業・冬季休業・学年末休業、農繁期の休業、体験的学習活動等休業日がある。ただし土

表2　小学校の各領域の年間授業時数

区分	各教科の授業時数										特別の教科である道徳	外国語活動	総合的な学習の時間	特別活動	総授業時数
	国語	社会	算数	理科	生活	音楽	図画工作	家庭	体育	外国語					
第1学年	306	—	136	—	102	68	68	—	102	—	34	—		34	850
第2学年	315	—	175	—	105	70	70	—	105	—	35	—		35	910
第3学年	245	70	175	90	—	60	60	—	105		35	35	70	35	980
第4学年	245	90	175	105	—	60	60	—	105		35	35	70	35	1015
第5学年	175	100	175	105	—	50	50	60	90	70	35	—	70	35	1015
第6学年	175	105	175	105	—	50	50	55	90	70	35	—	70	35	1015

備考　1　この表の授業時数の1単位時間は、45分とする。
　　　2　特別活動の授業時数は、小学校学習指導要領で定める学級活動（学校給食に係るものを除く。）に充てるものとする。
　　　3　第50条第2項の場合において、特別の教科である道徳のほかに宗教を加えるときは、宗教の授業時数をもってこの表の特別の教科である道徳の授業時数の一部に代えることができる。

表3　中学校の各領域の年間授業時数

区分	各教科の授業時数									特別の教科である道徳	総合的な学習の時間	特別活動	総授業時数
	国語	社会	数学	理科	音楽	美術	保健体育	技術・家庭	外国語				
第1学年	140	105	140	105	45	45	105	70	140	35	50	35	1015
第2学年	140	105	105	140	35	35	105	70	140	35	70	35	1015
第3学年	105	140	140	140	35	35	105	35	140	35	70	35	1015

備考　1　この表の授業時数の1単位時間は、50分とする。
　　　2　特別活動の授業時数は、中学校学習指導要領で定める学級活動（学校給食に係るものを除く。）に充てるものとする。

曜・日曜・祝日であっても、授業参観など特別の必要がある場合には授業を行うことができる。公立学校では2002（平成14）年4月からの学校五日制開始により土日は休業日だが、私立学校の学期及び休業日は当該学校の学則で定めることができるので、土曜日も通常授業を行う私立学校は多い。

学校全体または一部を休みにする臨時休業（感染症による臨時休業、非常変災等による臨時休業）に関する規定もある。感染症予防上必要があるときは、学校の設置者は臨時に学校の全部または一部の休業を行うことができたり（学校保健安全法第20条）、台風・大地震などの非常変災その他急迫の事情があるときは、校長は臨時に授業を行わない判断をすることができる（学校教育法施行規則第63条）。

授業は年間35週（小学校第１学年に関しては34週）以上にわたって行うこととされている（学習指導要領総則）。さらに日々の授業終始の時刻は、季節や通学距離・交通事情などを考慮して、校長が定める（学校教育法施行規則第60条）。

(4)学級編制・就学・出席

学校で授業をするために、児童・生徒を年齢や心身の発達や障害・性格・成績・進路などにより、いくつかの継続的な学習集団（＝学級）に組織することを学級編制と呼ぶ。小・中学校の学級編制は、同学年の児童・生徒で編制することが原則だが、学年ごとの人数が極端に少ないなどの特別の事情がある場合には、複数学年の児童・生徒を一学級に編制する（＝複式学級）ことができる（小学校設置基準第５条など）。また、小・中・高、義務教育学校、中等教育学校には知的障害者や肢体不自由者、身体虚弱者などの児童・生徒などの教育上特別の支援を必要とする者を対象に特別支援学級を置くことができる（学校教育法第81条２項）。学校ごとの標準学級数も、小・中学校では12学級以上、18学級以下と定められている（同法施行規則第41条など）。

(5)教科書・補充教材

教科書とは、「小学校、中学校、義務教育学校、高等学校、中等教育学校及びこれらに準ずる学校において、教育課程の構成に応じて組織排列された教科の主たる教材として、教授の用に供せられる児童または生徒用図書であって、文部科学大臣の検定を経たもの又は文部科学省が著作の名義を有するもの」を言う（教科書の発行に関する臨時措置法第２条）。つまり教科書とは、文部科学大臣の検定を経た教科用図書（＝検定教科書）と、文部科学省が著作権を有する教科用図書（＝文部科学省著作教科書）を意味する。高等学校や特別支援学校などにおいて適当な上記教科書がない場合、教科の主たる教

材として上記以外の教科用図書（市販の図書など）を使用することができる（学校教育法附則第9条）。また、学校教育法の一部改正により、2019（平成31）年4月より従来の教科用図書に代えて電磁的記録教材（いわゆるデジタル教科書）を使用することも認められた（学校教育法第34条2項）。

　小・中・高等学校などでは、これらの教科用図書を授業で主たる教材として使用することが義務づけられている。例えば、学校教育法第34条1項は「小学校においては、文部科学大臣の検定を経た教科用図書又は文部科学省が著作の名義を有する教科用図書を使用しなければならない」と規定している。また、どの教科書を採択するかは、都道府県を数カ所に分けた教科書採択区域ごとに選択・決定されるが、その決定権限は公立学校の場合、学校設置者（市町村や都道府県）の教育委員会にある。国立・私立学校の場合は、その学校の校長にある。

　地図帳や資料集、国語便覧など、教科書以外の図書その他の教材（＝補充教材）で、有益適切なものは授業で使用することができる（学校教育法第34条4項）。補充教材を授業で使用する場合にはあらかじめ教育委員会に届け出て、その承認を得なければならない（地教行法第33条2項）。

2. 学習指導要領の法的性格

　現在、学習指導要領は小学校学習指導要領、中学校学習指導要領、高等学校学習指導要領、特別支援学校学習指導要領のように学校段階ごとに発行されている。各学習指導要領の第1章では、その学校段階での教育課程についての基本的な考え方（総則）が示された後、第2章で各教科の目標・内容が大まかに提示されている。その各教科等の詳細な内容は国語編や保健体育編のように各教科・領域ごとにまとめられ、学習指導要領解説として公表されている。同解説は総合的な学習の時間編や特別支援学校の自立活動編もある。また、幼稚園には幼稚園教育要領がある。義務教育学校や中等教育学校でも、それらの学校種別用の学習指導要領は作成されていないが、その教育課程は前記各学習指導要領に準じることとされている。

　学習指導要領とは一般に、学校が教育課程を編成する際の国家的基準であり、各教育段階での教科ごとの指導計画の指針を明示したものである。この

ように国が教育課程の基準を示している理由には、第一に公教育は公の性質を持つのであるから、国はその教育内容の基準を設定する責務があること、第二に教育の機会均等を国民に対して保障し、様々な中立性を保ちながら教育水準を維持するためには全国的に共通の教育内容の基準が必要であることなどがあげられている。

前述のように学校教育法第33条は「小学校の教育課程に関する事項は、第29条（教育の目的）及び第30条（教育の目標）の規定に従い、文部科学大臣が定める」と規定している。同規定を受けて小学校などの教育課程の編成・授業時数は同法施行規則によって規定されているが、それは教科や学年ごとの大まかな標準時数を示したのみであり、教育課程の内容については、別に公示する学習指導要領によるとされている（同法施行規則第52条）。これが学習指導要領の存在する法的な根拠である。

学習指導要領は、文部科学大臣の諮問機関である中央教育審議会の答申を受けて文部科学省が作成し、文部科学大臣が告示する。そこで問われるのが学習指導要領の法的な位置づけである。告示は、公示のための一形式に過ぎないので、一般的には法規命令の性格を持たない。ところが学習指導要領は、学校教育法第33条の規定に基づく同法施行規則第52条の委任を受けて公示されたものであり、法律を補充するという意味で法規命令の性格を持つと解釈されている。1951（昭和26）年の学習指導要領第1次改訂の際までは試案として示され、教師の手引き的な意味合いが強かった。しかし1958（昭和33）年の第2次改訂からは文部大臣（当時）が告示するものとなり、小・中・高等学校などの教育課程の編成と実施にあたっては、準法規命令的な性格を有するということが明確化された。

3．学習指導要領の歴史的変遷

これまで各学校の教育課程を規定するものとして学習指導要領について説明してきたが、それが示す目標と内容は時代を通じて不変ではない。学習指導要領はほぼ10年ごとに改訂され、その時代が要請する教育目標と内容を示し、日本の学校教育の方向性を変化させてきた。本節では、学習指導要領の数次にわたる改訂がどのような内容を持っていたか、概要を説明しよう。

表4　学習指導要領の変遷

年	特徴	小学校	中学校	高等学校
1947	・試案 ・経験主義	・修身、日本歴史、地理の廃止　→社会科の設置 ・自由研究の時間	・職業科の設置	
1951	・試案 ・教育課程＝教科＋教科以外の活動	・教科を4領域に分類 ・配当時数比率を示す	・習字を国語科に、日本史を社会科に統合 ・職業科を職業・家庭科に改称	・教科としての保健体育の設置
1958	・試案では無くなる（＝告示） 教育課程＝教科＋道徳＋特別教育活動＋学校行事等	・道徳の新設 ・国語・算数の内容／授業時数の増	・道徳の新設 ・数学・理科の内容／授業時数の増	・必修科目数増加 ・現代国語／倫理社会の新設 ・社会／数学／理科の科目増
1968	・教育内容の現代化、高度化 ・系統性重視 ・領域として特別活動が設けられる	・クラブ活動の新設	・授業時間増 ・クラブ活動の必修化 ・理科／数学の現代化	・体育と道徳の重視 ・必修科目数／単位数の削減
1977	・豊かな人間性 ・ゆとりと充実 ・教育内容の精選 ・学校の自主性尊重	・1単位時間45分を常例とし、授業時数／内容を削減 ・「ゆとりの時間」の新設	・1単位時間50分を常例とする ・教科は必修8教科、選択7教科	・特別活動 ・数学Iと現代社会を必修に ・授業時数／必要単位数を削減
1989	・個性重視 ・国際化への対応	・1・2年次の社会と理科を廃止して生活科を新設	・選択履修幅拡大 ・習熟度別指導	・地歴科と公民科に分割 ・世界史必修 ・習熟度別学級編成 ・選択履修幅拡大 ・家庭科男女必修
1998	・「生きる力」の育成 ・完全週五日制実施 ・指導要領の大綱化、弾力化	・総合的な学習の時間創設		
1998		・6年間の総授業時数は、5785時間から5367時間に減	・特別活動からクラブ活動を削除（高も）	・「情報」「福祉」科の新設
2008	・伝統や文化に関する教育 ・道徳教育 ・体験活動 ・言語活動の充実	・第5・6学年に外国語活動を追加	・保健体育科で武道が必修化	・知識・技能を活用（探究）する学習を重視（数学の課題学習導入等）

2017	・アクティブ・ラーニング ・社会に開かれた教育課程 ・カリキュラムマネジメント	・教科として外国語が第5・6学年に設定 ・従来の外国語活動は第3・4学年に設定 ・プログラミング教育の導入	・プログラミング教育（技術）	・科目構成・名称の変更 現代社会 →公共（必修） 英語表現 →論理・表現 総合的な学習の時間 →総合的な探究の時間

　戦後最初の学習指導要領が出されたのは1947（昭和22）年である。これは、同年の米国教育使節団報告書の勧告により、アメリカのコース・オブ・スタディ（course of study）を参考として編集され、戦後の経験主義的な教育（問題解決学習の隆盛）に影響を及ぼした。小学校では、戦前の修身や日本歴史・地理が廃止され、新たに社会科が新設された。しかし、この最初の学習指導要領は内容が多岐にわたり、あまり整理されていなかったので、何を子どもたちに学ばせるか明確でなく、教室を子どもたちが「はいまわる」経験主義と揶揄された。

　1951（昭和26）年版学習指導要領第1次改訂では、それまで「教科課程」とされていたものが、すべて「教育課程」と表現されるようになり、小学校では教科と教科以外の活動、中学校では教科と特別教育活動の領域に区分した。最初の学習指導要領で新設された自由研究は、この教科以外の活動である特別教育活動として発展的に廃止された。また、小学校では教科を学習の技能を発達させる教科（国語・算数）、問題解決の経験を発達させる教科（社会・理科）、創造的表現活動を発達させる教科（音楽・図工・家庭）、健康の保持増進を発達させる教科（体育）の4領域に分類し、領域ごとの授業時間の配当比率を示した。本改訂は、1947年学習指導要領の不備を補うもので、位置づけもまだ試案のままであった。

　試案の文字がなくなったのが、1958（昭和33）年（高校は1960（昭和35）年）の第2次改訂であり、その形式も大きく変化した。第一に分量の減少である。1951（昭和26）年の学習指導要領では、例えば小学校国語だけで約390ページの分量があったのに対し、第2次改訂の同要領では小学校の全教科、

道徳、特別活動をすべて合わせて約250ページになった。第二は、一般編がなくなり、箇条書きの記述の仕方を主とするようになった。

第2次改訂の主な教育課程上の変化は、第一に教育課程の領域を教科、道徳、特別教育活動、学校行事等の4領域（高校は教科・科目、特別教育活動、学校行事等の3領域）に分類したことである。第二に、小・中学校に道徳が、高校に倫理社会が新設され、道徳的価値観の教育が強調されたことである。第三に、基礎学力の充実、科学技術教育の振興のため、教育内容・授業時数が増加したことである。これは、日本社会が経済成長を加速させるとともに、1957（昭和32）年のスプートニク・ショックにより科学技術教育の必要性が高まり、知識の系統性重視のカリキュラムが目指された結果でもあろう。

1968（昭和43）年（中学校は1969（昭和44）年、高校は1970（昭和45）年）の第3次改訂では、高度経済成長が進むなか、系統性重視のカリキュラムが組まれ、教育内容の現代化・高度化が目指された。教育課程の領域としては、特別教育活動と学校行事等を統合して特別活動が新設された。高度化の例としては、算数で学習内容の学年引き下げと授業時数増が行われ、それまで小学校3年で学んでいたかけ算の九九をこの改訂より小学校2年で学ぶこととなった。しかしこの高度化と現代化は、ともすると詰め込み受験教育を招き、結果として「落ちこぼれ」の子どもを生み出したと批判された。

系統性重視で知識詰め込み主義的な1968年学習指導要領への批判から、1977（昭和52）年（高校は1978（昭和53）年）の第4次改訂では、人間性豊かな児童・生徒の育成、ゆとりと充実の学校生活がキーワードとなった。本改訂の特徴は、第一に教科内容の2～3割削減と授業時数の1割削減で、教育内容の精選を行ったことである。それで生まれた時間を、各学校の創意工夫を生かす、新設の「ゆとりの時間」（週2～4時間）にあてた。第二の特徴は、教育課程の基準の弾力化である。1977年版指導要領は、各教科の目標・内容を要約的に示し、実際の指導計画については、学校の創意工夫に委ね、弾力的に運用することを前提とした大綱的な基準に近いものに変化したと考えられる。

1989（平成元）年の第5次改訂では、基本的に1977年版指導要領の流れを受け継ぎ、個性重視の原則、国際化への対応をはかっている。カリキュラム

上の変化は、第一に、小学校1・2年の社会と理科を廃止して生活科を設け、具体的な活動や生活体験学習を重視したり、高校の社会科を地理歴史科と公民科に再編し世界史を必修にしたことなどがあげられる。第二に、個に応じた教育の観点から、小・中学校で授業時数の弾力的運用を認め、中学・高校で選択履修の幅を大きくした。第三に、中学校に習熟度別指導、高校に習熟度別学級編制を導入できるようにした。

　1998（平成10）年の第6次改訂では、それまでのゆとり路線へと一層舵が切られ、「生きる力」の育成が強調された。1998年版学習指導要領の特徴は、総合的な学習の時間の新設、完全週五日制の実施、教育内容の厳選（3割削減）、要領の大綱化・弾力化である。総合的な学習の時間は、各教科・道徳・特別活動に次ぐ第四の領域として教育課程に位置づけられ、国際理解、情報、環境、福祉・健康などの教科横断的で総合的な内容を扱うとされた。完全週五日制の実施と教育内容の厳選は、「ゆとり教育」の名の下に、学習内容と授業時数の削減をもたらし、児童・生徒の学力低下論争を引き起こした。

4．2008年版学習指導要領から2017年版学習指導要領へ

　2008（平成20）年版学習指導要領では、大幅に学習内容が削減されゆとり（≒学力低下）へと傾いた1998年版の反省のもと、理数を中心に授業時数を増加させる一方、総合的な学習の時間が概ね週1時間減となり、ゆとりと学力のバランスが調整された。それは、1998年版学習指導要領の「ゆとり・基礎基本の充実・生きる力の育成」という基本路線を継承しながら、以下のような特徴を持つ。第一は、従来の「生きる力」を育む方法に不十分なところがあったとして、それを支える確かな学力・豊かな心・健やかな体の調和を重視し、伝統や文化に関する教育（国語科での古典、保健体育科での武道）や道徳教育および体験活動などを充実させることを目指した。第二は、知識・技能の習得（習得型学力）と思考力・判断力・表現力といった活用型学力のバランスを重視した。言語活動の充実は、国語科のみならず他教科においても活用型学力を伸ばすために重視された。第三は、国語・算数（数学）などの教科を中心に授業時数が増加したことである。

　また、2017（平成29）年に学習指導要領が改訂される前のトピックとして、道徳教育について大きな動きがあった。2015（平成27）年３月に学校教育法施行規則が一部改正され、従来の「道徳」という名称が「特別の教科である道徳」と変更された。答えが１つではない道徳的課題に向き合い、考え、議論する道徳教育への転換が求められていることは確かであるが、教科書検定を経た教科書が用いられ、通知表には記述式の成績評価が行われる道徳の準教科化には、賛否両論がある。

　2017年版の学習指導要領の全面実施は、小学校は2020（令和２）年度から、中学校は2021（令和３）年度から、2018（平成30）年に改訂された高等学校は2022（令和４）年度から学年進行で実施される。2017年版学習指導要領の基本路線は、1998年版や2008年版指導要領の「生きる力を育む」路線から大きくは変わっていない。異なるのは、「詰め込みかゆとりか」ではなく、21世紀型能力を、学校教育を通じて確実に育み、自律的に社会に参画していく実践力を持った人材の育成を重視している点である。2017年版学習指導要領が児童・生徒に育むべきものとして示しているのは、知識及び技能、思考力・判断力・表現力等、学びに向かう力・人間性等の３つである。そのために、2018年版学習指導要領が重視するのは、①主体的・対話的で深い学び、②社会に開かれた教育課程、③カリキュラム・マネジメントの３点である。

　①の「主体的・対話的で深い学び」は、しばしば安易にアクティブ・ラーニングと言い換えられたりするが、必ずしも授業方法を一斉授業型・知識伝達型からグループ学習型・自学自習型に切り替えるということではなく、「自律的に社会に参画していく」実際的な「生きる力」に結びつく学力を育む授業方法・学習方法の改善と捉えるべきである。それは、知識や技能のみならず思考力・判断力・表現力を育み、実際の生きて働く力を育もうとする「活用型学力観」とも結びついている。②の社会に開かれた教育課程とは、学校教育も現代社会・世界の問題解決、よりよい社会をつくるという目標を共有するとともに、実際の教育課程の実施にあたっては地域の人的・物的資源を活用・連携していくという、より社会や地域と教育課程が結びつきを強める視点である。またそれは、学びを人生や社会に活かそうとする学び方を求めるものでもある。そして、上記２つを実現するのが、③カリキュラム・マ

ネジメントである。カリキュラム・マネジメントとは、各教科・科目や学年、学校種などを分断して1つ1つ別個の内容として扱うのではなく、教科横断的で効果的な課程編成を考えるとともに、それを編成・実施・評価・改善といったPDCAサイクルのなかで実施していく視点である。自分の担当教科やクラスの教育資源の中でどのように授業実施できるかではなく、他教科担当教師や地域の教育資源をどのようにうまく活用して、子どもたちにとっての「深い学び」が実現できるかが問われている。

　上記のように2017（平成29）年版学習指導要領は、科目・内容や時数を大きく変更するのではなく、教育課程の計画や実施に質的な変容を求めていると言うことができよう。新学習指導要領は、「何を理解しているか、何ができるか」（知識・技能）のみならず、「理解していること・できることをどう使うか」（思考力・判断力・表現力）を育み、「どのように社会・世界と関わり、よりよい人生を送るか」（学びに向かう力・人間性等）といった能力を育成しようとしているのである。

【学習課題】

○自分がこれまで受けてきた学校教育活動の中で、どのような場面に教育法規が影響していたのか思い出し、いくつかあげてみよう。

○学習指導要領の変遷の大まかな流れを、「ゆとり」と「詰め込み」と「生きる力」で分けてみよう。

引用・参考文献
・窪田眞二、小川友次（2019）『教育法規便覧　平成31年版』学用書房。
・文部科学省（2008）『学習指導要領』
・文部科学省（2018）『学習指導要領』

（牛尾直行）

第4章　カリキュラム・マネジメントの現代的意義と課題

1．カリキュラム・マネジメントの現代的意義

　カリキュラムは、教育活動の全体であるゆえに、内容のみならず、それを支える条件整備も重要である。教育内容とその方法を主とする「カリキュラム研究」と、その条件整備を主とする「学校経営研究」との統合的視点に立って構築されたのが「教育課程経営」の概念であり、「カリキュラム開発」の観点から構築されたのが「カリキュラム・マネジメント」の概念である。

　「カリキュラム・マネジメント」概念の契機となったのは、1974（昭和49）年3月、当時の文部省とOECD-CERIの共催でSBCD（School-Based Curriculum Development：学校に基礎をおくカリキュラム開発）を中心テーマとして開催された「カリキュラム開発に関する国際セミナー」である。

　このセミナーの報告書である『カリキュラム開発の課題』（文部省、1975（昭和50）年）では、教育的な意図や計画にとどまらず、教育実践に移されていくまでの子どもの学習活動のすべてに関わる広範な意味において「カリキュラム」という概念が示された。「カリキュラム開発」（Curriculum Development）とは、「教授目標の再検討に始まり、教材、教授、学習の手続き、評価方法などの計画や構成を含むものである。それは一度つくり上げればそれでおしまいといったようなものではなく、絶えず検討され、評価され、修正されてゆく継続的なプロセスである」とされ、教師は、SBCD（学校に基礎をおくカリキュラム開発）のもとで、カリキュラム・ユーザーの立場から、教師自らがカリキュラム開発を行う主体であるというカリキュラム・メーカーの立場への認識の転換が示されることとなった。

　我が国では、1970年代後半から1980年代にかけて、教育課程実施状況調査における地方単位の教育課程の計画－実施－評価（P-D-Sサイクル）の調査研究に代表されるように、「教育課程経営」の概念が学習指導要領の適用・運

用に限られたシステム論を媒介とする研究として成立した。1990年代には、研究開発学校の研究や先のSBCDの実際から、自律的学校経営、特色ある学校づくりが求められ、学校主体の「カリキュラム開発」としての「カリキュラム・マネジメント」の概念に移行し、今日に至っている。

　教育課程行政文書において、「カリキュラム・マネジメント」という用語が最初に見られるのは、2003（平成15）年10月中央教育審議会答申「初等中等教育における当面の教育課程及び指導の充実・改善方策について」である。ここでは、校長や教員等が教育課程の開発や経営に関する「カリキュラム・マネジメント」の能力を養うことの必要性が指摘され、翌年の2004（平成16）年より独立行政法人教員研修センターにおいて「カリキュラム・マネジメント指導者養成研修」が開始された。また、2008（平成20）年１月の中央教育審議会答申「幼稚園、小学校、中学校、高等学校及び特別支援学校の学習指導要領等の改善について」では、教育課程や指導方法等の不断の見直しによる「カリキュラム・マネジメント」の確立の必要性が示された。同年の「小・中学校学習指導要領解説　総合的な学習の時間編」においては、計画－実施－評価－改善という「カリキュラム・マネジメント」のサイクルを着実に行うことの重要性が述べられ、「総合的な学習の時間」における「カリキュラム・マネジメント」の遂行が示されることとなった。

　「カリキュラム・マネジメント」の内容までを含めて、具体的に示されるようになったのは、2016（平成28）年12月の中央教育審議会答申「幼稚園、小学校、中学校、高等学校及び特別支援学校の学習指導要領等の改善及び必要な方策等について」である。この答申では、教育課程の編成主体である各学校が、学習指導要領等を受け止めつつ、子どもたちの姿や地域の実情等を踏まえて、各学校が設定する教育目標を実現するために、学習指導要領等に基づき、どのような教育課程を編成し、それを実施・評価し改善していくのかという「カリキュラム・マネジメント」の確立が求められることとされた。

　このように「カリキュラム・マネジメント」は、教育課程全体を通じて、教科横断的な視点から教育活動の改善を図り、学校全体の取り組みとして、教科等や学年を越えた組織運営の改善を行う。そのうえで、各学校が編成する教育課程に基づき、教育活動の質の向上に向けて組織的かつ計画的に努め

ることが求められている。その目的は、「児童生徒や学校、地域の実態を適切に把握し編成した教育課程に基づき組織的かつ計画的に各学校の教育活動・授業の質の向上を図ること」であり、そのための手段として、教科横断的側面、PDCAサイクルの確立、人的物的資源の活用の3つの側面が示された。

　具体的には、第一に、各教科等の教育内容を相互の関係でとらえ、学校の教育目標を踏まえた教科横断的な視点で、その目標の達成に必要な教育の内容を組織的に配列していくことである。これは、教育課程全体を通しての取り組みの側面である。例えば、現代的な課題である環境教育、キャリア教育、情報教育、防災教育、食育、ESD、プログラミング教育等について、国語科と連携し言語活動の充実に資するといった、個々の教育活動を教育課程に位置づけ、教育活動相互の関係をとらえ、教育課程全体と各教科等の内容を関連させることが重要である。

　第二に、教育内容の質の向上に向けて、子どもたちの姿や地域の現状等に関する調査や各種データ等に基づき、教育課程を編成し、実施し、評価して改善を図る一連のPDCAサイクル［計画（Plan）－実施（Do）－評価（Check）－改善（Action）］（括弧内、筆者）を確立することである。これは、教育課程のPDCAサイクルの側面である。すなわち、授業の振り返りである「学習評価」を、「カリキュラム評価」を基に「学校評価」につなげることを意味する。各学校が教育活動や学校運営について目標を設定し、達成状況等を評価し改善していく取り組みとしての「学校評価」は、「カリキュラム・マネジメント」と関連づけながら実現されることが求められる。例えば、学年ごとではなく学期ごと、単元ごとにPDCAサイクルをとらえることが必要である。

　第三に、教育内容と教育活動に必要な人的・物的資源等を、地域等の外部の資源も含めて活用しながら効果的に組み合わせることである。これは、学校全体としての取り組みの側面であり、管理職のみならずすべての教職員がその必要性を理解し、各学校の特色を創り上げていく営みである。学校のみならず、家庭や地域を巻き込んだ「カリキュラム・マネジメント」を確立することが重要となっている。

　これら3つの側面は、あくまで目的を実現する手段であって、この手段を目的化しないよう留意し、教育課程を意義あるものとすることが重要であ

る。

2．カリキュラム編成の原理と内容

⑴カリキュラム編成の原理
①教育目的論―経験主義と系統主義―

　「カリキュラム」は、主体と客体の結合の上に成り立つものであり、その教育目的のありようによって、様々なカリキュラムに編成される。例えば、戦後初期の子ども主体の「経験主義教育」が目指された時代には、「子ども（児童）中心カリキュラム」、1960年代の教育内容の現代化論に見られる学問の系統性が重視された時代には、「学問中心カリキュラム」として編成され、それぞれの時期の教育目的の実践が目指された。

②教育内容の選択と配列
　　―スコープ（領域）とシークエンス（系列）―

　我が国の戦後初期カリキュラムの基本原理として学ばれたのが、キャズウェル（H. L. Caswell）とキャンベル（D. S. Campbell）の「社会機能法」である。スコープ（領域）は、教育内容で何を選択するかであり、シークエンス（系列）は、選択された内容をどのように配列するかである。これらはアメリカのヴァージニア・プランやカリフォルニア・プランでも用いられ、経験主義教育論に基づくカリキュラム編成の基本的枠組みとされた。

　ヴァージニア・プラン（1943年改訂版）では、スコープ（領域）は、「社会生活の主要機能」である［人格の発達、生命・財産及び天然資源の保護保全、物や施設の生産・分配及び消費、物や人の通信や輸送、娯楽、美的・宗教的欲求の表現］の6領域が示された。これに対してシークエンス（系列）は、学年ごとに「興味の中心」として、例えば、［1学年：家庭・学校・村や町の生活、2学年：地域社会の生活、3学年：自然環境への適応と物的開拓の進展への適応、等］が示された。このようなスコープ（領域）とシークエンス（系列）のマトリクスの交差点に単元が設定され、例えば、「物や人の通信や輸送」（スコープ）と「3学年：自然環境への適応と物的開拓の進展への適応」（シークエンス）の交差点に「自然環境は、輸送や通信にどんな影響をあたえるか」という単元が設定されている。

これらは、戦後初期の日本では、コア・カリキュラムや社会科の基礎として、スコープはヴァージニア・プランのまま用いられることが多かったが、シークエンスについては［家庭および学校から地域社会へ、日本および世界へ］という「同心円的拡大」の原理が用いられ、「カリキュラム編成」は独自の展開を遂げた。スコープとシークエンスの交差点に単元を構想する原理は、その後も教育内容の選択と配列の基本原理として用いられている。

③カリキュラム編成の過程

「教育測定」の概念に代わって、目標の実現状況としての「教育評価」の概念を構築したタイラー（R. W. Tyler）は、『カリキュラムと教授の基礎原理』（1949）の中で、カリキュラムの基本原理を次のような4点でとらえた。

①学校は、どのような教育目的を達成するように努めるべきか。

②どのような教育経験を用意すれば、これらの目的は達成でできるか。

③これらの教育的経験は、どのようにすれば効果的に組織できるか。

④これらの目標が達成されているかどうかは、どのようにすれば判定できるか。

ここに示された［教育目標の設定−教育経験の選択−教育経験の組織−教育評価］の4段階の線型モデルを、「タイラーの原理」という。この「タイラーの原理」は、教育目標の設定を重視して位置付け、教育目標の実現状況としての「教育評価」概念を明示した目標準拠型のモデルである。それは、目標が行動目標であり、その原理である行動科学の明快さにゆえに、1950〜1960年代のカリキュラム編成の基本原理とされた。

④「カリキュラム開発」モデルの類型

「カリキュラム開発」モデルには、主として以下の3つの類型がある。

・目標分析モデル

これは、先に取り上げた「カリキュラム開発に関する国際セミナー」で、アトキン（J. M. Atkin）が「工学的接近」と述べたモデルである。広義にはタイラー（R. W. Tyler）やブルーム（B. S. Bloom）の理論である。

開発の手続きは、［一般的目標→特殊目標→行動的目標→教材→教授・学習過程→行動的目標に照らした評価］の6段階からなる一連の行動の系列をとらえた合理的なモデルである。我が国では、1970〜1980年代に学力保障の

観点からのカリキュラム開発として影響を与えた。教育目標の明確化の利点の一方、行動目標の価値的中立性と無制限の拡大についての懐疑、要素的な目標の累積が一般目標にはつながらないこと、知識・技能習得の重視につながりやすい等の批判がなされた。

・ゴール・フリーモデル

　これは、アトキンが「羅生門的アプローチ」と述べたモデルである。芥川龍之介の作品を映画化した「羅生門」（黒沢明監督）にちなんで名付けられたといわれており、そのコンセプトは、立場を変えると様々な見え方になるという多元性を特徴とした、スクリヴァン（M. Scriven）やアイスナー（W. E. Eisner）に基づく理論である。

　開発の手続きは、［一般的目標→創造的教授・学習活動→記述→一般的目標に照らした判断評価］の４段階からなり、一般的な教育目標にとどめ、児童生徒の自発的な学習の展開に即した授業の進め方を大切にしようとした。学習過程における予想外の出来事や児童生徒の一人ひとりの進捗に合わせることができる利点がある一方、目標の曖昧さ、客観性の欠如、第三者評価の難しさ、データ収集の多大な労力等の問題も指摘された。

・状況分析的・相互作用的モデル

　これは、上記２つを統合したモデルで、様々な要素を結びつけ全体状況を把握し、カリキュラム開発を行うスキルベック（M. Skilbeck）のSBCD（学校に基礎をおくカリキュラム開発）の理論である。

　開発の手続きは、［状況分析→目標設定→プログラム計画→解釈と実行→調整・フィードバック・アセスメント・再構成］の５段階からなる総合的なモデルである。特に、最初の「状況分析」において、学校を取り巻く「外的要素」と、「内的要素」である生徒、教師、学校の風土、資料の資源、施設、装置、現在のカリキュラムの問題点等の詳細な分析が特徴とされている。その総合性ゆえに、カリキュラム開発のどの部分からでも着手できる利点の一方、様々な要素が複雑に絡み、実践における難しさも指摘されている。

　以上のように、これら３つのモデルにはそれぞれ利点と問題点があり、カリキュラムの部分と全体の有機的関連に基づくカリキュラム開発のありようが模索されている。

(2)教育内容と学習内容

　学校におけるマクロな「カリキュラム・マネジメント」は、授業者である教師によって、開発されたカリキュラムの具体である日々の授業を通して実現される。授業は、「教育内容」を有機的なまとまりのあるものに組織・編成した単元の展開の中に位置付けられ、他の単元と有機的関連を持ちながら、総体として年間指導計画を構成している。

　教育課程の前提としての「教育内容」は、一般に、教育的意図のもとに、その時代の社会を担う文化内容から選択された内容である。文化内容は、自然科学や社会科学、人文科学、医学などの専門科学の成果に規定され、人間の社会生活の中で歴史的に継承されてきた遺産である。「教育内容」は、その中で、人間形成の意義に則して教育的に価値ある内容が吟味され、選択されたものである。

　教育課程の具体的な文脈を構成しているのが授業であり、よりよい授業の創造は、よりよいカリキュラムの開発と不可分の関係にある。それゆえ、各学校における特色あるカリキュラム開発が目指されている今日、学校の教育活動の全体構造の中に授業を位置づける視点がより一層重要となっている。

　授業では、常に授業者と学習者が同時に関わり合う「何か」が存在している。授業によって教え・学ばれる知識・技能・態度は、広義には、「教育目的」に規定された「教育内容」によって規定されるが、狭義には、授業者の側に力点を置くか、学習者の側に力点を置くかによって、その表現に違いが見られる。すなわち、授業者の側から見れば、「教育内容」（教科教育の場合には、教科の系統性を重視する観点から「教科内容」といわれる）を獲得させるためのものであり、学習者の側から見れば、「学習内容」（体験的活動を中心とした場合には「活動内容」）と呼ばれる。このように、ある「教材」の学習を通して、学習者が習得した知識・技能・態度を「学習内容」といい、学習者の学習活動を中心として作成する学習指導案等においては、「学習内容」（「活動内容」）を一般的に使用する。

　「学習内容」の選択にあたっては、授業者である教師の教材研究が重要な役割を果たす。教材研究とは、授業の事前の準備として教師によって行われる行為であり、教材を授業の目標に照らして構想し、授業における展開の仕方

を計画することである。その際最も重要となるのが、「児童生徒理解」や「見取り」と呼ばれる教師による児童生徒の側に立った吟味である。

　これまで述べてきたように、教材は授業者と学習者の双方に意味を持つ対象であり、学習者が学習することを期待されている一般的な教育内容を含んでいる。それゆえ教材研究では、授業者の意図する内容を必ずしも的確に学習者が把握するとは限らないことを前提に、教師はより深い児童生徒理解と児童生徒の側からの踏み込んだ視点を持つことを忘れてはならない。

３．カリキュラム評価の方法

　計画し、実施されたカリキュラムは、その結果に基づき評価され、さらに改善されなくてはならない。「カリキュラム評価」においては、「カリキュラム・マネジメント」の一環としての評価と改善が求められている。先に取り上げた「カリキュラム開発に関する国際セミナー」は、SBCD（学校に基礎をおくカリキュラム開発）を中心テーマとしており、今日にも重要な示唆を与えてくれている。

　アトキンは「カリキュラム開発における教授・学習過程と評価」において、「工学的アプローチ（Technological approach, 工学的接近）」と「羅生門的アプローチ（Rashomon approach, 羅生門的接近）」というカリキュラム開発における２つのアプローチの違いを対照的に明示した。すなわち、「工学的アプローチ」とは、「目標に準拠した評価」で「行動的目標」を特徴とし、教授学習過程は「既定のコースをたどる」といった、カリキュラム開発プロセスをシステムとして考える行動目標論の立場である。一方、「羅生門的アプローチ」とは、多元性を特徴とした「目標にとらわれない評価」で、「非行動的目標」を特徴とし、教授学習過程では「即興を重視する」といった、芸術的手法による理論である。

　アイスナーは、教育活動を芸術活動のメタファーから創造的活動をとらえ、教師の即興を重視し、経験に培われた直観的評価に基づく「教育的鑑識」と、分析的評価としての「教育的批評」の２つの評価によって、教育活動の質的な評価が可能であると考えた。

　日々の教育活動でのカリキュラム評価は、目標に準拠した評価を基本とし

表1　「工学的接近（アプローチ）」と「羅生門的接近（アプローチ）」の対比
（文部省（1975）『カリキュラム開発の課題』大蔵省印刷局、p. 52, p. 54）

	工学的接近	羅生門的接近
評価と研究	目標に準拠した評価 ↓ 一般的な評価枠組 ↓ 心理測定的テスト ↓ 標本抽出法	目標にとらわれない評価 ↓ 様々な視点 ↓ 常識的記述 ↓ 事例法
目標	「行動的目標を」 「特殊的であれ」	「非行動的目標を」 「一般的であれ」
教材	教材のプールからサンプルし計画的に配置せよ	教授学習過程の中で教材の価値を発見せよ
教授学習過程	既定のコースをたどる	即興を重視する
強調点	教材の精選、配列	教員養成

つつ、教育目標にとらわれない様々な状況により生起した予想外の質的な側面も考慮される必要がある。すなわち、カリキュラム評価における「工学的アプローチ」と「羅生門的アプローチ」は、対比ではなく相補的な関係においてとらえることが重要である。

　また、カリキュラム評価の際には、カリキュラムの階層構造も考慮する必要がある。例えば、IEA（国際到達度評価学会）は、カリキュラムを「意図したカリキュラム（Intended Curriculum）：国家的、社会的、教育的文脈」、「実施したカリキュラム（Implemented Curriculum）：学校、教師、学級の文脈」、「達成したカリキュラム（Attained Curriculum）：児童生徒の結果と特徴」の3次元でとらえている。制度的なカリキュラムから児童生徒の学んだ実際のカリキュラムまでのつながりをとらえ、絶えず更新される動的プロセスによって、児童生徒にとって、よりよい教育につながるカリキュラム開発が可能となるのである。

4．カリキュラム開発の課題

⑴地域とカリキュラム

　今日、「社会に開かれた教育課程」の実現に向けて学校と地域との連携・協働を通した「カリキュラム・マネジメント」が重要となっている。2016（平成28）年12月の中央教育審議会答申「幼稚園、小学校、中学校、高等学校及び特別支援学校の学習指導要領等の改善及び必要な方策等について」では、「社会に開かれた教育課程」とは、以下のように示されている。

　第一に、社会や成果の状況を幅広く視野に入れ、よりよい学校教育を通じてよりよい社会を創るという目標を持ち、教育課程を介してその目標を社会と共有していくことである。

　第二に、これからの社会を創り出していく子どもたちが、社会や世界に向き合い関わり合い、自らの人生を切り開いていくために求められる資質や能力とは何かを、教育課程において明確化し育んでいくことである。

　第三に、教育課程の実施にあたって、地域の人的・物的資源を活用したり、放課後や土曜日等を活用した社会教育との連携を図ったりし、学校教育を学校内に閉じずに、その目指すところを社会と共有・連携しながら実現させることである。

　この「社会に開かれた教育課程」の実現のためには、学校・家庭・地域の教育課程の共有が必要であり、そのために「コミュニティ・スクール」の概念も重要となっている。「コミュニティ・スクール」の概念は、歴史的には、1940年代アメリカのオルセン（E. G. Olsen）の「地域社会学校」に始まる。我が国では、アメリカの影響を受けて戦後初期に「地域教育計画」としての「川口プラン」などの運動があったが、その後下火となり、1980年代後半の「開かれた学校」の教育改革理念以来、開かれた学校づくりのもとでの地域の重要性が再び高まってきたことにより重視され、現在に至っている。

　「コミュニティ・スクール」とは、地域社会の資源を学校の教育活動に取り込むとともに地域にも開放することを指し、具体的には、「地方教育行政の組織及び運営に関する法律」の規定による「学校運営協議会」を設置した学校のことである。「コミュニティ・スクール」は、地域の住民、保護者、教育

委員会が必要と認める者によって組織された「学校運営協議会」のもとに学校運営を進める仕組みのことで、校長が作成した学校運営の基本方針や教育課程の編成の承認を得ること（「地方教育行政の組織及び運営に関する法律」第47条の5第4項）になっている。こうした学校・家庭・地域の三者による教育課程の理解と共有は、まさに「社会に開かれた教育課程」そのものであるといえるだろう。

(2)クロスカリキュラム

　クロスカリキュラムとは、特定のテーマについて複数の教科を横断させ、総合化させたカリキュラムのことである。歴史的には、1989年にイギリスのナショナルカリキュラムの中で用いられ、イギリスの初等教育段階の基礎カリキュラムの教科群の中で共通に学ばれる教科をクロスして学ぶクロス・カリキュラム（cross-curriculum）に由来する。このクロス・カリキュラムは、各教科が同一のテーマに取り組みつつも教科の枠を崩さない「相関カリキュラム」を特徴とする横断的学習で、一時期に集中して学習される学際的カリキュラムである。

　我が国では、1996（平成8）年7月の第15期中央教育審議会第一次答申「21世紀を展望した我が国の教育の在り方について」において、横断的・総合的な学習の推進を図るために、教科から独立した領域・時間で、教科の枠を超えた「総合的な学習の時間」として創設されることになった。これによって、様々に複雑化・深刻化した社会的課題を解決するために、小学校段階からの総合的な学習のカリキュラムが構想された。

　また、この「総合的な学習（探究）の時間」では、各学校の創意工夫が目指され、まさに「カリキュラム・マネジメント」の中核に位置づけられる。そのために、教師には小・中・高の連携や児童生徒の発達段階を踏まえた実践の深まりを考え、各学校や地域の特色を活かし、特色ある教育課程となるように考えることが求められている。その際、教師自身が取り上げる学習課題に精通しており、各教科や教科外等の学習内容をよりよく理解した上で、それらと総合化する視点ももちあわせていることが重要である。さらに、子どもたちから離れている社会問題や学習課題を子ども一人ひとりの自分自身の問題として、いかに関わりを持たせることができるかが重要となる。

教科ごとに分化し学ばれたカリキュラムは、「総合的な学習（探究）の時間」のカリキュラムと相互環流的に総合化されることによって、子どもたち一人ひとりが生きて経験している世界につながり、学校で学んだことが実際の生活の中で生きて働くことにつながっていくのである。

【学習課題】

○身近な地域の学校のカリキュラム編成の事例を調べ、その特徴を考察しなさい。

○「総合的な学習（探究）の時間」における「カリキュラム・マネジメント」の事例を取り上げ、その特徴と課題を考察しなさい。

引用・参考文献

・天笠茂（2013）『カリキュラムを基盤とする学校経営』ぎょうせい。

・木村範子（2002）「教育課程と学習内容」『実践に活かす教育課程論・教育方法論』学事出版、pp. 35-42。

・高久清吉（1968）『教授学－教科教育学の構造－』協同出版。

・中留武昭（編著）（2005）『カリキュラムマネジメントの定着過程－教育課程行政の裁量とかかわって』教育課程開発研究所。

・田中統治・根津朋実（編著）（2009）『カリキュラム評価入門』勁草書房。

・田村知子・村川雅弘（ほか編）（2016）『カリキュラムマネジメントハンドブック』ぎょうせい。

・日本カリキュラム学会（2019）『現代カリキュラム研究の動向と課題』教育出版。

・文部省（1975）『カリキュラム開発の課題』。

・山口満（1998）「学校におけるカリキュラム開発の仕組みをかえる」『教育展望』教育調査研究所、pp. 14-23。

・山口満編著（2005）『第二版　現代カリキュラム研究－学校におけるカリキュラム開発の課題と方法－』学文社。

・山崎保寿（2019）『未来を拓く教師のための教育課程論－学習指導要領からカリキュラム・マネジメントまで－』学陽書房。

（木村範子）

第2部　教育方法論

第1章　教育方法の理念

　教師は日々、児童生徒が学習するために授業内外で奮闘している。例えば
それは、児童生徒に学習内容がわかるように言い方や説明を工夫したり、児
童生徒の知的好奇心や学習意欲を引き起こすような発問や教材の演出を考え
たり、学習の目的や内容に応じて学習形態を工夫したりすることである。この
ような教育の目的や内容を効果的に伝達したり、児童生徒の学習を成立させた
りすることを意図して生み出された教育の方法は、これまで長い歴史がある。

1．学習指導原理探究の歴史

　教育方法の理念とは、「教育方法は本来どうあるべきなのか」という根本的
な考え方である。この考え方は、時代や社会状況によって規定され、変化を
とげながら創造されてきた。代表的な3人の人物の理念を取り上げて考察し
てみよう。

　1人目は、ソクラテスである。ソクラテスが生きた古代都市国家アテネ
は、すべての市民が平等に国の政治に参加する民主政治が整っていた。そこ
では、家系、社会的地位、富などの伝統的特権ではなく、議会や法廷におい
て民衆を説得する個人の能力が重視されていた。このような社会的要請に伴
い、雄弁によって相手を説得したり論破したりする弁論術を教えるソフィス
トと呼ばれる職業教師たちが現れた。しかし、真理に対する主観的な相対主
義者の彼らが教える弁論術は、次第に詭弁術的傾向をおびるようになった。
一方、ソクラテスは、各自が抱く主観的考えを凝視し吟味することで真理の
探究に向かうことができると信じ、路上で青年たちに話しかけ、質問を投げ
かけながら対話を行った。これは、相手を論敵として論破するソフィストの
弁論術とは異なり、対話者を自分と共通の問題を追究する仲間と考える方法
だった。ソクラテスの対話は、まず相手が真理だと信じて疑わない常識につ
いて矛盾に導き、そして行き詰まらせるが、そこから相手が自ら考え抜いて真
の知識へ到達するように必要な助言を与えつつ指導する教育方法であった。

　2人目は、コメニウスである。コメニウスが生きた17世紀ヨーロッパは封

建社会である。教育はお金持ちの裕福な人のためにあり、貧民は教育を受けられず、高等教育の汚職により教育は腐敗していた。また、30年戦争によって戦場と化した町や村では、戦争に関係のない人々が飢えた兵士の略奪を逃れられず被害に遭っていた。このような社会の中でコメニウスは、人類の破滅を救うには青少年を正しく教育するより有効な道は他にないと考え、「あらゆる人に、あらゆることを、わずかな労力で、楽しく、着実に」教え学ぶ普遍的な教育方法の理念を説いた（『大教授学』）。特にコメニウスは、言語主義の教育方法を批判して、視覚を通して言語の学習を楽しくできるように考案された『世界図絵』や、演劇を通して言語を楽しく学ぶ演劇教育などを提案した。

　3人目は、ルソーである。ルソーが生きた18世紀ヨーロッパにおいて、子どもは親や社会の所有物、もしくは働き手とみなされ、「小さな大人」と考えられていた。当時は、乳幼児の年齢を超えると大人と同じように働かなければならなかった。教育においても、子どもと大人の区別がないため、大人顔負けに古典を暗唱させることがよい教育とされていた。しかし、ルソーはこれを批判して、人間の心身の発達を考え、それぞれの特色のある発達段階を区別して、各段階にふさわしい教育を行うべきであると主張した（『エミール』）。例えば0〜1歳くらいまでの乳幼児期は、子どもの運動する力を十分に発揮させることを強調した。なぜなら、当時フランス貴族の母親は社交界で活躍するために乳母に子育てを任せ、乳母も楽をするために赤ん坊が動き回ったりしないように産着で体を締めつけて、壁に引っ掛けて泣いたらお乳をやるというものだったからである。

2．学習指導の原理

　学習指導の原理とは、あらゆる教科の教育方法であり、また、すべての学年に適用できる授業の一般原則である。この原理は、授業を具体的に構想したり、展開したりする基本的な指針を与える。実際、教師はこのような原理に基づきながら授業を行っている。学習の成立は、教師（指導方式）、学習者、教材、そのほか多くの要因の影響を受けている。様々な視点に立ちながら授業構想や展開を考える基本的視点について学習を進めていこう。

(1)系統学習と問題解決学習

　系統学習は、教育内容を段階的に配置してそれを順序立てて児童生徒に学ばせていく指導方式のことである。子どもに分数の足し算を理解させるためには、数について、足し算について、そして分数について、段階的に順序立てて学ばせていく必要がある。英語の過去進行形の文法的表現を理解してもらうときにも、be動詞、一般動詞、進行形、過去形といった基本的事項を段階的に順序立てて学ぶ必要がある。

　系統学習による指導方式は、教育内容を多くの児童生徒に効率よく伝達する方法として適している。なぜなら教える内容はあらかじめ決められており、それを伝達するのに人数の多少は関係ないからである。現代のように学校教育が制度化され、誰もが等しく学ぶことができる状況においては、子ども一人ひとりのニーズに応じて教育をその都度展開するのは困難であり、多数の子どもを対象として効率的に知識・技能を伝達できるこの方式は、必然的に採用せざるをえない指導方式の1つである。それは、中学卒業までに「最低限ここまでの知識・技能は習得してほしい」といった国民の基礎学力を一定に保障する点で意義がある。

　他方、問題解決学習という指導方式もある。これは、生活や社会において実際に生じている問題を学習者自身の問題としてとらえ、その現状の把握と解決に向けて探究することを目的としたものである。例えば、地球温暖化、情報化社会、少子高齢化などの現状とその解決方法、それから克服すべき課題などを探究する学習が例である。

　この指導方式は、19世紀末から20世紀前半にかけて展開された新教育運動から現れた。この運動は、当時、教師中心主義や書物主義を主流とした旧教育に対して、本来の教育とは「児童中心主義や学習内容と実生活との関連を強調するかたちで行われるべきである」とする教育者たちの動きである。新教育運動の代表的人物の1人であるデューイは、20世紀初頭の学校教育に対して、子どもの日常生活とはかけ離れ、反復による読み書き計算の暗記に終始した、集団的で一方向的な学校教育を批判した。このような教育観は、戦後の日本の教育に影響を与えた。茨城県の小学校でコア・カリキュラムとして実践された『はえのいない町』は、学校で児童生徒がお昼ご飯を食べてい

るときに、ハエが飛び回って気が散るという学校生活上で生じた問題をきっかけに学習が始まり、ハエの駆除をめぐる諸活動が展開していく過程で様々な新たな課題に直面し、その新たな課題を模索する中で、様々な学びを得ていく模様が描かれている。

(2)協調学習

　協調学習（collaborative learning）とは、「建設的相互作用を通して一人ひとりの児童生徒が自分の考えを深める」指導方式である（三宅ら、2017、p.7）。建設的相互作用とは、複数人で一緒に課題解決をしているときに、次の2つの場面が繰り返されることである。1つは自分自身の考えを表出して確認してみる場面であり、もう1つは他の人の言葉を聞いたり活動を見たりしながら自分の考えと組み合わせてより良い考えをつくる場面である。この2つの場面が個人内で次々に起こることによって、児童生徒は気づきや表現できることの質が高くなり、結果として自分の考えを深めることにつながる。

　協調学習の基本的な考え方は、「一人ひとりのわかり方は多様である」という前提の上で、児童生徒が、学習内容について、対話を通しながら自身の経験と結びつけて自分なりの納得のいく理解をつくることを目指すところにある。これまでの知識伝達型での授業において、教師がわかりやすい教え方、説明の仕方、具体例と思って行っていたことは、あくまでたくさんあるわかり方の1つに過ぎない。教師は、教室の中で全員が納得してくれるように工夫を凝らし努力するが、児童生徒が納得してくれる割合は実際に高くないことの方が多い。

　では、教室で協調学習を引き起こすにはどうしたらよいか。その仕掛けの例として取り上げられるのが「知識構成型ジグソー法」である。これは、「生徒に課題を提示し、課題解決の手がかりとなる知識を与えて、その部品を組み合わせることによって答えを作り上げるという活動を中心とした授業デザインの手法（三宅 2017、p.9）」である。この手法は、次の5つのステップからなる。

　第一に、課題である「問い」を児童生徒に提示する。例えば、「雲はどのようにできるのか」である。この問いは、単元の初期の知的好奇心の誘発を目的とすることもあれば、前後の学習との関係から設定することもできる。教

師のねらいによって多様に設定できる。課題が提示されると、児童生徒は、「今日は雲についてか、雲ってどうやってできるんだろう？」「前回の学習で○○を学んだけど、○○は雲になるのかな？」などと、これについて自分は何を知っているのかを考える。

　第二は、エキスパート活動である。この段階は、「問い」について考えるための手がかりとなる部品をいくつか渡し、問いに対する自分の考えをみんなが少しずつ言葉にする。部品は今回の例であれば、「第1部品：断熱膨張の資料」「第2部品：飽和水蒸気量の資料」「第3部品：状態変化の資料」など、どの部品も「雲はどのようにできるか」に関係する資料である。児童生徒は、第1部品を担当するグループ、第2部品を担当するグループなど分担する。各グループでは、「なんとなくこんな話？」「だったら、雲にどう関わるのかな？」など、部品の内容を話し合いながら言葉にしていく。この活動は、ある特定の事柄の専門家になるという意味合いでエキスパート活動と呼ばれる。

　第三は、ジグソー活動である。この段階は、ジグソーパズルのピースを組み合わせていく活動に見立てて、部品を組み合わせて「雲はどのようにできるのか」の課題を解こうとする活動である。ここでは、別の部品を担当した児童生徒を1人ずつ呼んで新しいグループをつくる。新しいグループの中で、それぞれ違う部品を担当した児童生徒とともに課題の答えについて、「ああじゃないか」「こうじゃないか」と、自分の経験を踏まえながら話し合うのである。

　第四は、クロストークである。この段階は、各グループの話し合いによって出た答えの共有である。それぞれのグループは、3つの部品を手がかりとしながら、まだ半信半疑な点も含めて「私たちは○○だと思います」「○○さんたちのグループは、○○と言いましたが、私たちは○○にも言えるのではないかと思います」というようなことを主張し合う。このように教室全体で意見交換することで、表現の質を上げ、自分なりの納得をつくっていく。

　第五は、まとめである。今日の授業あるいは一連の授業でわかったことを踏まえて、もう一度「雲はどのようにできるのか」の答えをつくってもらう。こうした一連の流れに時間をどのように配分したり費やしたりしていくのかに

ついては、課題やねらいに応じて異なるだろう。三宅ら（2017）では、学年の違いや教科に応じて多様な実践報告がなされている。

(3)教えて考えさせる授業

　教えて考えさせる授業とは、「教師の説明」「理解確認」「理解深化」「自己評価」の4段階から構成される授業デザインの手法である（市川・植阪 2016）。

　市川・植阪（2016）は、1990年代以降において、授業内容が理解できないことで「学習意欲の低下」と「基礎学力の低下」によって巻き起こった学力低下論争に対する処方箋として、この手法を提案してきた。当時の学校現場は、教師が児童生徒にひたすら教える授業をしても授業内容の理解が得られないため、子どもの主体性を育む教育を強調し、子どもの自力解決や協同解決に委ねた「教えずに考えさせる授業」を実施するなど、学校現場はどのような授業をすればよいか混乱していた。そこで彼らは、「教師が児童生徒にひたすら教えるだけの授業」と「教師が教えることをせずに、ひたすら考えることを促すだけの授業」との両者におけるバランスを考慮した授業を考案したのである。では、4段階を順に追って解説しよう。

　「教師の説明」は、教師から、図示や演示のような何らかの情報を提示して教えるべき事項を教える段階である。教師は、教材・教具・説明の工夫をしながらわかりやすく説明することに力点を置く。例えば、具体物やアニメーションによる提示、モデルによる演示、ポイントやコツの明示などを活用して説明する。

　「理解確認」は、児童生徒の理解を確認する段階である。教師がわかりやすく説明したつもりでも、子どもが本当にわかったのか、何らかの課題を通して確認する。子どもにとっても本当に自分が理解できているのかを確認する場でもある。ここでは、教科書やノートに付箋を貼って疑問点を明確化したり、理解したという児童生徒自身による説明を求めたり、ペアやグループでお互いに説明する教え合いを通じて理解確認が図られる。

　「理解深化」は、討論や問題解決を通じてさらに理解を深める段階である。特に、教師は誤りそうな問題、応用・発展的な問題、試行錯誤による技能を獲得させるような課題を児童生徒に取り組ませることを通して、理解深化をねらう。例えば、経験上、児童生徒の誤解が多い問題や間違いを発見させる

ような課題を提示したり、より一般的な法則へと拡張してみる問題および問題をつくる課題を提示したり、実技教科でのコツの体得を目指す活動などを通して、理解の幅を広げていく。

「自己評価」は、授業で児童生徒自身が「わかったこと、まだわからないこと」を振り返る活動である。児童生徒にとっては、自分の理解状態の表現活動になる。教師にとっては、児童生徒の「自己評価」の記述を確認して授業の反省や改善になる。

市川・植阪（2016）では、多種多様な教科別授業プランが掲載されている。実際の指導例を見ながら「教えて考えさせる授業」の手法について理解を深めてほしい。

3．学習意欲と動機づけ

学習者の興味や関心、あるいはどのようなときに学習活動に動機づけられるのかといった学習者の視点から教育の方法を考えることも重要である。

ここでは、学習意欲や学習への動機づけという観点から教育の方法を考えてみたい。

(1)学習意欲

学習意欲は、学習者の学習内容に対する積極的な構えであるとともに、学習すること自体に対する積極的構えでもある。この積極的構えは、学習の成立にとって欠かせないことはいうまでもない。教師は学習の目標を魅力的なものにしたり、教材そのものに興味を持たせたりすることによって、児童生徒の内発的動機づけを高めようと努力する。学習場面で「○○を知りたい」「これどうなっているんだろう」「なんでこうなるんだろう」のような興味、知的好奇心、探究心を育んでいく役割が、学習意欲にはある。

学習意欲は、内発的動機づけと外発的動機づけの研究をはじめ、様々な理論が提出され発展してきた。内発的動機づけとは、自分自身の興味関心や楽しみなどによって内部から沸き起こる欲求である。この動機づけは、誰に言われることもなく、「本を読みたいから読む」「サッカーしたいからサッカーする」のように、学習や活動自体を自己の目的とする傾向がある。一方、外発的動機づけは、外部から与えられる賞罰に基づく欲求である。この動機づ

けは、「先生に褒められたいから本を読む」「叱られるのが嫌だから勉強する」のように、「褒められたい」や「叱られたくない」という目的を達成するための手段に学習や活動を位置付ける傾向がある。

その後、内発と外発による区別が難しい意欲があることをきっかけとして、市川（2010）は、学習動機の分類と構造を示した「学習動機の二要因モデル」を提示した。この理論は、学習内容そのものを重視（軽視）しているかを示す「学習内容の重要性」と行為の結果として得られる名誉や利益を重視（軽視）しているかを示す「学習の功利性」の二要因の程度から学習動機づけを分類した。

「学習内容の重要性」が大きいという視点から「学習の功利性」が少ない方から順に見ると、「充実志向」「訓練志向」「実用志向」と分類される。充実志向は、学習すること自体が楽しく充実感があるものであり、学習すると得をするかどうかは考えていない。訓練志向は、学習が知力を鍛えるためであり、やることで頭が良くなるような課題でないとやりがいがない。実用志向は、学習が自分の将来の仕事や生活に活かせるからやるように方向づけられている。

他方、「学習内容の重要性」が小さいという視点から「学習の功利性」が少ない方から順に見ると、「関係志向」「自尊志向」「報酬志向」と分類される。関係志向は、「先生が好きだから」「みんながやっているから」のように他者につられて学習しているものであり、学習の内容については気にかけていない。自尊志向は、「あの人に負けるものか」「テストで良い点を取ると優越感がわくので」のように、プライドや競争心からくる動機である。報酬志向は、関心が「高校受験に合格すると携帯電話を買ってもらえるから」「成績が良いとお小遣いが増えるから」のように物質的な報酬を意識し、学習内容自体に興味があるわけではない。このように授業において児童生徒の学習を動機づけている要因は、「学習内容」「教師の好み」「個人的プライド」「競争心」など様々である。

⑵自己調整学習の方法

心理学において、人間の学習、記憶、思考のような認知現象は、コンピュータ・アナロジーによって明らかにしようと試みられてきた。人の認知現象を

コンピュータ的にとらえるとどんなことがわかるのかが、これまで示されてきた。これとは別の方向では、人間の好奇心や意欲の総体的なあり方を大きく規定するものとは何かという動機づけの研究もある。そこでは、どのようなときに熱中したり、没頭したり、意欲的に取り組んだりするのかを解き明かすために様々な観点から研究が進められてきた。近年、人間の本来の学習を考える動向は、前者の研究知見のみを参考にすることを冷たい認知と表現し、前者の冷たい認知に後者の熱い認知を伴った「温かい認知」の研究が盛んに行われるようになった。

　中でも注目されているのが、自己調整学習である（犬塚　2014）。自己調整学習は、意欲的に学習に取り組んだりする動機づけ現象（熱い認知）と、その中で冷静で合理的な判断をする現象（冷たい認知）を統合した能動的学習モデルである。自己調整学習の指導モデルはいくつか存在するが、CORI（Concept Oriented Reading Instruction）の例を用いて、以下典型的な指導を説明する（細矢　印刷中）。テーマや学習内容を変えながら、指導は基本的には4つの場面を循環的に進行する。紹介するのは、単元「世界各地の鳥たち」である。この単元の目標は、子どもたちが森林、砂漠、北極や南極のような様々な環境下での鳥の生活を知り、捕食や防衛、移動の方法、コミュニケーションなど、生態系の生存に関わる概念知識を形成することである。

　第一の指導場面「観察し個人化する」では、まず身近な鳥たちの生活を観察するために校庭や自然動物園などで散策活動を行う。散策で見たり拾ったりしたものを基に鳥に関する既有知識を活性化しながら、何を食べるのか（捕食）、どのように外敵から身を守るのか（防衛）など、自分の知りたいことの問いのリストを生成する。加えて、校庭などの散策活動を擬似する物語『月夜のみみずく』を自らの体験と結びつけて読む活動が行われる。現実の体験と読書体験の相互作用を通して、関心や疑問を自分のものにする。

　第二の指導場面は、多種多様な生物群系の本から知りたい問いに対する情報を「検索し探し出す」活動が行われる。本の見出し、目次、索引などを基に、知りたい情報を本の中から探し出す。また、ここでは本の読解を通して関心や疑問の情報を探し出すことに加えて、実験を通して情報を探す活動も行われる。例えば、フクロウが何を食べているのかといった捕食の実態を予

想して、それを確かめるためにペレットの解剖が行われる。ペレットの解剖では、様々な骨や毛皮などを発見したりする。それらの骨が一体何の骨なのかについて、フクロウの食習慣に関する本で調べることになる。

第三の指導場面は、多種多様な本の読解を通して得られた情報と実験から得られた情報を「読解し統合する」である。ここでは、読んだ本の要約、特定の鳥の生存に関する情報を図示してまとめる活動が行われる。例えば、前の授業でフクロウのペレットの解剖によって得られた情報と、本の読解によって得られた情報を合わせて、ヒストグラムを作成する。解剖によって出てきたいくつかの骨を本で調べることにより、鳥の骨が20本、ネズミの骨が9本、ラットの骨が6本と、多い順からグラフにすることでフクロウの捕食の実態が明らかになる。

第四の指導場面は、「他者とやり取りする」である。子どもたちは級友や他の人々に、ポスター、レポート、コンセプトマップなどの方法でこれまでの学びを通して得られた知識を伝える。これらの発表を通して、子どもたちはそれぞれが調べた鳥について理解を深め、他の鳥に対する興味や好奇心をより高めていくことになる。

CORIは、このような基本的指導展開に基づきながら、テーマを変えたり、特定の生物をさらに深く踏み込みながら学習を進めていく。こうした展開を繰り返していくことは、自らの疑問を解消するための探究の方法を繰り返し学習するものであり、自律的な学習者を育成する。

4．指導技術の見方

授業は、教師の教育方法を考える中核的な対象の1つである。しかし、教師の「教える技術」をどのようにとらえるかによって教育方法の見方も異なる。例えば、次の2つの側面から考えてみよう。

第一に、技術（technique）の側面である。これは、教師の指導技術を様々な指導場面において広く共通に見られ、妥当なものと見る。例えば、児童生徒の興味関心を巧みに誘発させる優れた教師の授業を科学的に分析することを通して、そこから共通の原理や原則を導き出す。ここで導き出された原理原則は、現場の指導において再現が可能なもので想定された効果が期待でき

るかが問われる。それゆえ、教師が変わっても、児童生徒が変わっても、その指導理論に基づけば一定の指導効果が期待できる。

TOSS 代表である向山洋一は、「教育技術の法則化」運動の代表的な人物である。『跳び箱は誰でも跳ばせられる』は、教師の教え方さえ的確ならばどの児童生徒にも跳び箱を飛ばせる方法が解説されている。これは一例に過ぎないが、教育実践の中で経験的に有効だとみなされる指導技術を取り上げて、これを教師たちの共有の財産にしようとする運動である。ここには、教師の指導技術向上の願いがあり、指導技術は練習や経験の蓄積によって向上させることができると見る視点ともとれる。

第二に、芸術（art）の側面である。これは、指導技術を児童生徒の刻々と変わりゆく学習場面の変化に柔軟に対応する即興的なものと見る。この見方では、児童生徒は一人ひとり個性や特性を持つ存在であり、彼らを一様に見て一律に指導技術を適用することはできないと考える。それゆえ、芸術の側面は、技術の側面のような科学の理論から導き出した技法を人間に適用することに批判的な立場である。したがって、芸術の側面は、一人ひとり考え方や感じ方が異なる個性を持つ児童生徒の生きた姿に応じて指導技術を用いることを重視する。

ハーバード大学の政治哲学の教授であるマイケル・サンデルの授業「JUSTICE」（2010）は、アートの側面の例といえる。彼の授業の特徴は、過去の有名な哲学者に触れながら、彼らの考えを現代の道徳的政治的論争に結びつけ、学生と対話を通じてそれについて議論する点にある。授業の主役は学生である。サンデル教授は、興味深いテーマを提示して議論のきっかけをつくり、学生が提示する意見や理由に耳を傾け、時に学生自身が自分の言葉で表現しきれないときには彼らの主張をわかりやすく言い換え、学生の真意をくみ取ろうとする。それゆえ、彼の授業は、一人ひとり考え方や感じ方が異なる個性を持つ学生の生きた姿に応じて臨機応変に対応しながら議論が活性化するように常に注意を注がなくてはならない。なぜなら、学生がどのような意見を提示するのかも予想は難しいし、議論がどのように展開してゆくのかも学生の意見によって変わりうるからである。授業の中で教師が瞬間瞬間の即興的に振る舞う性質が、このアートの側面の特質である。同じ授業を

再現することは不可能なのである。

> **学習課題**
> ○教育方法の理念について、「時代や社会状況によって規定され、変化を
> とげてきた」とはどういう意味か。その意味を、具体的事例を2つあ
> げなさい。
> ○今回は触れなかったが、学習指導の原理の中に「発見学習」がある。
> 発見学習とは何か、また、どのような社会的状況から生まれた指導方
> 式なのかを調べてみよう。
> ○教える技術について、「技術」と「芸術」の側面を紹介した。自分がど
> ちらの側面を支持するかの立場を明確にして、その理由を具体的に述
> べなさい。

引用・参考文献

・市川伸一・植阪友理（2016）『最新 教えて考えさせる授業 小学校：深い学びと
　メタ認知を促す授業プラン』図書文化社。
・市川伸一（2010）『学ぶ意欲の心理学』PHP新書。
・犬塚美輪（訳）（2014）「読解関与指導をとおして自己調整的な読みを育てる」塚
　野州一・伊藤崇達（監訳）『自己調整学習ハンドブック』北大路書房。
・細矢智寛（印刷中）「ウィグフィールドによる自己調整学習の指導方法：CORI
　にみられる科学的探究活動と読解方略指導の融合アプローチ」『教育方法学研究』
　第45巻、日本教育方法学会。
・NHKエンタープライズ（2010）「ハーバード白熱教室」ポリドール映像販売会社。
・中村秀之（2014）「見えるものから見えないものへ─『社会科教材映画体系』と
　『はえのいない町』（1950年）の映像論」丹波美之・吉見俊哉（編）『記録映画アー
　カイブ2 戦後復興から高度成長へ─民主教育・東京オリンピック・原子力発電
　─』東京大学出版会、pp.61-98。
・三宅なほみ・東京大学CoREF・河合塾（2017）『協調学習とは：対話を通して理
　解を深めるアクティブラーニング型授業』北大路書房。

（細矢智寛）

第2章　学習指導の技術と形態

1．授業の構成要素

⑴学習指導のための「授業」

　今の子どもたちは、ますます変化のスピードを上げる現代とその先の社会・世界を生きていく。学校教育に寄せられる期待はいつの時代も大きいが、その期待に応える難しさも時代とともに増している。近年では、教科の枠を越えて、この社会・世界で生じる出来事を総合的に理解し、1つではない解を導き出す問題解決能力（思考力・判断力・表現力等）の育成が強調され、子どもたちの「主体的・対話的で深い学び」が唱導されている。

　そのような社会的期待に応えると同時に、個々の子どもがそれぞれの生活とキャリアを築き現代を生きる準備を進めるために、学校には3つの教育機能が備わっている。それらは、学習指導、生徒指導[1]、および管理指導[2]である（図1）。

　学習指導は、私たちの社会・世界の中で文化的生活を営むための知識・技能に関する子どもたちの学習に対して、指導・援助あるいは支援することをいう。江戸時代の文化的な知識・技能では、現代社会においては早々に生きづらさを抱えてしまう。現代の社会・世界の見方・考え方を学び、さらに社会・世界で生じる様々な出来事を理解し対処する、あるいは制御するやり方を子どもたちが学べるように、そしてさらに新しいやり方を創造していけるように、学習指導は働きかけていく。

　学習指導とともに生徒指導、管理指導の諸機能は、学校の教育目的・目標の下、主に教職員の手に委ねられ、保護者や地域住民と連携・協力しながら、様々な教育活動や指導・援助を通じて子どもたちに届けられる。管理指導のつくりだす安心、安全な学校環境の下、学習指導と生徒指導は、それら教育活動や指導・援助において表裏一体となって相互補完的に機能していく。

　このように、子どもたちは、学校で日々、社会的自立に向けて様々なことを学び生活している。その多くの時間は、「授業」によって占められている。

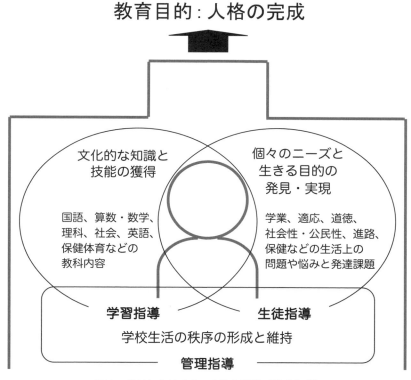

教育目的：人格の完成

文化的な知識と
技能の獲得

国語、算数・数学、
理科、社会、英語、
保健体育などの
教科内容

個々のニーズと
生きる目的の
発見・実現

学業、適応、道徳、
社会性・公民性、進路、
保健などの生活上の
問題や悩みと発達課題

学習指導　　　　**生徒指導**
学校生活の秩序の形成と維持
管理指導

図1　学校における3つの教育機能（筆者作成）

授業とは主に、学習指導の働きかけを行う時間を意味し、子どもたちの教科学習を想定して使用される用語である。通常、学級活動／ホームルーム活動や運動会などの学校行事を授業とはいわない。したがって、授業では、特定の社会・世界の見方・考え方を学ぶこと、すなわち、特定の教科内容を学ぶことが第一の目的となる。

(2)授業の構成要素

　学習指導の中心的な場・機会は、授業である。授業では、ある教育的意図に沿って特定の教材（具体的な学習内容）[3]を用い、教師が働きかけることによって、子どもたちが学習活動を進めていく。このような授業で生じる出来事を理解するために、教育方法学では伝統的に、「教師」、「教材」、および「子ども」を授業の基本的な構成要素としてとらえ、授業の関係構造に注目し

てきた。この枠組みを「教授の三角形」（図2）といい、3つの要素間の関係とそれぞれの意義が強調される。

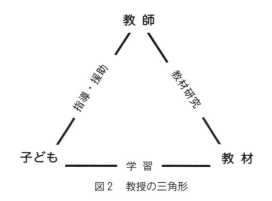

図2　教授の三角形

　まず、教師−教材間には、教材研究という関係が成立する。特定の教育的意図を達成するために、学習内容をどのように配列するかなど、1時間の授業、あるいは単元を構成する数時間の授業について、教師は見通しを立てていく。これは、教材を媒介とする子どもの思考、判断、表現活動の過程、つまり学習過程を仮説的に組み立てていく作業である。見通しを立てるためには、教材についての具体的で詳細な分析、検討を必要とする。授業実践ではさらに、子どもたちの学習活動を活性化し、主体的なものへと転換していくことが望まれる。そのような授業をつくるためには、子どもたちの多様な理解に応じながら教師が教材を自由に柔軟に活用できるように、その教材を十分に理解しておく必要がある。

　次に、教師−子ども間には、子どもに対する教師の指導・援助という関係が成立する。教師は、子どもとの相互作用を通じて、特定の教材に対する関心と学習意欲を引き出して学習活動に取り組むよう励まし、それぞれの理解の程度やつまずきを推し量りながら必要な補助を提供し、そして学習目標を達成するよう、個々の子どもを指導・援助する。協同的な学習のような活動では、子ども同士のやり取りにも目を配り、学び合う関係を支えなければならない。子どもが授業で学んでいることの意義に気づき、主体的に学習活動

を進めるためには、子ども個々についての理解と配慮、個別化された指導・援助が欠かせない。つまり、授業において生徒指導の機能が十分に発揮されることが期待される。

　最後に、子ども－教材間には、教材を通じた学習という関係が成立する。ここでは授業における教材の有する意義が重要である。子どもは、教材を通じて特定の社会・世界の見方・考え方を学びながら、その社会・世界に触れていく。教材は、単なる学習の素材に止まるものではなく、そこから広がる社会・世界への入り口のような役割を潜在的に有している。子どもにとって教材が魅力的に感じられるほど、子どもの主体的な学習態度は引き出される。特定の教材を通じてどのように社会・世界と子どもたちをつなげていくことができるかは、教師の専門的な教養と教材研究によるところが大きい。

　このように授業は、3つの要素からなる重層的な関係構造に支えられている。そして教師には、それぞれの意義を実際の授業実践に集約して反映することが期待される。なぜなら、子どもの学習活動が十分な教材研究に基づく授業準備・計画と、教師の適切な子ども理解と働きかけによって、受動的な学習者となりがちな子どもを、教材を通して学びとられる社会・世界に魅きつけられた能動的な学習者へと変えていくためである。

2. 学習指導の技術

(1)教師の話し方

　教師の話し方は、話の聴き方とともに、子どもの学習活動に直接的に影響するだけではない。それは、子どもに教師の人柄や教室内の振る舞い方を暗に伝え、学級や授業中の雰囲気に影響して、間接的に子どもの学習活動に影響する。教師の話し方は、授業を含む様々な教育活動に対する大きな影響要因の1つである。この教師の話し方で検討しておきたいことは、教師の話がわかりやすいことと、教科／学習内容に関する教師の説明がわかりやすいことである[4]。

　教師の話し方については、授業に限らず、一般的なわかりやすい話し方を意味する。例えば、相手の方に向いてあるいは顔を上げて話すこと、順序立てて話すこと、はっきりと声を出すこと、短い文で話すこと、話題転換の合図

を入れること、話し続けずに間を取ること、さらにはユーモアを交えて話すことなどである。この他にも、抑揚や調子、話題に沿った表情、身振り・手振りなどもここに含まれる。子どもだけでなく、様々な人とのコミュニケーションの中で自分の話し方を確認しておくことが大切である。

　もう1つの教科／学習内容の説明については、実際の授業展開の流れの中で行われる、学習内容を反映した教師の説明がわかりやすいことを意味する。例えば、教材と子どもの関心を関連づける、基本／既習事項を確認する、学習目標を明確にする、学習の進め方を説明する、言い換えて理解を促す、学習内容のまとまりごとに整理するなど、指導技術としての意義が明確に意識される教師の話し方である。

　説明のわかりやすさは、学習目標との関わりにおいて学習内容の知識構造が教師の内に十分に整理されていることを土台とする。したがって、わかりやすく話すためには、十分な教材研究と周到な授業準備・計画が要件となる。

(2)発問

　授業で教師が子どもたちに発する質問の形式は様々である。例えば「みんな、これが正しいと思っているんだ」と言って、暗に「ホント?」と疑問を投げかけるなど明確に質問の形式を取らないものもあれば、「この問題が終わった人はどうするのかな?」と質問形式であるが、次の課題を指示していることもある。そうかと思えば、「両辺に何を足せばいいのかな?」と全体に対して質問しながら、よそ見をしている特定の子どもに視線を向けたりもする。

　このように授業で行う教師の質問は、学習内容に関するものだけでなく、子どもの理解を診断したり、次の課題・作業を指示したり、あるいは注意散漫な子どもを学習活動に引き戻そうとしたりするなど、多様な意図を備える。教師は、子どもの理解の程度や学習活動の取り組み具合に応じて臨機応変に、授業の流れの中で様々な形式と意図を備えた質問を選択的に使用し、授業を展開させていく。

　さらに、子どもの学習活動は、教師に促されて終わるのではなく、教材について子ども自身が疑問を持ち、主体的に学習活動を進めていくことが望ま

しい。そのためには、子ども自身が問いを抱くように、質問を工夫しなければならない。このような意義を備えた質問のことを特に「発問」といい、それは、教師が教えたことを子どもが記憶して質問に答えるという過去の教え方の反省に立って、戦後、使われるようになった教育特有の表現である。

発問とは主に、子ども自身の問いとなる、あるいは子どもが問いを生み出すように、教師が子どもたちに対して発する質問を意味する。そのような発問が教材に対する子どもの関心を引き出し、いつの間にか、子ども自身が登場人物になりきって物語や史実を体験し考えていく。ときにその体験を相対化して、他に選択肢はなかったのか、と批判的にとらえ直してみる。子どもが教材を通じて触れる社会・世界を深く探索し、自分の知っていることや学んだことと重ね合わせて広く理解していく。こうした主体的な学習活動は、子ども自身が問いを自発的に重ねていくことで可能となる。

授業では、子ども自身に問いを抱かせるように発問を工夫することが大切である。発問は、教材が備える学習内容の核心へと子どもたちを誘い入れることから、質問の中でも中心的な位置を占める[5]。そして、このような発問によって、子どもの主体的な学習活動は方向づけられ、授業の主要な流れがつくられる。

教師は、発問のほかにも、子どもたちを授業に参加させるために、子ども個々の理解や意欲に応じて様々な質問を駆使する。そうした数々の質問を効果的に使用する上で理解しておきたいことは、質問の難易度である。それは、質問で求める知識の認知的複雑さ（cognitive complexity）を反映する（Borich 2017）（表2参照）。

授業における発問は、子どもの主体的な学習過程を引き出し、授業の主要な流れをつくり出していく重要な質問である。と同時に、まず授業に参加させて発問につなげていくその他の質問の意義も忘れてはならない。

⑶話し合い

授業で行われる話し合いは、話し合うメンバー数（2人、3〜数人の小グループ、クラス全員など）や話し合う様式（討議法[6]、バズ学習[7]、ディベート[8]など）において多様である。しかし、どのような話し合いでも一般に、複数のメンバーが学習課題を共有して、それぞれの意見や疑問などを交

表 1　認知的複雑さのレベル、指導過程及び質問例
出展：Borich, G. D.(2017)p. 221-249より、筆者作成。

認知的複雑さの レベル	期待される生徒の行動	指導過程	キーワード
知識 （覚える）	情報を思い出す／再生する、そして事実、用語法、ルールを認識することができる	反復、記憶	定義する、描写する、同定する
例）	資本主義って何（定義）？		
理解 （理解する）	読解／聴講したことを翻訳し言い直すことによって、それを別の表現（形）に変えることができる	説明、実例	要約する、換言する、表現を変える
例）	自分なりの言葉で、資本主義が何か答えて？		
応用 （転移／変換する）	学んだ情報を、それを学んだ文脈とは異なる文脈に適用することができる	実践、転移（変換）	応用する、使用する、用いる
例）	リストの中から、市場経済志向の国はどの国？		
分析 （関連づける）	ある問題を部分ごとに理解し、部分間の関係を描き出すことができる	帰納、演繹	関連づける、区別する、違いを見つける
例）	社会主義と資本主義を区別するポイント（要因）は何？		
総合／調和 （創造する）	ある問題ならではの／賢明な解法を組み立てるために、部分部分を結びつけることができる	拡散、一般化	公式化する、構成する、作り出す
例）	資本主義と社会主義の主な特徴を合わせた経済システムは、どんな感じかな？		
評価 （判断する）	明示された基準に沿って、方法、アイデア、人々、あるいは製品の有用価や値打ちについて決めることができる	識別、推論	鑑定する、決定する、正当な理由を示す
例）	資本主義国と社会主義国のどちらの生活水準が高いか、論拠を引用して答えて？		

換する相互作用を通じて、個々の子どもが特定の教材（学習内容）についての学習を広げ、深めていくことをねらいとしている。そして、話し合いでは、興味・関心、学業的／社会的／身体的能力、家庭的文化的背景などにおける個々の違い（多様性）を尊重し、話し合いの過程に生産的に関わる態度が、その前提として各メンバーに求められる。

　授業における話し合いの利点は、自分と異なる視点や考え方に触れることによってもたらされる。すなわち、多面的に考える機会が生まれること、自分の考えに対する周囲の受け止めを確認できること、および他者の発言や振る舞いがモデルになることである。また、話し合いが実際に進展するためには、他者と生産的に意見や疑問を交換し共有できなければならない。したがって、そのような場面では、話し合うテーマや問いをつかむ、他者の話を聴き要点をとらえる、自分の考えと比較して違いに気づく、自分の考えを説得的に話すなどのスキルが必要となる。

　反対に、話し合いには、多様なメンバー間の相互作用のために難点もある。

例えば、意見の衝突や関係性のこじれなどが生まれる、話し合いに不慣れな子どもや引っ込み思案な子どもが参加しにくい、影響力のある子ども（学力、人気、発言力など）の意見に流されやすいなどである。また、班などの小集団が複数ある場合、大集団よりも個々の子どもが発言しやすくなる一方で、教師が複数の集団に同時に目を配ることが難しくなる。

このような難点を事前に防ぎ、話し合いを効果的に進めるために教師は、まず、教材（学習内容）との関連において、次のことについて話し合いの活動内容を検討しておかなければならない。すなわち、①話し合いを用いる意図・目的、②話し合いの焦点・方向・目標、③集団の規模・構成、④話し合いを促進するツール、および⑤教師が主導する程度である[9]。

話し合いは、それぞれの考えを広げ、深めるだけでなく、他者との関わり方を学んだり、互いの理解を深めたり、集団的な達成感を感じたりするなど、社会性を養う場・機会でもある。話し合いが、そうした有意義な経験となるためには、個々の違いに理解を示し生産的に関わろうとする雰囲気をメンバー間に醸成し、話し合いの過程を注意深く丁寧に支えることを必要とする。

⑷板書とノート

教師が板書をしながら学習内容を説明し、それを子どもたちがノートする授業の光景は、今なお、多くの教室で確認される。板書とノートは、一斉指導を行う伝統的な授業において広く用いられ、その主な働きは同じである。それは、授業中の学習過程について要点を明示的に記録して整理し、学習の進み具合や方向性を確認しながら、さらに学習を進めるためである。そして、結果として、このリアルタイムに作られる記録は、授業で学習した内容の全体を振り返り理解することに役立つものとなる。

板書とは、学習のめあてや学習課題を提示する、思考や課題遂行のやり方や手順を説明する、学習内容や発言・議論の要点を整理するなどの用途で、黒板（またはホワイトボード）に文字や絵図などを書く・描くことをいう。板書には、あらかじめ用意したフラッシュカードや模造紙、あるいは拡大した地図・写真などを磁石などで黒板に貼りつけることも含まれる。

学習指導／支援案を作成する段階で、授業内容・展開に沿ってどのように

板書するかをイメージし、板書計画を立てておくことが重要である。習得型の授業[10] では、用語・名称の意味やスキルの使い方を明確に示し、概念・事象間の関係・関連などの学習内容を構造的に理解できるように、板書内容を構成する。また、問題解決型の授業[11] では、問題・課題を明示した後、子どもたちから出された気づきや考えを分類、比較しやすい板書構成を工夫し、そして、授業終盤には板書内容を確認しながら総合的に評価できるように備えたい。

　さらに、見やすい板書にするために、黒板のスペース配分を考え、字の大きさ、チョークの色づかい、線や囲みなどを工夫し、貼りつける資料とのバランスを取るなどの配慮が必要である。授業中には、子どもたちがノートを取りながらも学習活動に専念できるように、板書する速さと子どもたちがノートを取る時間を調節しなければならない。

　同時に子どもたちも、板書を手がかりに共同的な学習過程を追い、ノートを取りながら、それぞれの学習を深め広げていく。このほかにノートには、予習・復習や自学自習でも使用され、計算や書き取りなどの練習に使用したり、重要なことをいつでも確認できるように記録したり、思いついたことや考えていることを書き出して自由に検討したりする働きもある。

　子どものノートがどのように取られているかを確認することは、個々の学習過程と内容理解の様子を知るだけでなく、授業学習に限定されない、個々の子どもの学習成果を確認することにもなる。ノートが子ども自身の確かな理解とその後の学習の活性化に役立つものとなるように、ノートの取り方を指導することも大切である。

⑸授業のユニバーサルデザイン（UD）

　ユニバーサルデザイン（UD）[12] とは、性別や能力、障害の有無などにかかわらず、すべての人にとって使いやすい環境を可能な限り整えようとする考え方である。日本では、特殊教育から特別支援教育への制度移行（2007年）と「障害を理由とする差別の解消の推進に関する法律」の施行（2016年）を背景に、通常学級で発達障害を持つ子どもへの対応が急務とされ、学校環境や学級・授業のユニバーサルデザイン化の取り組みが広がっている。

　授業のユニバーサルデザイン化は、どのような特性・特徴を備えた子ども

でも授業の学習内容を理解できるように学習指導の方法を工夫することをいう。発達障害のある子どもは、課題に集中し続ける、順序立てて理解したり作業したりする、言外の意図を読み取るなどが苦手で、忘れっぽい、カッとなりやすい、あるいはじっとしていられないなど、様々な行動特性・特徴を備える。授業のユニバーサルデザイン化においては、そのような子どもにわかる授業は、同時に他の子どもにもわかりやすい、役に立つ授業であると考えられている。

　こうした取り組みの中で、一斉指導の下、様々な指導方法の工夫が提案されている。主なものは、共有化、身体性の活用（動作化／作業化）、視覚化、スモールステップ化、展開の構造化、焦点化、時間の構造化、場の構造化、刺激量の調整、ルールの明確化、クラス内の理解促進である（小貫ら　2014）。

　ユニバーサルデザインの考え方に基づく学習指導では、子どものつまずきを想定して授業をデザインし、その指導・援助の中で想定外の子どものつまずきを発見しては、つまずいている子どもに補充指導を行い、その後の指導・援助に活かす。つまりそれは、子どもの特性・特徴を理解しようと常に努め、すべての子どもに効果的な学習指導を届けようと改善と工夫を繰り返す営みである。こうしたユニバーサルデザインの考え方と取り組みは、指導法だけでなく、学級・学校環境についても押し広げられている[13]。

3．学習指導の形態

(1)一斉教授

　一斉教授とは、1人の教師が多数の子どもを対象に、同じ学習内容を同じ進度で同時に教える指導形態をいう。一斉授業、一斉学習と呼ばれることもある。この指導形態の原型は、モニトリアル・システム（助教法）[14]に求められ、産業の発展と国民教育の必要性の高まりを背景に19世紀初頭のイギリスで開発された。日本では、明治期の師範学校に導入されて以降、学校教育の基本的な指導形態となっている。そして多くの場合、学級[15]を単位に教育活動が展開されることから、学級集団を対象に一斉教授が行われる。

　この指導形態には、1つの授業で1つの教材を用意することによって、学級の子どもたち全員（1つの共同的な学習過程）を分け隔てなく一様に指導

できることから、比較的準備しやすいこと、費用と時間を効率的に使えること、平等に教えられることなどが利点として指摘されてきた。その一方で、個人差にかかわらず、一方的、一面的、一括的な教授になりやすく、しかも教師のペースで授業が進められるために、子どもたちが受動的な学習者となりやすいことが、絶えず批判されてきた[16]。

　このように批判されてなお、学校で広く用いられている理由は、効率性などの利点だけでなく、学級の子どもたち全員で共有する共同的な学習過程に教育的意義が認められるからにほかならない。

⑵小集団学習と学級集団づくり

　小集団学習とは、少人数の子どもが課題を共有して学習を進める指導形態のことであり、一般に、班学習、グループ学習、分団学習などもほぼ同じ意味で使用される。小集団の編成には、性別や能力などの特定の基準／指標に基づいて、同質のメンバーで構成する等質集団（例：習熟度別）や異質のメンバーで構成する異質集団（例：異学年）などがある。小集団学習の意義は、少人数であることから、比較的容易に複数のメンバーがそれぞれの考えを交換し、補い合うことができ、その中で互いに考えを深めていくことにある。

　この指導形態が効果を発揮するためには、学習課題・手順が明確で、各自の考えを持って臨めるように工夫することが必要である。加えて、どのようなグループ分けをするにしても、メンバーの構成や相互の関係性についても配慮が必要だろう。例えば、役割や発言者が固定されているようであれば、教師がそれらを指定したり、また、親しくないメンバーがいるときには、緊張をほぐすような活動を挿入したりする。

　日本では、学級集団が学習集団と生活集団を基本的に兼ねていることから、授業で小集団学習を展開する際にも、学級の生活班をそのまま用いることが少なくない。この場合、メンバー間の関係性は安定しているが、役割などが固定されることに留意しなければならない。

　また、戦後には、全国生活指導研究協議会（全生研）を中心に、学級の学習活動と生活活動の班づくりを端緒に学級を規律ある自治集団へと形成し、子どもに民主的な態度と行動力を育てる「学級集団づくり」の指導[17]が広まっていった。そこでは、小集団（班）は単なる指導形態ではなく、メンバー

個々の学習に対する主体的な自覚と問題意識、一員としての責任に基づいて組織される小集団であり、学習のつまずきなどのメンバーの問題状況については、教科の専門的力量を備える学習リーダー（ガイド）を中心に小集団として解決が図られる（全生研常任委員会　1991；2005）。

(3)個別学習

　個別学習とは、一斉教授や小集団学習と並ぶ指導形態の1つで、子ども個々の興味・関心や能力などに応じて、自分のペースで進める学習形態である。それは、個人差に応じた指導を行うことが難しい一斉教授の短所を補い、個別化された学習活動を可能にする。一方で、他者と話し合う、教え合うなどの機会が得にくいため、協同ないし共有する学習活動を授業全体の中で工夫する。

　個別学習を用いて学習指導を個別化するには、教材を工夫することと指導や学習の仕方を工夫することの2つの方法があげられる。前者の場合、子どもが自分の理解度に応じて選べるように学習課題を基礎、応用、発展などのレベルに分けて用意する、自分のペースで達成を確認しながら進めるようにスモールステップで構成された単線／複線型の学習教材を用意するなどの方法がある。後者の場合、自分の興味・関心に基づいて複数のテーマから1つを選び調べ学習を行う、複数の教師や支援員を配置して個別に指導する機会を増やすなどの方法がある。これらの方法に加えてICTを利活用することで、個別学習の進め方は一層広がっていく。

(4)ティーム・ティーチング

　ティーム・ティーチングとは、複数の教師がティーム（チーム）をつくり、授業で子どもたちを指導する形態をいう。ティーム編成と役割分担を柔軟に計画できる上に、一斉教授、小集団学習、個別学習などの指導形態とも併用可能である。そのため、算数・数学などの単一教科で、1人の教師が一斉教授で指導する間に他の教師が机間巡視を行って個別に指導し、その後の問題演習では習熟度に応じた小集団学習を取り入れることができる。さらには、教科横断的な授業や複数のテーマ設定の下に調べ学習を展開することも可能である。

　このように、ティーム・ティーチングの備える指導組織の柔軟性は、少人

数指導によって学習活動の個別化を可能にするだけでなく、学習内容・活動
の範囲を広げることにも貢献する。その一方で、慣れない学習活動に学校内
外の連絡・調整が滞ったり、担当する教師の負担感が増したりするなどの問
題もある。ティーム・ティーチングの力量を各教師が高めるだけでなく、学
習活動の計画に見合った指導組織と役割分担、スムーズな連絡・調整が、実
務上、重要な課題となる。

(5)学級経営

　学級とは、学校の制度／経営上の単位組織である。その構成は通常、1人
の教師（担任）と同年齢の子どもたちである。学級担任制の下、学級集団は
通常、学習集団でも、生活集団でもある。そのため、学級経営すなわち学級
集団をどのように形成するかは、授業を行う上で重大な関心事となる。

　年度当初の学級集団には、教師と子ども、子ども同士の関係がほとんど築
かれていないため、学級集団は単なる集合体に近い。そのような集団状態か
ら、年度の進行とともに一定の秩序を備えた生活共同体へと変化していく。

　このような変化の主な要因は、担任教師による学級経営である。学級経営
とは、学級の目的を効果的に達成するために、教師が行う学級生活に関わる
計画や運営のことであり、その内容は、①教育課程経営、②教室環境経営、
③集団経営である（髙旗　2003、p. 108）。それを実現するのは、日々の担任
教師の関わりである。担任教師は、様々な出来事の生じる学級集団のダイナ
ミックな過程に適宜関わり方向づける。この関わりが、教師と子ども、子ど
も同士の関係をつくり、授業や学級生活における子どもたちの言動に一定の
秩序を備えさせ、さらに、個々の人間的成長を支える生活共同体に学級集団
を変えていく。

　担任教師は、子どものどのような振る舞いに対して、笑顔であるいは渋い
表情で関わるのか、子どもの言動と自分の対応について熟慮しなければなら
ない。ふだん話していることと実際の関わりが異なっていては、子どもたち
から信頼は得られない。加えて、学級という公の場でどのように考え行動し
てほしいのか、担任教師が望む子どもの言動を具体的にイメージしておかな
ければならない。そうでなければ、学級生活の中で適時適切に子どもたちに
関わり育てることはできない。このような担任教師の日々の関わりが、子ど

もたちとの信頼関係をつくり、学級集団の生活基盤を整え、そして授業中の子どもの学習活動に反映していく。

学習課題

○教科書の単元を何か1つ選び、表1を参考にして、質問例をそれぞれのレベルに合わせて作成してみよう。

○自らの体験を振り返り、小集団学習の具体的な意義と問題点をノートにできるだけたくさん、書き出してみよう。そして、グループをつくって共有し、意義と問題点を整理してみよう。最後に、グループで各問題点の解決策について話し合い、まとめてみよう。

注

1) 生徒指導は、教育経験を個別化する観点を備える学校教育の重要な機能であり、「一人一人の児童生徒の人格を尊重し、個性の伸長を図りながら、社会的資質や行動力を高めることを目指して行われる教育活動」（文部科学省 2010, p. 1）と定義される。

2) 管理指導は、学校生活の秩序を形成し維持する学校教育の重要な機能であり、学校生活で期待される様々な規範的行動を尊重、遵守するよう働きかけ、子どもたちが安心、安全な学校生活を送り、様々な教育活動から学ぶための基盤をつくる。

3) 本書の第2部第3章を参照。

4) この他、地域の方言や子ども同士の会話で使用される言葉などに親しんでおく一方で、ジェンダーなど偏見・差別に関わる表現、子どもを軽視しかねない砕けた言い方や態度などに注意する。

5) 子どもの考えを引き出し、その考えを深める発問を用意するためには、①教材から教師が発見した事柄、あるいは子どもが発見しうる事柄を教師が持っていること、②子どもに発見させたい事柄を教材の事実を使って発問できること、そして、さらに深めるために、③子どもの発言を使って発問できることを要件とする（宮坂 1998）。

6) 意見などを互いに出し合い、相互理解と集団思考を深めて合意を形成する学習法。

7）6人程度の小集団をつくり、自由にアイデアを交換し合う学習法。ブレーンストーミングに類似し、6－6法とも呼ばれる。

8）ある論題について「肯定派」と「否定派」に別れ、それぞれの正当性を主張し合う学習法で、最終的に審判や聴衆によって勝敗が決定される。この過程で子どもたちは、主張の論拠の重要性や立論の仕方を学ぶ。

9）具体的には、それぞれ、次の問いに答えることを意味する。①意図・目的：学習活動の中でなぜ話し合いを用いるのか、他のやり方はないか？②焦点・方向・目標：教材のどの部分について、どのように（収束：1つの結論を求める／拡散：たくさんの考えを生み出す）、そしてどこまで子どもたちに考えさせたいか？③集団の規模・構成：適切なメンバー数は何人で、どのように子どもたちを分けるか？④促進するツール：ワークシート、付箋・カード、あるいは電子黒板やポータブル端末などを使用するか？⑤教師が主導する程度：話し合いの進行をどの程度、子どもたちに委ねるか？

10）概念や法則・原理、社会／自然事象の仕組みや因果関係などを習得するような、主に新しい知識・スキルを理解する授業。

11）理解した知識・スキルを応用して問題や課題を分析し探究するような、主に様々なアイデアを検討し考える授業。

12）もともと、建築や施設などのデザイン分野から提案された、すべての人にとって最大限に可能な限り使いやすい製品や環境のデザインを意味する用語である。この考え方は、国連総会で採択された「障害者の権利に関する条約」（2016年12月）に影響するなど、世界中に広がっている。

13）例えば、多層指導モデル（MIM: Multilayer Instruction Model）（海津ら, 2016）：アセスメントと指導法を連動させた学校の学習環境モデルで、3つの階層からなる。第1階層では、通常学級の一斉指導の下、すべての子どもに効果的な学習指導を行う。第2階層では、第1階層のみでは十分に理解できない子どもに対して通常学級内で補充の指導・援助を行う。第3階層では、第2階層でも十分でない子どもに通常学級内外で、より集中的に個に特化した補充の指導・援助を行う。

14）ベルとランカスターが開発した。大教室に収容された生徒を能力別に班分けし、まず教師が全体に対して教授し、助教（モニター）と呼ばれる優秀な生徒が各班の生徒たちを指導する。

15)「公立義務教育諸学校の学級編成及び教職員定数の標準に関する法律」により、1学級の児童・生徒数の標準は40人（小学校1学年は35人）である。都道府県教育委員会が必要であると認める場合、標準を下回る児童・生徒数を定めることができる。

16) 批判を受け様々に工夫されている。例えば、個別学習や小集団学習などの指導形態と組み合わせる、進度の異なる子どもたちのために発展的な課題を用意するなどワークシートや資料プリントを工夫する、協働学習や習熟度別指導などの指導様式を導入する、あるいは、学習成果（ノートやテストなど）を確認するなど事後指導を個別化する。

17) その指導方法は、「班づくり」「核（リーダー）づくり」「討議づくり」という3側面からとらえられ、「よりあい的段階」「前期的段階」「後期的段階」という自律的集団への発展過程を描く。子どもの生活背景や価値観が多様化し、従来ほどに学級が集団としてのまとまりを保てず、学級集団づくりから子ども集団づくりへの転換が図られている。

引用・参考文献

・海津亜希子・杉本陽子（2016）『多層指導モデルMIMアセスメントと連動した効果的な「読み」の指導』学研教育みらい。
・小貫悟・桂聖（2014）『授業のユニバーサルデザイン入門－どの子も楽しく「わかる・できる」授業のつくり方』東洋館出版社。
・小林洋一郎（2005）『学習指導体制の研究－授業と発問』酒井書店。
・全生研常任委員会編（1991）『新版 学級集団づくり入門（中学校編）』明治図書。
・全生研常任委員会編（2005）『子ども集団づくり入門―学級・学校が変わる』明治図書。
・髙旗正人（2005）「学級経営」今野喜清・新井郁男・児島邦宏（編）『新版 学校教育辞典』教育出版。
・蓮尾直美・安藤知子（2013）『学級の社会学―これからの組織経営のために』ナカニシヤ出版。
・長谷川榮（2008）『教育方法学』協同出版。
・宮坂義彦（1998）「発問」平原春好・寺﨑昌男（編）『新版教育小事典』255頁, 学

陽書房。

・文部科学省（2010）『生徒指導提要』教育出版。

・Borich, G. D.（2017）. Effective teaching methods: Research-based practice（9 th ed.）. U. S. A. : Pearson Education.

（花屋哲郎）

第3章　教材と学習環境

1．教材と「教材整備指針」

　授業は、児童生徒に教科内容を習得させることだけが目的ではない。学習の過程において、観察や実験を通じて対象物と直接関わることや、話し合いやまとめ等の作業を通じて、思考・判断・表現を行い、さらには意欲や達成感、他者との関わりや思いやりといった非認知能力や情意面を伸長させることが、授業には求められる。そのような人間形成の場としての授業において重要なのが、教師と児童生徒との媒介となる教材の存在である。

　新井（2016）は、教材を「教育の目的・目標を達成するための内容を、教育の対象者に理解させるために制作・選択された図書その他の素材。広義には、教えるための道具としての教具を含む」と定義した。教材は、その役割に応じて主として3つの意味を持つ。

　第一は、教育内容としての教材である。これは、児童生徒が習得する知識、技術および経験を意味する。例えば、理科においては「溶解」「受粉」「力のつりあい」のように、科学的概念や法則の中から教えるべき事項が選択される。また、何を学び身につけたかという内容や、自然とのふれあいおよび授業における製作や発表といった活動も、児童生徒の側から見た教材となる。それは学習材ということもでき、教師が教材として扱った内容であっても、児童生徒がその意味や本質を理解しなければ教材とはなりえない。さらに、そのような内容や経験を、領域や発達段階に応じて系統的に組織したのがカリキュラム（教育課程）である。

　第二は、教育内容を具体化して構成した題材としての教材である。「溶解」「受粉」「力のつりあい」は、定義や公式をそのまま教えるだけでなく、その本質が理解できるような題材を準備する必要がある。例えば、溶解における食塩水は、食塩と水が題材となるが、砂糖、ホウ酸、あるいはアルコール、油のように他の物質を用いることも考えられる。それらの中で、「溶解」という概念を理解するのにふさわしい題材を選択するとともに、場合によっては

溶けやすい物質と溶けにくい物質とを比較するために複数の題材を準備することもある。同様に、「受粉」におけるヘチマや、「力のつりあい」におけるバランスボール等も、概念や法則を理解させるための題材である。

　第三は、授業を実践するための道具としての教材である。上記の例でいえば、溶解を実験するためのビーカー、受粉を観察するための顕微鏡、力のつりあいを計測するためのはかりが該当する。これらは必要ではあるが、授業で扱う内容や概念とは直接の関係はなく、授業に応じて様々な場面で用いられる普遍的な道具という点で「教具」とも呼ばれている。

　文部科学省においては、小学校、中学校および特別支援学校についてそれぞれ「教材整備指針」を作成している。これは、教材費が義務教育費国庫負担法の対象となっており、各学校に基礎的に必要とされる教材の品目と数量を示した「教材基準」を1967（昭和42）年に制定したことがきっかけである。その後、地方交付税交付金として一般財源化されたものの、学習指導要領の改訂に合わせて「標準教材品目」（1991（平成3）年）、「教材機能別分類表」（2001（平成13）年）と名称を変えながら、2011（平成23）年に「教材整備指針」が策定され、2019（令和元）年にも一部改訂された。

　「教材整備指針」は、「教科等」「機能別分類」「例示品名」「目安番号」に分かれており、学校に備え付けるべき教材と数量が示されている。このうち、「機能別分類」はさらに「発表・表示用教材」「ICT教材」「道具・実習用具教材」「実験観察・体験用教材」「情報・記録用教材」に分かれており、例えば「発表・表示用教材」には発表板、パネルシアター、レーザーポインター（学校全体で共用可能な教材）、筆順表（国語）、地図（社会）、掲示用計算練習カード（算数）、五線黒板（音楽）等がある。これらの他にも、地球儀、虫めがね、マット、アイロン等、教科ごとに300以上の教材が挙がっている。数量については、「1校あたり1程度」のように、学校、学年、学級、グループのいずれかの単位で必要かを①〜⑧の目安番号で示している。なお、これとは別に、「特別支援教育に必要な教材」あるいは「特別支援学校教材整備指針」の自立活動においては、障害の種別ごとに必要な教材が例示されている。

　このように「教材整備指針」における教材とは、上記の分類では第三の意

味である道具としての教材が想定されている。しかしながら、例えば授業の準備段階としての教材研究においては、そのような限定された教材だけを考えても意味をなさない。その一方で、学習指導要領や教科書の内容を確認するだけでは、教材を研究したことにはならない。児童生徒が、どのように活動して対象や他者と関わり合えば内容を理解するのかといった授業の実際を想定しながら、そこで用いるのに最適な題材や教具、教師の児童生徒に対する働きかけや活動すべてが教材となる。その意味で教材は多義的であり、児童生徒の学びの姿そのものであるともいえる。

2．教科書と副教材

　授業において最も一般的に用いられる教材として、教科書がある。教科書の歴史は古く、貴族や武士は漢籍、民衆に対する寺子屋では往来物と呼ばれる書簡の形式をとる書物があった。往来物には、季節の習わしや一般常識が書かれており、それらを読んだり書き写したりすることで文字や単語を覚えるとともに、教養を身につけていた。

　明治時代以降の近代教育においても、1872（明治５）年の学制頒布とともに師範学校が創設されると、欧米の教科書の翻訳や『小学読本』『小学算術書』といった新たな教科書が作成された。その後、教科書は1881（明治14）年には開申制（届出制）、1883（明治16）年には認可制となり、さらに初代文部大臣森有礼の下で1886（明治19）年に制定された「小学校令」においては、「第13条　小学校ノ教科書ハ文部大臣ノ検定シタルモノニ限ルヘシ」と、教科書の検定制度が導入されている。ところが、1902（明治35）年には教科書疑獄事件と呼ばれる教科書会社による贈収賄が発覚する。この事件をきっかけに、翌1903（明治36）年からは国定教科書制度となった。

　国定教科書は、文部省が作成した１種類の教科書を全国で使用したため、例えば小学校国語では「イエスシ」読本（1904（明治37）年）、「ハタタコ」読本（1910（明治43）年）、「ハナハト」読本（1918（大正７）年）、「サクラ」読本（1933（昭和８）年）、「アサヒ」読本（1941（昭和16）年）のように、１年生の冒頭部を愛称とした教科書が世代ごとに共通して使用されることになった。このような国定教科書制度は終戦まで続き、終戦後も GHQ 下で民

主主義の考え方による新教科書が刊行された。しかし、学校教育法および教育委員会法において、1949（昭和24）年から再び検定制度が導入されて今日に至っている。

　現在、学校において児童生徒が用いるために教科用として編修された図書は、教科用図書と呼ばれる（「教科用図書検定規則」第2条）。また、「教科書の発行に関する臨時措置法」第2条においては、「教育課程の構成に応じて組織排列された教科の主たる教材として、教授の用に供せられる児童又は生徒用図書であって、文部科学大臣の検定を経たもの又は文部科学省が著作の名義を有するもの」を教科書としている。教科書が使用されるまでには、検定－採択－発行・供給－無償給与という一連の流れがある。

　このうち検定は、告示される教科用図書検定基準に則って行われる。この基準は、「総則」「教科共通の条件」「教科固有の条件」から成る。特に、「教科共通の条件」においては、教育基本法及び学校教育法との関係、学習指導要領との関係、さらには心身の発達段階への適応として、それぞれの目標や内容に示す事項が不足なく取り上げられているかが問われる。また、小学校社会科における「近隣のアジア諸国との間の近現代の歴史的事象の扱いに国際理解と国際協調の見地から必要な配慮がされていること」のように、具体的な内容についても適切さが判断される。これらは教科書調査官の調査の後、教科用図書検定調査審議会において審議され、意見やその後の修正を経て合格・不合格（取り下げ）が決定される。

　約1年をかけて検定に合格した教科書は、翌年採択にかけられる。採択は、公立学校については採択地区の教育委員、国立・私立学校については校長によって行われる。義務教育諸学校では、原則として4年間同一の教科書を使用することとされている。また採択された教科書は、文部科学省によって必要部数が集計され、発行・供給される。「義務教育諸学校の教科用図書の無償に関する法律」によって、教科書は児童生徒に無償で給付される。このような手続きゆえ、内容面でも形式面でも、学習指導要領を離れたり踏み込んだ解釈や主張を行ったりすることは難しく、民間の出版社からの採択といえども独自色を出しにくくなっている。

　教科書の役割や機能としては、以下の4点があげられる。第一は、学校に

おいていつ何を教えるかのガイドラインとなっているという点である。教科書があることによって、地域や学年にかかわらず同質の教育が保障される。第二は、授業で扱うべき内容が端的にまとめられているという点である。学習指導要領に定められた内容を、発達段階や特性を踏まえて示すことで、児童生徒の理解を促すことが可能になる。第三は、児童生徒一人ひとりが教科書を手にすることで、同時に授業を進めることができるという点である。一斉授業であっても学びのスタイルは異なっており、教科書が授業のペースメーカーの役割を果たしている。第四は、教室外での個別の学習を可能にするという点である。家庭での宿題はもとより、理解が不十分な内容の復習や以前に学んだこととのつながり等を、教科書を用いて自分のペースで学習できる。

　しかしながら、「教科書を教える」のではなく「教科書で教える」といわれるように、教科書を用いながら何をどのように教えるのかは、教師が考え、工夫する必要がある。学校教育法第34条第4項には、教科用図書以外の教材で有益適切なものは使用することができると定められており、教師が独自に教材を開発するのはもちろんのこと、いわゆる補助教材（副教材）も使用が可能である。補助教材の代表的な例には、国語科便覧、漢字ドリル、社会科資料集、算数ドリル、ワークブックといった授業の補助として使用される冊子や、算数セット、理科や図工等の実験・製作用の教材、さらには主として小学校の単元末に使用されるテスト等がある。これらは国庫補助の対象ではないので、教材費等の名目で各家庭より集金される。

　また今日では、ICTを使ったデジタル教材も開発されている。教科書についても、タブレット型コンピュータや電子黒板に対応するデジタル教科書がある。そこでは、例えば本文を朗読する機能や、動画による演示や説明、児童生徒の解答と正解とを照らし合わせるといった、冊子体の教科書にない機能が追加されている。また電子ペン等でタブレットや電子黒板に書き込むことで、教師や他の児童生徒と学びの共有を図ることも可能である。これ以外にも、CAI（Computer Assisted Instruction）の流れをくむ学習ソフトもある。これは、児童生徒が一人で学習することを前提としており、プログラム学習の原理に基づきながら、問題に正解すれば次の問題に進み、誤答すれば

解説や復習問題が提示されるといったフローチャートに沿って、コンピュータ上で自学できるようになっている。さらに、テキストと併用しながら提示された画面を教師が児童生徒とともに操作するデジタルコンテンツもある。

　このほかに、文部科学省では、映画やDVDおよび紙芝居について、学校教育又は社会教育に広く利用されることが適当な作品を、教育映像として認めている。これは、1947（昭和22）年に定められた「教育映画等審査規程」から始まっており、1954（昭和29）年には「教育映像等審査規程」に改めて今日に至っている。そこでは申請された作品について、内容（正確さ、時代性、心身の発達、思考力や批判力、教養、学習指導要領等）、表現（画面、用語、色彩、解説、音声等）のほか、操作や風教上の好ましさ、商業的政治的な宣伝意図といった観点から審査される。審査は、学校教育、社会教育、一般劇映画と一般非劇映画および幼児、児童、生徒、少年、青年、成人といった分類ごとに行われ、教育上価値が高いと認められた作品は「文部科学省選定」に認定されるとともに、特に優れた作品は「文部科学省特別選定」となる。また現在では、小学校算数教材で電子黒板の活用を前提としたコンピュータで動作するデジタルコンテンツについても、審査の対象となっている。

3．視聴覚教育とメディア

　人間は感覚を有しており、授業においても文字や言語だけにとどまらない、感覚を活用した教育が求められる。そのような教育は視聴覚教育と呼ばれ、教育機器の開発とともに発展してきた。それは、視聴覚メディアの利用や開発などのメディア単体から、コンピュータやマルチメディアなどの新しいメディアを含む授業設計、教育メディア環境の設計といったより広い概念として定義される。

　視聴覚教育の起源として、コメニウス（J. A. Comenius）をあげることができる。チェコの牧師であったコメニウスは、『大教授学』（1657）において子どもに対する単線型の学校教育を構想するとともに、汎知学（パンソフィア）と呼ばれる知識の体系ならびに指導方法としての教刷術を提示した。また、それらの理念を実践するために作成された教科書が『世界図絵』（1658）である。『世界図絵』は、絵と命名と描写から成り立っている。例えば「造

園」というページでは、造園の絵が描かれるとともに、「庭師は野菜畑でくわやすきを使って掘り返し、花壇や苗床をつくります。」といった説明文が書かれている。「庭師」「くわ」「すき」「苗床」といった用語には文と絵の両方に番号が振られ、両者が対応できるようになっている。このように、視覚的に語彙の習得を容易にしたことが、『世界図絵』の特徴である。

また、人間の経験およびそれに対応する視聴覚機器を具体から抽象へと並べたのが、デール（E. Dale）の「経験の円錐」（1946）である。そこでは、最も具体的レベルの「直接的・目的的体験」から始まり、「演示」「見学」と抽象レベルが上がり、「テレビ」「映画」と実際の経験から離れて最終的に「視覚的象徴」「言語的象徴」へと到達する。具体的な経験と抽象的

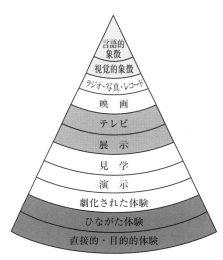

図1　デール「経験の円錐」

な言語や記号の中間に視聴覚機器が位置するとともに、発達段階や目標を踏まえた間接的な指導法があることを、「経験の円錐」は示している。そして、このような経験と記号、さらには教師と児童生徒の間で教育内容を伝達する教材を、教育（教授）メディアという。そもそもメディア（media／medium）には中間・媒体という意味があり、図や絵、あるいは印刷物も教育メディアとなる。

文部省では、1952（昭和27）年に『視聴覚教材利用の手びき』を刊行しており、そこには映写機、（実物）幻燈機、蓄音機、録音機、16ミリ撮影機、写真機、写真現像焼付引伸し装置、立体鏡、顕微鏡、望遠鏡、星座投影装置、デーライトスクリーン、校内放送装置、ラジオ等が例示されている。NHKで1959（昭和34）年と翌年に放送された『山の分校の記録』という番組は、栃木県の山村の分校にテレビが設置され、それを用いて子どもたちの学びがどのように変化するかを描いたドキュメンタリーである。当時の社会状況や技

　術面を考えると、視聴覚機器は個人や家庭にはもちろん地域にも十分普及しておらず、それらを整備し利用すること自体が新しい教育方法や学びを生んでいたと考えられる。

　その後、1960〜70年にかけては、オーバーヘッドプロジェクター（OHP）、スライド、8ミリフィルム、テープレコーダー、テレビ、ビデオテープレコーダ（VTR）等が導入される。さらに、学校には視聴覚教室や語学学習のためのLL教室（Language Laboratory）が整備され、反応分析装置（レスポンスアナライザー）やプログラム学習に基づく種々のティーチングマシン等も開発された。1980年代以後はパーソナルコンピュータが導入され、当初はBASIC等のプログラミング言語の学習やワードプロセッサーとしての利用が中心であったが、高性能化やインターネットの普及によって、様々な機能を有するマルチメディアとして活用された。

　今日においては、ノートパソコン、タブレット型コンピュータ、電子黒板（インタラクティブボード）、プロジェクタ、および無線LAN（Wi-Fi）の普及により、普通教室でもこれらを活用する取り組みが行われている。例えば、かつてのOHPに代わり、実物提示装置としての書画カメラ（OHC）が普及している。これは、カメラの下に資料や児童生徒のノートを置き、それを映してプロジェクタやディスプレイ上に投映するという仕組みである。OHPの場合、トランスペアレンシー（トラペン）と呼ばれる透明なシートに光を当てて投映するため、ノート等は使用できなかったが、書画カメラにおいては印刷物もそのまま投映できる。また、例えば家庭科の裁縫で手元の運針の様子を写して見せたり、それを静止画または動画として記録したりすることも可能である。ただし、光源一体型でない限りプロジェクタやコンピュータとの接続が必要であることや、トラペンの透明性を利用した重ね合わせによる提示等、OHPの方が優れている部分もある。

　また、電子黒板はテレビやモニターの役目だけでなく、表面にタッチパネル等のセンサーを取り付けることによって、画面から直接操作したり書き込んだりすることが可能である。ホワイトボードのような白板にセンサーを取り付け、コンピュータの専用ソフトをプロジェクタで投映して電子ペンで文字を書くタイプや、センサーの付いた専用ユニットを通常の黒板に貼り付け

て、コンピュータおよびプロジェクタと連動させるタイプもあるが、いずれもキャリブレーションと呼ばれる位置補正が必要であり、モニターと一体型でない場合はズレが生じやすい。そのため、モニターではなくプロジェクタと一体型の短焦点型電子黒板もある。

　このほか、かつてのスライドはリバーサル（反転）フィルムに現像した写真をマウントと呼ばれる枠に収めて、それを映写機のフォルダに設置して投映していたが、現在ではデジタルカメラで撮影した画像をコンピュータに取り込み、スライドショー等のプレゼンテーションソフトで提示することが一般的である。

　また、レスポンスアナライザーにあたる機器として、クリッカーと呼ばれる端末がある。これは、一人ひとりに数字の入った専用端末を配布して、問題やアンケートの選択肢番号を入力して発信させる。それらはコントローラとアプリを通じて集計され、その結果が実数あるいは表やグラフの形で瞬時に提示される。

　さらに、コンピュータにおけるSkype等のインターネットやテレビ会議システム等を用いて、離れた教室や学校間での遠隔授業も実施されている。なおこれらの機能の多くは、スマートフォンにあるアプリケーションを用いても可能であり、大学等においては活用されている。

4．学校施設と設備

　デューイ（J. Dewey）は、『学校と社会』（1899）において「伝統的な学校教室には、子どもが作業するための場というものがほとんどない。」と述べ、教室や教材が「ものを聴くために」作られており、子どもたちを集合体として扱っていることを指摘している。それは、教科書を読み、教師の解説を聞き、内容を覚えるという授業を生み出し、児童生徒を受動的な存在へとつくり上げていく。アクティブ・ラーニングが重視される今日、話し合いや調べ学習、発表といった活動が取り入れられつつあるが、従来型の教室ではそのような活動は行いにくい。

　『誰のためのデザイン』（1988）を著したノーマン（D. A. Norman）は、ギブソン（J. J. Gibson）の造語である「アフォーダンス」（affordance）概念を

用いて、環境やデザインが人間の知覚や行動に影響することを述べた。afford には「与える、余裕がある」という意味があり、例えばある人がノブを引いてドアを開けるとき、そのノブはその人がドアを開けることをアフォードしている。それは、ドアを開けるというその人の経験や記憶がもたらすものではあるが、これを援用して、ドアの片側には引く操作をしやすいノブを取り付け、もう片側には押す操作をしやすい板を張り付ければ、押す－引くという間違いをしにくくなる。学校においても、教師や児童生徒間のコミュニケーションを促す校舎、アイデアが浮かびやすい机や椅子、あれこれと操作したくなる教材といったように、環境やデザインを工夫することによって、それ自体が学びの質を向上させる可能性を有している。

　日本の学校施設・設備は、1891（明治24）年には「小学校設備準則」が定められ、以後校舎、校地、校具等に対する標準が示されている。校舎についても、1895（明治28）年に『学校建築図説明及設計大要』において、「外観ノ虚飾ヲ去リ質朴堅牢ニシテ」という記述とともに、長方形片廊下型の校舎、四間×五間（一間は約1.8メートル）の教室、南向きの校庭といった基準が作成された。戦後は、6－3－3制の学校制度の確立による就学・進学率の向上や、学齢期の人口増加に伴い、学校新設も増加する。特に、高度成長期においては「鉄筋コンクリート造校舎の標準設計」（1949（昭和24）年）に基づいて、上記と同様の規格で7×9メートルの鉄筋（RC）校舎が数多く建設された。

　学校の新設が一段落した1980年代からは、少人数・習熟度学習、合同授業、ティーム・ティーチング、個別指導、グループ学習・作業、作品展示や発表といった多様な指導方法、あるいはプレイルーム、談話スペース、メディアセンター、学年集会といった多目的スペースを校舎内に取り入れることが考えられた。1984（昭和59）年には文部省の多目的スペース補助制度が始まり、ワークスペース、多目的室、多目的ホール・コーナー・ラウンジ、読書・展示コーナーといった多様な具体例が提案され、校舎改築や空き教室の活用に際して導入された。

　このような多目的スペースの考え方は、イギリスで始まったオープンスクールの影響を受けている。オープンスクールは「壁のない学校」ともいわ

れるが、それは画一的な教育に対する批判としての、子どもの主体的・個性
的な学習を保障する実践である。それゆえ、上記にあげたような指導方法や
カリキュラムの改革を視野に入れた、自由な学習空間を確保するための学校
施設・設備のあり方が念頭にある。例えばある実験校では、教室を一般学習
スペース、実習を行う作業スペース、周囲の音を気にしないで活動できる閉
じた部屋、クラス集団の帰属場所となるホームベース、半屋外の活動スペー
スとなるベランダの5つに分けて、それらを連続的に配置している。30〜60人
の異年齢集団がその中で過ごし、学習活動は個人あるいはグループで進める。

　日本においてオープンスクールのさきがけとなったのが、愛知県東浦町立
緒川小学校である。1978（昭和53）年の校舎改修によって誕生した同校の
オープンスペースは、横一文字型の校舎・教室配置ではなく学年ごとのまと
まりとなっており、廊下の代わりに各学年のラーニングセンターがあり、各
教室とラーニングセンターを隔てる壁はない。ラーニングセンターには、椅
子付きテーブル、キャレル、座卓と多様な種類が設けられ、本棚、教材棚、
VTRコーナーが併設されている。このほか、低学年棟と高学年棟にそれぞ

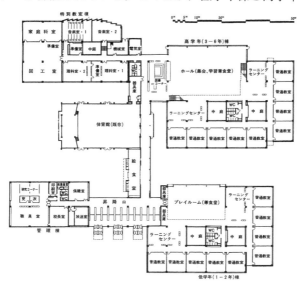

図2　緒川小学校
出典　日本建築学会（編）（2017）『オーラルヒストリーで読む戦後学
校建築─いかにして学校は計画されてきたか』学事出版

97

れ多目的ホールが設けられた。教育実践においても、加藤幸次の「指導の個別化」と「学習の個性化」をキーワードに、基礎基本を徹底する「はげみ学習」、マスタリーラーニングに基づく集団学習、週間プログラムによる個別学習、総合的学習や学習テーマを自由に設定するオープン・タイム、「おがわっこフェスティバル」に代表される集団活動、そしてそれらの学習を支える時間割のブロック制（95分）とノーチャイムといった様々な試みが、今日においても行われている。

その後1992（平成4）年には、小学校および中学校の「学校施設整備指針」が文部省より刊行され、他の校種についても作成および改訂が行われている。例えば「小学校施設整備指針」（2019（平成31）年3月）の目次は、「第1章　総則、第2章　施設計画、第3章　平面計画、第4章　各室計画、第5章　詳細設計、第6章　屋外計画、第7章　構造設計、第8章　設備設計、第9章　防犯計画」となっている。そこでは、「1　高機能かつ多機能で変化に対応し得る弾力的な施設環境の整備、2　健康的かつ安全で豊かな施設環境の確保、3　地域の生涯学習やまちづくりの核としての施設の整備」といった基本的方針の下、校地、校舎、教室、生活・交流空間、運動場や講堂、学校用家具、電気や給排水設備、防災・防犯といった多岐にわたる指針が示されている。

今日では、昭和期に建設された校舎の建て替えや改築に伴い、新しい建築技術やアイデアを取り入れた特徴的な学校も多く見られる。例えば、中学校では教科センター方式と呼ばれる校舎設計があり、そこでは理科室や家庭科室といった特別教室だけでなく、各教科の専用室を複数有している。数学教室では、壁や扉も黒板仕様になっていて教室全体を使って問題を考えられるような工夫もある。教室を囲む空間には、各教科のメディアセンターや教師センターがあり、個別指導やグループ活動もできる。生徒は、各教室の間に設けられたホームベースにロッカーがあり、授業ごとに教室を移動するとともに、ホームルーム等は指定の教科教室を兼用する。

また、都市部における有効な土地活用、保幼小・小中・中高・インクルーシブといった一貫・共生教育への施設面での対応といった考えから、複数の学校種や社会教育施設、福祉施設等と合築した学校も見られる。特に、臨時

教育審議会第三次答申（1987（昭和62）年）において、高度の情報通信機能と快適な学習・生活空間を備えた、地域の生涯学習や情報活動の拠点となるインテリジェントスクールを提言したことが、複合化を推進した。例えば施設一体型の義務教育学校においては、低学年の教室と中学生の教室とで広さや仕様を変えたり、安全面に配慮しながらも異学年が積極的に交流できるスペースを設けたりすることで、発達段階のそれぞれのよさを引き出している。また小学校と特別支援学校を合築することで、児童が同じ昇降口や動線を利用して身近な存在と感じられるようになることや、放課後児童クラブやデイサービスといった福祉施設も複合することで、利用や連携が容易になっている。

　このほかにも、環境や防災に配慮した学校づくりも考えられている。文部科学省では、エコスクールとしてこれまで全国で約1700校を認定した。具体的には、屋上緑化、太陽光発電、太陽・地熱利用、雨水貯水槽、校庭芝生化等の整備に対して、農林水産省、国土交通省、環境省と連携しながら助成を行っている。また、学校ビオトープや資源リサイクルを環境教育と連動させて、児童生徒の学習や地域活動につなげる取り組みもある。さらに木材利用についても、国内や地域産の木材を使用した新築校舎や、床や壁等の内装を木質化した学校も見られる。防災についても、学校自体の老朽化や耐震化、風水害への対応とともに、避難所として必要な発電機、LPガス、貯水槽、マンホールトイレ、情報通信設備等の整備や、乳幼児・高齢者・障害者の専用スペース、炊き出しや備蓄・救援物資の準備と配布が可能な場所の確保、長期化に際しての生活空間と学習空間との分離といった機能が求められている。

学習課題
○「教材整備指針」を参照しながら、自分の通った小・中学校にどのような教材が備え付けられていたか、話し合ってみよう。
○アクティブ・ラーニングを可能にするために、どのように教材やICT、施設設備を活用できるか、およびどのような教材やICT、施設設備があると工夫された授業ができるかについて、アイデアを出し合ってみよう。

引用・参考文献

・愛知県東浦町立緒川小学校（1983）『個性化教育へのアプローチ』明治図書。

・新井郁男（2016）「教材とは」『教材学概論』日本教材学会（編）、図書文化。

・筑波大学附属小学校情報・ICT 活動研究部（2016）『筑波発　教科のプロもおすすめする ICT 活用術』東洋館出版社。

・西本三十二（訳）（1958）『デールの視聴覚教育』日本放送教育協会。

・二宮皓（監修）（2010）『こんなに違う！世界の国語教科書』メディアファクトリー。

・日本教育工学会（編）（2000）『教育工学事典』実教出版。

・野島直樹（2011）「教室・教室まわりの計画を考える」『Eye-span』（1）教育環境研究所。

（樋口直宏）

第4章　授業における ICT の活用

1．はじめに

　教育の情報化という我が国における教育施策は、情報教育、教科指導における ICT 活用、校務の情報化という3つの側面を通じて、教育の質的向上を目指すことを目的としている。2011年に公表された教育の情報化ビジョン（文部科学省 2011）にその源流を確認することができ、さらに前年の2010年には、当時の学習指導要領に対応するために、3つの側面の具体的な進め方、実現に必要な学習環境の整備等が示された教育の情報化に関する手引き（文部科学省 2010）が公表されている。2019（令和元）年12月には、平成29、30年改訂の学習指導要領に対応する新版の教育の情報化に関する手引きが作成された。

　このように近年の変遷だけを概観しても、我が国における教育の情報化は着実に進められてきた教育施策であることがわかる。

　本章では、教育の情報化の中でも特に授業者として教壇に立つことを想定し、授業における ICT の活用（小学校プログラミング教育、情報モラル教育含む）について具体的な事例を基に論じる。

2．学習指導要領における情報活用能力の位置づけ

　情報教育はこれまで、内容・学習活動の視点から3観点（A　情報活用の実践力、B　情報の科学的な理解、C　情報社会に参画する態度）で示されてきたが、学習指導要領の改訂に伴い、資質・能力の視点から資質・能力の「三つの柱」で示されるようになった。示され方は異なっていても、目標は変わることなく情報活用能力の育成である。

　平成29、30年改訂の学習指導要領総則において、「各学校においては、児童（生徒）の発達の段階を考慮し、言語能力、情報活用能力（情報モラルを含む。）、問題発見・解決能力等の学習の基盤となる資質・能力を育成していくことができるよう、各教科等の特質を生かし、教科等横断的な視点から教

育課程の編成を図るものとする」と示され、学習の基盤となる資質・能力として情報活用能力が明確に位置づけられた。校種・学年・教科を越えて全ての児童生徒に情報活用能力を育成することが強く求められている。また、情報活用能力の具体については以下のように示されている。

> 情報活用能力をより具体的に捉えれば、学習活動において必要に応じてコンピュータ等の情報手段を適切に用いて情報を得たり、情報を整理・比較したり、得られた情報をわかりやすく発信・伝達したり、必要に応じて保存・共有したりといったことができる力であり、さらに、このような学習活動を遂行する上で必要となる情報手段の基本的な操作の習得や、プログラミング的思考、情報モラル、情報セキュリティ、統計等に関する資質・能力等も含むものである。
>
> （小学校学習指導要領解説総則編　pp. 50 - 51）

　上記から情報活用能力は多岐にわたる内容を包含していることが読み取れる。また下に示すように、情報活用能力の育成のためには、各教科で学習場面を設定することおよび能力を発揮させる学習場面の設定が重要だと指摘されている。

> こうした情報活用能力は、各教科等の学びを支える基盤であり、これを確実に育んでいくためには、各教科等の特質に応じて適切な学習場面で育成を図ることが重要であるとともに、そうして育まれた情報活用能力を発揮させることにより、各教科等における主体的・対話的で深い学びへとつながっていくことが一層期待されるものである。
>
> （小学校学習指導要領解説総則編　p. 51）

　そして、情報活用能力育成を実現するための環境整備が各自治体において急速に進められている。学習指導要領に示された内容を実施するためには、電子黒板を含む大型提示装置を普通教室に常設化すること、快適な無線LAN環境を構築し、3クラスに1クラス分程度の可動式教育用コンピュータ（主にタブレット端末を意味する）を配置すること等を示し、予算措置も講じている（図1）。

102

2019年12月には増税後の経済対策の一環として、2023年度までを目途に、小・中学生に1人1台のパソコンやタブレット端末を整備することが閣議決定され、実現に向けて動き始めている。

2018年度以降の学校におけるICT環境の整備方針で目標とされている水準
- 学習者用コンピュータ　3クラスに1クラス分程度整備
- 指導者用コンピュータ　授業を担任する教師1人1台
- 大型提示装置・実物投影機　100%整備
  各普通教室1台、特別教室用として6台
  （実物投影機は、整備実態を踏まえ、小学校及び特別支援学校に整備）
- 超高速インターネット及び無線LAN　100%整備
- 統合型校務支援システム　100%整備
- ICT支援員　4校に1人配置
- 上記のほか、学習用ツール(※)、予備用学習者用コンピュータ、充電保管庫、学習用サーバ、校務用サーバー、校務用コンピュータやセキュリティに関するソフトウェアについても整備
  (※) ワープロソフトや表計算ソフト、プレゼンテーションソフトなどをはじめとする各教科等の学習活動に共通で必要なソフトウェア

・1日1コマ程度、児童生徒が1人1台環境で学習できる環境の実現

図1　学習指導要領の内容を実現するために必要とされる ICT 環境（文部科学省　2017）

それでは、ICT を活用してわかりやすく深まりのある授業を実現したり、情報活用能力を育成したりするにはどのような授業が考えられるのだろうか。次節以降、実際の活用事例を確認していく。

3．教師によるわかりやすい授業を実現するための ICT 活用

近年、教員採用試験において、電子黒板を用いた模擬授業を実施する自治体や ICT 活用のスキルや理解について受験者に自己評価させ提出させる自治体を確認することができる。今後、わかりやすい授業に向けて、教師自身が ICT を積極的に活用していくことは必須の教授スキルといえる。

わかりやすい授業のためには、「大きく映す」ことから始めてみるとよい。文部科学省（2015）は、電子黒板を例にあげて8つの大きく映す活用事例を示している（図2）。

例えば、前時の学習活動の様子をタブレット端末で撮影しておき、次時の導入場面で見せることで「授業内容を振り返る」ことができる。また、余計な情報を排除し、示したい部分を拡大して大きく見せることで、情報が焦点化され「明確に伝える」ことができる。

さらに、実物投影機を用いることで、手元を大きく映すことができ、「実

演でやり方を示す」ことができる。図2の例の他にも、分度器を用いて角度の測り方を説明したり、三角定規やコンパスを用いて作図の仕方を指導したりする際に使ってみる等、活用場面は多岐にわたる。活用当初は教師による活用であったとしても、徐々に児童生徒に活用場面を委ねていくとよいだろう。先に示した算数の例では、指名した児童が作図を実演している間、教師はつまずきが見られる児童を支援することができる。

図2　大型提示装置の活用事例

　活用場所においては普通教室だけでなく、体育館や理科室等の特別教室での活用も考えられる。学校の中には、体育館に大型提示装置が常設してあり、体育の時間に頻繁に活用されているところもある。体育館に大型提示装置を持ち込めば、教師が準備した手本となる運動の動画や NHK for School 等の良質なデジタル教材をその場で視聴し、運動のイメージを把握しやすくなったり、課題追究のきっかけになったりする。また同時に、教師がタブレット端末を活用して児童生徒の運動の様子を撮影し、大型提示装置を使って学級全体で上達のポイント等を確認するといった活用方法も考えられる。

　理科室においても、細部までの観察が難しい昆虫の体のつくりや、植物のめしべやおしべの様子などの実物を大きく提示することも考えられる。中学校や高等学校においては、実験のシミュレーション動画を全員で視聴することもあるだろう。また、タブレット端末のカメラ機能は性能が向上しており、顕微鏡の接眼レンズから直接撮影することができる。一般的に見えづらいものを全員で共有するために大きく提示することは、全員の理解を図る上で有効であるといえよう。

4．児童生徒による深まりのある授業を実現する ための ICT 活用

　わかりやすい授業の一方で、深まりのある授業を実現するためには、児童生徒の主体的・対話的な学びの姿勢を欠くことはできない。タブレット端末の整備が進むが、それは端末が廉価であることが要因ではない。タブレット端末の持つ、操作性のよさや持ち運びができてどこにいても学習できる可搬性のよさ等の利点が大きな要因といえよう。したがって、ICT を活用して学ぶ授業は今後、児童生徒の活用がこれまで以上に重視されることになる。また、児童生徒が主体的に ICT を活用した授業の実現のためには、教師の持つ学習観や授業観をアップデートする必要があるだろう。実証主義の考え方による従来型の教師の説明を中心とした授業設計を脱し、構成主義の考え方による学習者中心の授業設計が求められている。

⑴セルラーモデルのタブレット端末を利用した教育実践

　児童生徒１人１台のタブレット端末が整備された学校では、環境を生かした様々な取り組みが報告されている。それとともに、セルラーモデル（携帯電話通信網を活用できる情報端末）の導入も各地で進んでいる（茨城県古河市、熊本県熊本市、東京都渋谷区等）。セルラーモデルは、学校や教育委員会がネットワークの管理を負担しなくても済むだけでなく、学校外での活用に利点があると考えられている。中でも近年、注目を集めているのが、家庭にタブレット端末を持ち帰り、セルラーモデルの利点を活かしてネットワークを介して協働的に家庭学習を行うという取り組みである。

　ここで紹介する小学校は、自治体のモデル校として2016年にセルラーモデルのタブレット端末が整備された。第５学年理科「天気の変化」の学習では、雲の動きと天気についての学習後に、ウェブサイトの気象データを基に、翌日の天気を予想するという家庭学習を６日間連続で行っている。従来は、新聞の気象情報を参考にすることや教師が毎日必要な気象データを準備し、児童に配布する方法が採用されたそうであるが、新聞を購読する世帯の減少、教師の準備の煩雑さから学習を進めることが容易ではなかった。セルラーモデルのタブレット端末を利用することで、家庭におけるインターネット接続

環境の差が無くなり、Web サイトの気象データを児童全員が確認できる。さらに、理科担当教員からは、タブレット端末上の協働学習支援ソフトウェアを活用して、家庭において児童同士が互いの予想を交流し、それらを参考にしながら自らの考えをまとめることが推奨された。ソフトウェアの閲覧履歴機能によると、ほぼすべての児童が友達の取り組み状況を閲覧していることが確認できた。担当教員は職場から、適宜コメントを入れ、学習内容を確認したり、児童の取り組みを価値づけたり、方向づけたりしていた。家庭での学習を基に学校の授業では、各自がまとめてきた学習内容を交流させることから授業が始まっていた。

　ネットワークを介して協働的に取り組む家庭学習は、従来から行われてきたようなプリントやドリルといった教材とは異なり、どのような内容をどの程度取り組むかは、学習者の主体性に委ねられている。したがって、課題に対する動機づけが重要になる。この学校の取り組みにおいて、児童の動機づけは、ある児童の書き込みが発端となり、周辺の児童に影響を及ぼす可能性が示唆された。他者と関わり合いながら協働的に学ぶことは、それ自体が学習の動機づけになるといわれているが（杉江　2011）、ネットワークを介して協働的に取り組む事例においても当てはまると考えられる。

　なお、児童生徒 1 人 1 台の環境の整備は、特に高等学校では自治体の整備を待たずに BYOD（Bring Your Own Device、保護者負担によって個人所有の端末を整備し利用する）という形で進む可能性が高い。既に私立学校を中心に、多くの学校で BYOD によるタブレット端末の活用が進行している。

⑵ NHK for School をタブレット端末で視聴する教育実践

　教育番組の放送開始から 60 年が経過した。現在、NHK for School では、学年・教科を問わず多くの番組、動画クリップ、コンテンツを、ウェブサイトを通じて利用することができる。これまで普通教室や特別教室等で、児童全員がテレビで視聴するという一斉視聴のスタイルが主流であったが、タブレット端末や校内無線 LAN の整備により、児童生徒の学習の必要性に応じて利用するグループ視聴や個人視聴を採用した教育実践が行われ始めている。また、番組と連動したアプリの開発も進められており、このアプリを活用した教育実践も見られるようになってきた（NHK for School ×タブレット端末活

用研究プロジェクト　2017）。

金沢大学附属小学校（実践当時：金沢市立十一屋小学校）の福田晃教諭は、小学校3年生理科「こん虫を調べよう」の学習において、実物では把握しきれない部分を補い、確実な学習内容の理解につなげることを目指し、「も

図3　必要に応じてウェブコンテンツを活用する児童

のすごい図鑑」というウェブコンテンツを利用している。このコンテンツは、任意の角度から高解像の昆虫の写真を見ることができる。また、関連する動画クリップがリンクされており、児童は関連動画も含めて興味関心に応じて学習範囲を広げたり、学習内容を深めたりすることができる仕組みになっている。授業では、実物のモンシロチョウを用いて児童が観察を行った結果、足の本数や足の出ている部位についてはっきりさせることができなかった。そこで不明な点を明らかにするため、グループごとに「ものすごい図鑑」をタブレット端末で閲覧し、学習問題を確かめていた（図3）。

福田教諭は児童に対し、実物のモンシロチョウを用いて得られた情報を確認するように促し、児童は最終的に明らかになった部分について、スケッチを行う学習活動を行っていた。実物の観察によって見出した学習問題を、ウェブコンテンツの利用を通して解決し、再度実物の観察に戻っている点が授業設計の工夫点といえる。

(3)中学校における教科横断型授業の実践事例

「創作」をキーワードとして、理科・音楽・保健体育の3つの教科が連携した実践事例である。中学校や高等学校は教科担任制のため、教科横断という意識が構築しづらい特性がある。しかしながら、情報活用能力の育成においては教科等を横断する必要があることはこれまで述べてきた。

鳥取県岩美町立岩美中学校では岩﨑有朋教諭を中心として、教科横断型の学習を追求している。本実践において、理科では電気に関する学習内容を踏まえ、テクノロジーの特徴を活かした楽器づくりが可能な教材 MakeyMakey

（メイキーメイキー）を用いて、電子楽器を創作する。

　音楽では、和声学の学習内容を活かして、各自が作った曲の一部を理科で製作した楽器で演奏し、それをタブレット端末に取り込み、タブレット端末上のアプリを用いて1つの創作曲を完成させる。さらに、アプリを用いてダンスに合うようにギターやドラム等の伴奏も組み込む。

　保健体育では、創作された曲を用いて、イメージを膨らませ言語化し、具体的な振り付けを考え、創作ダンスを完成させる。ダンスの振り付けは分業で作り、それをグループ全体で協議しながら完成させる。最終的に音楽とダンスを全体に向けて披露する。

　当該校においては学校教育目標に基づいて、学年や教科を越えて指導する10の汎用的スキルを設定しており、10の中の1つに情報活用能力が明確に位置づけられている。したがって、本実践においても、3つの教科がともに問題発見および解決を図るためにICT（タブレット端末）を必要に応じて用いる場面が十分に設定されており、いうまでもなく、生徒たちは主体的かつ対話的に学んでいる。

　中学校において、各教科の学習目標を達成し、さらに情報活用能力（特に本実践においては、情報活用の実践力や情報の科学的な理解）の育成を進めるためには、本実践のようなカリキュラム・マネジメントの考え方が重要になるであろう。

5. 小学校段階におけるプログラミング教育の実践

　小学校学習指導要領において、プログラミング教育が必修化された。身の回りを見渡すと、私たちは実に多くのコンピュータ（コンピュータが内蔵されたもの）に囲まれながら生活していることに気づく。コンピュータを理解し、それらを上手に活用していく能力は、これからの世の中を形成し、生きていく子どもたちにとっては不可欠な能力といえるだろう。また、日本では急激な人口減となる一方、世界では急激な人口増となる。このような世の中を我々大人は、誰一人として経験していない。経験のない世の中では、きっと現時点で予測もできない問題が起こり、それらに対処していくことが求められる。そのときに、コンピュータの利用をはじめとした情報科学の視点が

これまでに以上に重要になることは間違いない。

コンピュータを有効かつ適切に利用する際には、その仕組みを理解することが肝要である。しかし、それはオペレーション・システム等の詳細な仕組みを理解することを意味しない。コンピュータは人が命令を与えることで、はじめて動くこと等の基本的な事項を理解し、そして、何よりも児童自らが実際に体験してみることが仕組みの理解には重要だといえる。したがって、日本だけにとどまらず、諸外国においても、STEM 教育やコンピュータサイエンスの流れを含みつつ義務教育段階からのプログラミング教育が導入され始めている。

小学校学習指導要領では、プログラミング教育の第一義的目標であるプログラミング的思考を含んだ情報活用能力を、学習の基盤となる資質・能力と位置づけ、教科等横断的に育成することが示されている。したがって、プログラミング教育は、特定の教科・領域による取り組みや一部の教員による取り組みではなく、学校全体で取り組むべき教育活動といえよう。

また、小学校プログラミング教育のねらいについて、小学校プログラミング教育の手引き（第二版）（文部科学省 2018a）には以下のように、3つに大別されて示されている。

1．「プログラミング的思考」を育むこと
2． プログラムの働きやよさ、情報社会がコンピュータ等の情報技術によって支えられていることなどに気付くことができるようにするとともに、コンピュータ等を上手に活用して身近な問題を解決したり、よりよい社会を築いたりしようとする態度を育むこと
3． 各教科等の内容を指導する中で実施する場合には、各教科等での学びをより確実なものとすること

プログラミング的思考については、「自分が意図する一連の活動を実現するために、どのような動きの組み合わせが必要であり、1つ1つの動きに対応した記号を、どのように組み合わせたらいいのか、記号の組み合わせをどのように改善していけば、より意図した活動に近づくのか、といったことを

論理的に考えていく力」と定義されている（文部科学省 2016）。この定義は、実際にプログラミングに取り組む際の手続きを強く意識している。したがって、プログラミング教育のねらいを実現するためには、プログラミングという学習活動を様々な学習場面で適切に取り入れていくことが必要である。

　淡路市立大町小学校の増子知美教諭（当時）の事例では、児童がプログラミングを楽しく体験することを重視している。「レゴでプログラミングにチャレンジしよう！」というテーマのもと、4年生が意図した通りに車を動かすことを目指し、プログラミングに取り組んでいた。本時までには、「ブロックやモーターなど仕組みを理解し組み立てること」、「センサーを感知するとスタート及びストップする等の基本的な動作のプログラムを作り、専用コースを走らせること」の2つを目標に取り組んできた。そして本時では、前時のプログラムではゴールすることができないように、事前に担任が改良したコースを利用して授業が進められた。なお、プログラミングに取り組む際には、対話が生まれ、最善のアイデアを出して取り組めるようにペアで1つの教材を使用している。

　導入場面において、児童は前回のプログラムでコースを試走させるが、凹凸のある路面にセンサーが反応してすぐに停止してしまうことを経験する。担任が「なぜだろうか」と問いかけることもなく、すぐに試行錯誤が始まっていた。「わかった！センサーの場所を上に変えれば」「モーターのパワーを上げて一気に走るようにすれば」等のようなやり取りや廊下に設置された専用コースと座席の間を、何往復もして考えたプログラムを試行する姿が多く見られた。また、他のペアとの対話も生じていた。最終的にはすべての車が障害物を乗り越えて、ゴールすることができていた。

　増子教諭は学習が思いつきや当てずっぽうで解決しただけのプログラミングの体験に終わることを避けるために、ワークシートを用意しプログラムの変更点とその結果について丁寧に記述させたり、学習の感想を書かせたりするといった工夫を行っていた。

　上記に示した例の他にも、学習指導要領に例示されている第5学年算数科、第6学年理科の事例はウェブサイト（例えば、「未来の学びコンソーシアム」https://miraino-manabi.jp）にも公開されている。また、コンピュータを

用いずにプログラミング的思考を育成しようする取り組みも確認できる（小林・兼宗　2017、小林ほか　2018等）。「プログラミング的思考は繰り返し学習することで高次に育つ」と小学校プログラミング教育の手引き（第二版）に示されているように、カリキュラム・マネジメントを通して多様なプログラミングの授業を実践していくことが求められている。

6. 情報モラル教育

　学習指導要領解説によれば、情報モラルとは「情報社会で適正な活動を行うための基になる考え方と態度」であるとされている。さらに、具体的には「他者への影響を考え、人権、知的財産権など自他の権利を尊重し情報社会での行動に責任をもつこと」「犯罪被害を含む危険の回避など情報を正しく安全に利用できること」「コンピュータなどの情報機器の使用による健康との関わりを理解すること」といった3つの事柄が示されている。

　私たちは高度に情報化された社会で生活しており、児童生徒のスマートフォン、タブレット端末、インターネットに接続可能なゲーム機の普及、それらによる SNS（ソーシャルネットワーキングサービス）の利用は急速に広がっている。内閣府の調査（内閣府 2019）によると、インターネット利用率は小学生85.6%、中学生95.1%、高校生99.0% となっている。インターネットを利用する機器については、小学生においてはゲーム機が最多（37.9%）を示しているが、中学生においてはスマートフォンが最多（62.6%）を示し、高校生においては、ほぼすべてのインターネット利用者がスマートフォンを用いている実態（93.4%）が確認できる。

　これまでの情報モラル教育は、児童生徒を様々な被害から守るための危険回避に指導の重点が置かれ、教師や外部講師による講義や DVD 等のビデオ教材の視聴による指導が多く実施されてきた。しかし、講義や視聴だけでは、その場だけを取り繕うことにもなりかねず、児童生徒自身が自分事として考える学習の展開が期待されている。

　また、SNS の利用は児童生徒が情報の発信者なる可能性を大きく高めた。その結果、児童生徒が加害者になる事例も増加している。さらに、SNS を利用した誹謗中傷やいじめ（いわゆるネットいじめ）の認知件数はすべての校

種において増加していることが示されている（文部科学省 2018b）。調査で判明する件数は氷山の一角と考えられることから、危機回避だけではない多様な教育内容を含む情報モラル教育の必要性が高まっている。

　学習指導要領解説においても、「情報発信による他人や社会への影響について考えさせる学習活動」「ネットワーク上のルールやマナーを守ることの意味について考えさせる学習活動」「情報には自他の権利があることを考えさせる学習活動」「情報には誤ったものや危険なものがあることを考えさせる学習活動」「健康を害するような行動について考えさせる学習活動」等の児童生徒が主体となって取り組む多様な学習活動例が示されている。

　情報モラル教育の実践を支援する教材として、例えば NHK for School においては、「スマホ・リアル・ストーリー」、「メディアタイムズ」等の教育番組を利用することが可能である。児童生徒に考えさせるため工夫が多く見られ、学習指導案やワークシート等も準備されており、取り組みやすいだろう。また、文部科学省においては、授業用の他に保護者を対象にした各種教材が用意されている。

　最後に、SNS の利用に関する情報モラル教育の実践例を紹介する。金沢市立大徳小学校の山口眞希教諭（実践当時）は、教育用 SNS を利用した情報モラル教育の実践に長年取り組んでいる。この授業の前提として、一定期間、児童は教室内のタブレット端末を使い教育用 SNS に自由に投稿できる環境が用意されている。一定期間の運用後に、授業ではまずグループごとに投稿された内容を振り返り、ふさわしい内容・ふさわしくない内容について話し合う時間が設定されている。次に各グループで確認された内容を学級全体で交流すると、ふさわしい内容・ふさわしくない内容は人によって大きく受け取り方が異なることに児童は気づいていく。最後に、児童が受信者・発信者として気をつけるべきことを考えたり、ふさわしくない投稿に遭遇したときにはどのように対処するのかについて考えたりする活動が設定されていた。これは、児童一人一人が自分事として最適な利用方法を考えることのできる情報モラル教育の好事例といえる。

学習課題

○あなたが教師なら、どのようなものを大きく映すことでわかりやすい
　授業を実現するだろうか。なるべく多くのアイデアを出してみよう。
　さらに他の人と交流してアイデアを増やしてみよう。

○情報モラル教育を実践するにあたり、どのようなテーマが考えられる
　だろうか。テーマを１つあげ、どのような学習展開にするのかなるべ
　く詳しく考えてみよう。

引用・参考文献

・小林祐紀・兼宗進（2017）『コンピューターを使わない小学校プログラミング教
　育 "ルビィのぼうけん" で育む論理的思考』翔泳社。

・小林祐紀・兼宗進・白井詩沙香・臼井英成（2018）『これで大丈夫！ 小学校プロ
　グラミングの授業 3 ＋ α の授業パターンを意識する［授業実践39］』翔泳社。

・杉江修治（2011）『協同学習入門』ナカニシヤ出版。

・内閣府（2019）「青少年のインターネット利用環境実態調査結果（速報）」。

・文部科学省（2010）「教育の情報化に関する手引き」。

・文部科学省（2011）「教育の情報化ビジョン」。

・文部科学省（2015）「授業がもっとよくなる電子黒板活用」。

・文部科学省（2016）「小学校段階におけるプログラミング教育の在り方について
　（議論の取りまとめ）」。

・文部科学省（2017）「教育の ICT 化に向けた環境整備 5 か年計画（2018〜2022年
　度）」。

・文部科学省（2018a）「小学校プログラミング教育の手引き」（第二版）。

・文部科学省（2018b）「平成29年度児童生徒の問題行動・不登校等生徒指導上の諸
　課題に関する調査結果について」。

・文部科学省（2019）「教育の情報化に関する手引き」。

・NHK for School ×タブレット端末活用研究プロジェクト（2018）『タブレット端
　末を授業に活かす NHK for School 実践事例62』。

（小林祐紀）

第5章　授業分析・授業研究

1．授業分析と授業研究
―だれが授業を分析するのか

　授業は演劇（ドラマ）に似ている、といわれる。演劇があらかじめ書かれた
シナリオに沿って「序幕→第一幕→第二幕→終幕」へと進むように、授業は
「導入→展開→まとめ」という筋書きに従い、多くの場合が実施される。舞台
の上に立つ演者とそれを観る観客の関係は、さながら教室という「舞台」で
授業する教師とそれを聴く生徒のそれに近い。この場合、教師は演者である
と同時に優れた脚本家でもなくてはならない。三谷幸喜の喜劇『12人の優し
い日本人』が日本人の精神性を皮肉たっぷりに風刺するように、またシェイ
クスピアの悲劇『オセロー』が破滅的な結果を示すことで観客に教訓を伝え
るように、優れた授業には、それを構成する教師による明確な意図（メッセー
ジ）と、それを伝えるための仕掛けづくりが不可欠である（Prange 1981）。

　評論家が演劇に批評を行うように、授業に対して、そこに込められたメッ
セージを読み取り、張り巡らされた演出上の仕掛けを見破り、さらには、演
者（教師）と観客（生徒）の相互作用を把握し、観客（生徒）に生じた思考
や感情の記述に努める。授業分析を、そうした営みとして理解することがで
きる。より厳密には、授業分析とは「授業をできるだけ精細にかつ客観的に
観察し記録し、それを素材に研究すること」（重松 1961、p. 11）と定義さ
れている。

　それでは、授業という演劇（ドラマ）を分析するのは「だれ」であり、ま
た「何」を「どうやって」分析するのであろうか。本章ではこれらの問いを
手がかりにして、授業分析の方法を整理してみよう。

(1)教育学理論構築のための授業分析

　「だれ」が授業分析をするのか。この問いに対する主な答えは、①大学の
研究者（と学生）、あるいは②学校現場の教師のいずれかである。柴田好章
（2007）は、研究者によって担われる授業の観察を「授業分析」とし、それを

教師が行う「授業研究」から区別している[1]。

　研究者を主語とした「授業分析」は、「現実的で具体的な教育実践の事実を出発点とし、現場における教育学の理論構築を指向する研究の実践」（柴田2007、p. 54）として理解される。柴田はそれを、出来上がりの製品を解体して部品や動作の仕組みを解明するリバースエンジニアリングに喩えている。例えば自動車のリバースエンジニアリングは、既成の自動車を分解し、その中に仕込まれたパーツの性能やパーツ同士の組み合わせを調べることで、自動車の品質を検査していく。そうすることで、その自動車が早くて安全である秘訣や、動作の改善点や品質上の問題を浮かび上がらせることができる。

　これと同じように、研究者による「授業分析」は、目の前で行われている（あるいは既に行われた）授業実践をつぶさに記録・観察し、それを様々な手法を用いることで分析することから始まる。そして、教師がその授業に込めたねらい、指導上の工夫、生徒の思考の働き、授業の効果を解き明かしていく。これにより目指されるのは、「明日の授業実践の指針となる理論を構築すること」（柴田　2007）である。リバースエンジニアリングが完成済みの自動車を解体することで早くて安全な自動車に必要な条件を探るように、授業分析の目的は、実践された授業の精緻な記録と観察の分析を通して、よりよい授業をつくるために必要な教育学理論を構築することに置かれている。

⑵教育実践の反省と改善のための授業研究（レッスンスタディ）

　これに対して、個々の部品から自動車を造り上げていくのがエンジニアリングである。より早く安全な自動車を造ろうとするエンジニアは、優れたパーツを用いてデザインに工夫を凝らし、実際に走行テストを行うことで、自動車の品質を高めていく。これは「授業研究」に携わる教師も同じである。教師は、よりよい授業をつくるために指導案を練り、それを教室で実演し、他者の評価から学ぶことで、授業の質を改善し自身の力量を向上させていく。そこでの主役は研究者ではなく、学校現場の教師自身やその同僚である。授業研究は、よい授業の理論的な基盤を構築する「授業分析」よりも、直接的に学校での授業の反省と改善を目的としている。

　日本では、学校内の自主的な校内研修として、授業研究が慣習的に行われてきた。その歴史は、明治時代にまでさかのぼるとされる（的場　2010）。長

きにわたる日本の授業研究の伝統は、1990年代後半にアメリカ合衆国で脚光を浴びた。国際数学理科教育調査（TIMSS）の日本の優れた結果を下支えしているのが、学校で自発的に行われている教師の授業研究であるとみなされたためである（Stigler/Hiebert 1999＝湊訳 2002）。こうして授業研究は、「レッスンスタディ」（Lesson study）と英語に翻訳され、日本で蓄積されてきたノウハウが海外に輸出されるようになった。2007年には世界授業研究学会（WALS）が創設されるなど、今やレッスンスタディは国際的な教育テーマの1つとなっている（的場 2012）。

⑶子どもによる授業分析

　授業分析と授業研究の担い手となるのは、何も研究者や教師ばかりではない。授業を受ける子どもが授業分析を行うこともできる。清水良彦（2011）が開発・実施した「子どもによる授業分析」は、授業に参加した子どもたち自身が、記録を基に授業分析を行うユニークな手法である。清水によれば、子どもが授業分析の主役となるべき理由は、第一に「子どもは授業の当事者である」がゆえに研究者や教師とは異なる分析の視点を持つためである。また第二に、子どもが学校の中で最も影響を受けている授業に自ら関わることは、「子どもの権利条約」において求められている「参加」の理念にも適っているという（清水　2011、p. 14）。

表1　「子どもによる授業分析」によって得られた子どもの視点
（清水　2011、p. 18を基に作成）

コード	適用条件	記述例
感想	記述対象の内容に対して感じたことや思ったことを記述している。	ゴミを拾っていたらあとできれいになると思う。【涼奈①】
賛成	記述対象の内容に対して同意している。	涼奈もちょっとはきれいになると思う。【涼奈①】
反対	記述対象の内容に対して同意していない。	そうじゃなくて、波に強い浜崎海岸に（略）【愛子①】
疑問	記述対象の内容の正しさを疑っている。	なぜ海底の砂がとられると思ったのか。【渉①】
納得	記述対象の内容の正しさを認めている。	それも考えられる。【渉①】
評価	記述対象の価値を認めている。	生活の中の事を使っていた所がイイ。【愛子①】
確認	記述対象を対象に含まれる言葉で要約し、理解している。	かんきょうのことを考えている。【悠斗①】
解釈	記述対象を自分の言葉で言い換え、理解している。	かなり現実的なことを言っていた。【悠斗①】
意味付け	記述対象を他の事象との関連から意味を付加している。	「海の中が、ほとんど砂がなくなる」と言わなければ、今の話し合いがなかったなと思いました。【真美①】
反省	記述対象をもとに、振り返りや改善点の指摘を行っている。	ぼくはふざけているのでちゃんとまじめにしたいです。【渉①】

　「子どもによる授業分析」では、子どもたちが過去に受けた授業の記録を分析の対象とする。その際に記録として使用されるのが、授業中に発せられ

た音声を可能な限り文字化した逐語記録と撮影された映像である。子どもたちはこれらの記録に基づいて、独自に作成された「授業分析シート」に気づいたことや考えたことを書き込んでいく。清水は、この授業分析シートの中に、子どもの授業に対する10の視点（コード）が現れていたことを明らかにしている（表1）。子どもによる授業分析は、彼らに授業で学習したことの「再学習」を可能とするのみならず、子ども側の授業に対する見方を可視化させ、教師に子ども理解を深めさせる契機を提供するものであるという（清水 2011、p. 21）。

2．授業分析の対象と方法 ──何をどうやって分析するのか

　以上のように、一口に「授業を分析する」といっても、その担い手は研究者、教師、そして子ども自身と様々である。本章では主に研究者や大学（院）生が行う授業分析について詳述するが、その分析方法も数字を駆使した量的なものから、文字記録を用いた質的な分析までバリエーションが豊かである。

　まずは一般的な授業分析の流れを確認しておこう。その手続きを次の5段階に区分けすることができる（cf. 的場　2014、p. 117）[2]。

① IC レコーダーやビデオカメラ、フィールドノートを用いて授業を記録する。

②記録した情報に基づき、教室内の発話を文字起こしする。この記録を「授業逐語記録」という。その際、発言者の教師は T、生徒は S や C と略記されることが多い（表2）。授業逐語記録は授業分析を行う際の基礎となる資料のため、できる限り忠実に授業中の発話が再現されるように文字化するのが望ましい。また発言者と発話の内容の他にも、発言の時間や板書内容などの情報も必要に応じて加えられることがある。

③完成した授業逐語記録を処理する。例えば、授業の一連の流れをいくつかの局面に区分けすること（分節化）や、授業中に登場した言葉のパターンを統計的に明らかにするといった作業がこれにあたる。

④処理された授業逐語記録を解釈する。例えば、発言された内容同士のつながりを理解することや、発話として文字化されていない感情や意図を読み取る。

⑤解釈を表現する。数字や記号を用いて、明確に表現されていない部分を補足したり、授業逐語記録に解釈者の補足情報を入れることがこれにあたる。

表 2　授業逐語記録
（佐々木（編）1994、p. 43 を基に筆者作成　学校名と教諭・児童名は仮名にした）

〈授業記録〉

「ぼくの家だけあかりがともらない」

1993 年 12 月 10 日（金）　3 校時

A 小学校 5 年国語

B 教諭

T 1　　5 年生になってからどんな詩を習ったか。C さん。

C 1　　「雑草の歌」

T 2　　それから。D さん。

C 2　　「川」っていう詩。

T 3　　「川」っていう詩ね。そうだよね。それくらいかな。もういいでしょう。

このように授業分析は、観察・記録→授業逐語記録の作成→データの処理→解釈→表現という道筋をたどることが多い。しかし、その過程で「何」を「どうやって」分析するのかという点をめぐって、実に様々な立場と方法論が存在している。以下では、その代表的な手法を取り上げてみよう。

(1)定量的な授業分析の方法

日本で授業分析が活性化したのは 1960 年代のことである。当時、海外で開発された分析の手法が、国内で積極的に紹介・応用されていた。これらの授業分析の最大の特徴は、授業内で出現した発話をカテゴリー化・コード化することで、それを定量的に測定する点にあった。

代表的な手法の 1 つとして、フランダース（N. A. Flanders）による相互作用分析法がある（Flanders 1972）。これは、授業中の教師と生徒の間の相

互のやり取りの中身を、数字に変換して可視化させる方法である。その分析の手順は次の通りとなっている（加藤　1977、pp. 20−68）。

①まず、教室内で交わされた発話を文字化し、授業逐語記録を作成する。

②次に、3秒ごとに発話を区切る（この区切りのことを「分析単位」という）。

③表3のカテゴリーを用いて、分析単位ごとに発話をコード化していく。表4の記録は、実際の小学校3年生の社会科の授業の逐語記録をコード化したものである。

④前後の発話同士の組み合わせを、図1のマトリクスの中に記録していく。例えば表4の記録では10（授業の最初は沈黙で始まるため）、6、6、5、5、5……と続くことから、10−6、6−6、6−5、5−5と前後の組み合わせをマトリクスの中に書き込んでいく。

⑤マトリクスの傾向から教師の発言率や生徒の発言率を解釈していく。こうすることで、言葉ではとらえにくい教師と生徒の間のやり取りで生まれている教室の中の「雰囲気」を、数字で表現することができるようになる。

その他の定量的な授業分析として、例えば柴田（2002）は授業中の語彙の登場頻度を分析する手法を開発している。逐語記録の中に出現した単語の内容やその量、そしてその出現パターンを特定することで、どのような言葉がどのようにして授業で影響を及ぼしているのかを明らかにすることができる。

表3　相互作用分析法のカテゴリー
　　　（加藤　1977、p. 25）

教師の発言	間接的影響	(1) 感情を受け入れること
		(2) ほめたり、勇気づけること
		(3) アイデアを受け入れたり、利用すること
		(4) 発問すること
	直接的影響	(5) 講義すること
		(6) 指示すること
		(7) 批判したり、正当化すること
生徒の発言		(8) 生徒の発言—応答
		(9) 生徒の発言—自発性
		(10) 沈黙あるいは混乱

図1　発話を分類するためのマトリクス
　　（加藤　1977、p. 46を基に筆者作成）

表4　小学校社会科の授業記録
（加藤　1977、p.38を基に筆者作成）

教師の発言	児童の発言
はい、それでは、前を向いてください。[6]／さっ、今日の社会科の勉強始めましょう。[6]／今日は[5]／武蔵野市の昔は[5]／どんな様子であったか[5]／調べてみようという勉強でしたね。[5]／	

(2)中間項（記号）を用いた授業分析

　授業分析は、数字を用いて定量的に行われるばかりではない。独自に記号を開発し、それを授業逐語記録に書き込んでいくことで、教師と生徒の思考をより豊かにとらえる手法もある。その代表格として、名古屋大学の研究グループによる「中間項」を用いた授業の分析方法がある。この方法は、授業逐語記録の子どもの発話を、中間項と呼ばれる記号に変換することで、授業中の子どもの思考過程を表現するものである。

　授業逐語記録に書き込むことのできる中間項として、名古屋大学のグループ（的場ほか　2001）は40以上の記号を開発し、それを8つのグループに分類している（表5）。これらの記号の指示内容や数は不変ではない。必要に応じて、さらなる中間項が開発されている。これらの中間項を、授業逐語記録の中に当てはめていくと、表5の用例にあるような子どもの発言の再構成が可能となる。

　授業分析の際に独自の記号を用いることで、子どもの思考や感情といった、表面上の発言だけでは読み取りにくい現象を可視化させることができるようになる。また、逐語記録の解釈を記号で表現することで、解釈者の解釈の過程やその妥当性を他の人に判断してもらうことが容易となる。

　しかしその反面で、発話の機微を中間項で表現しようとすればするほど、それだけ多くの細かな記号を開発する必要が生じる。記号の数が増えてしまえば、実際の分析の際にそれを正確に使いこなすことが難しくなるであろう。

表5　逐語記録に付与する記号（中間項）の種類
（的場ほか　2001、pp. 160-164を基に筆者作成）

	記号の種類	記号	用例
1)	肯定、否定、疑問などを示す記号	→?人 ある人に対しての疑問	原井：柱のもようだってくぎりみたいなのがあるんだけど、それはどうですか。石黒さん。 原井→?石黒(柱のもよう)=(区切りがある)
2)	概念・活動、構想、例示を示す記号	（　） 概念や活動を示す	ぼくの作品はもようじゃない。 (ぼくの作品)≠(もよう)
3)	概念・活動、構想、例示の同一、差異、包含、類似関係を示す記号	＝ 〜である、もしくは〜という属性を有している	永遠に続くっていうのがもようだと思う。 (もよう)＝(続くもの・どこまでも・永遠に)
4)	明示的な論理関係や条件などを示す記号	but しかし	私はもうちょっとやさしい感じを出したかったと思ったけれど、作品がごつごつになってしまった。 〔やさしい感じを出したい・もうちょっと〕but〔作品＞＞＞ごつごつ〕
5)	動詞を含む記号	A・動詞 Aが主語を示す	ぼくは原田くんの作品みたいなもようっていうものをかきたい。 自分・かきたい〔原田の作品のようなもよう〕
6)	後者による前者の限定を示す	A−〔B〕 Bに関するA	どのアイデアで変身させるかというアイデアが浮かばない。 (アイデアー〔どのように変身させるか〕・浮かばない)
7)	概念、活動、構想および例示の変化および変容を示す	＞＞＞ 一つの行為によって、ある事実や事象が生じると考えられる場合、前者から後者への方向を示す	2つ並べたのが、安定する (2つ並べる)＞＞＞安定する。
8)	その他の記号	・ 構成要素をわかつ印	永遠に続くっていうのがもようだと思う。 永遠に続くっていうのがもようだと思う。 (もよう)=(続くもの・どこまでも・永遠に)

(3)刺激回想法

　以上の2つの授業分析の手法は、いずれもICレコーダーやビデオで記録した情報を基に授業逐語記録を作成し、それを処理して解釈することが分析の中心となっていた。しかしそれ以外にも、撮影したビデオの映像をそのまま用いて授業を分析する方法がある。それが、「刺激回想法」である。

　刺激回想法とは、教師や生徒に撮影した授業風景を見せ、授業中に考えていたことや行ったことを事後的に振り返らせる方法である。これは、教師の意思決定や教授方略の研究で用いられることが多い。授業中の振る舞いを後から教師に回想させることで、彼らが即興的に行っている指導上の工夫や生徒に対する対応の妙技を取り出すことができる。

　刺激回想法において、対象者にビデオを見せてコメントを引き出すやり方は様々である。教師に対する研究者側の質問例としては、例えば「この個所であなたは何をしようとしていたのですか。また、なぜそうしようとしていたのですか」や、「そのとき、あなたは別のやり方や方策を考えていましたか」、「この生徒についてどのような注意を払っていましたか」といった問いをあげることができる（渡辺　1991、p.62）。撮影されたビデオに対して、教師が授業中の振る舞いを明確に言語化することのできるような問いかけや、

自由な発話の呼び水を与えることが大切となる。

　刺激回想法では通常の授業逐語記録に加えて、ビデオに対するコメントを文字化した逐語記録も作成する。これを「刺激回想記録」と呼ぶ。刺激回想記録を授業逐語記録と並べることによって、どの授業場面や授業中の発話に対してどのような回想がなされたのかがわかるようになる。表6は、教師が授業の中で予想外の場面に遭遇したときの意思決定について、刺激回想法を用いて分析した記録である（樋口　1995）。ここでは、授業逐語記録と刺激回想記録が併記されるのみならず、教材文（「大造じいさんとガン」）と教師による学習指導案が並べられている。これにより、教師が授業中の予想外の場面への対応をどのように行ったのかという教授方略を読み取ることができる。

表6　刺激回想法を用いた授業記録
（樋口　1995、p. 108）

予想外応答場面の教材文，授業記録，刺激回想記録（「大造じいさんとガン」）

教　材　文	学習指導案	授　業　記　録	刺激回想記録
ハヤブサは、その一わを見のがしませんでした。 じいさんは、ピュ、ピュ、ピュ、と口ぶえをふきました。 こんな命がけの場合でも、かい主のよび声を聞き分けたとみえて、ガンは、こっちに方向を変えました。 ハヤブサは、その道をさえぎって、パーンと一けりけりました。 ぱっと、白いう毛があかつきの空に光って散りました。ガンの体は、ななめにかたむきました。	（発問） ・ピュ、ピュ、ピュという口笛について考えてみよう。 ・じいさんはどんな気持ちで吹いているのだろう。 （予想される児童の応答） ・ハヤブサにやられないうちに早くこっちへ来い。 ・何とかして救いたい。 ・こいつがやられらこの計画が駄目になってしまう。	T2（略）じいさんはこのピュ、ピュ、っていう口ぶえをどんな気持ちでふいてるんだと思う。はい、A男君。 C3　急いで、口ぶえをふいた。カッコ必死に。 T3　必死にふいた。はい、はいどうだろう。必死にふいていた。S美ちゃんどうですか。 C4　私も、必死でガンに合図を送っているんだと思います。 T4　必死でガンに合図を送っている。B太君どうですか。 C5　ぼくも必死に口ぶえを。必死に口ぶえをふいた。 T5　じゃあ、必死にどうしようとしているの。 C6　必死にみんなのところにもどろうとしている。 T6　必死にもどろうとしている。ふうん、なるほど。必死にふいてる。ふっとないかな、どんな気持ち。必死な気持ち。K子ちゃんどうですか。 C7　あせりながらふいている。	T　ここでは、本当は、こっちへこいとか、早く救ってあげなくちゃっていうような、気持ちを出してほしかったんです。どんな気持ちでっていうことだから、だけど、どっちかっていうと、必死で吹いているとか、あせっているとか、あわててるというか、そういうふうな、答が多かったんですよ。 T　ここでやっぱり、じいさんの助けたいっていう気持ちを出したかったんですよね。 T　なかなか、思ったような、救おうとか、助けたいというような気持ちが出てこないものだから、いろんな子に指してみて、それを出させようとしたんですけれども、あまり出てこなかったような気がします。

　以上のように刺激回想法を使えば、授業中の直感的な振る舞いに含まれたコツや指導上の特質を把握することができる。ただし、これは授業について事後的に振り返らせるという手法をとるため、授業中の思考や感情をありのままにとらえることが難しい。授業後しばらく時間が経てば、教師が自身の失敗に対して「弁解がましい回想」（渡辺　1991、p. 61）を振り返りとして

行う場合さえある。またこの手法では、授業中の感覚的・即興的な振る舞い
を、説明可能な言語に変換することから、刺激回想記録自体に「合理化のバ
イアス」（佐藤ほか　1990、p. 179）がかかっているとも指摘されている。こ
の難点を克服するために、佐藤学らの研究（1990、1991）は、①同一授業者
ではなく他の教師の映像を一時停止することなく連続して提示し、観察中の
発話を記録する「オン・ライン・モニタリング」と、②観察後に授業の感想
を振り返りとして記述させる「オフ・ライン・モニタリング」を併用した分
析手法を開発し、熟練教師と初任教師の授業に対する見方や思考の違いを分
析している。

(4)近年の質的な授業研究
―教室談話分析とグラウンデッド・セオリー・アプローチ（GTA）

　これまでの手法に加えて、近年の質的な授業研究の動向として、認知心理
学や人類学の影響を受けた教室談話分析をあげることができる。藤江康彦
（2010）は、「教室談話」を「教室という教育実践の場において現実に使用さ
れている文脈化された話言葉による相互作用」（藤江　2010、p. 172）と定義
する。したがって教室談話分析は、教室という特殊な社会環境下において営
まれている人と人との語りを記述の対象としている。

　フィールドノートやビデオカメラで授業を記録し、逐語記録を作成し、そ
してそれを解釈するという点で、教室談話分析の手続きはこれまで紹介した
分析手法と大きく異なることはない。しかし、授業中の教師や子どもの発話
を、「教室」という場に生じている社会的・文化的な文脈と関連づけて解釈す
る点に、教室談話分析の特徴をとらえることができる（cf. 山森 2005）。すな
わち、逐語記録の中に登場する発話に対し、「なぜこの子どもはこの発言を
ここでしたのか」や、「この語りの背後にはどのような価値観が働いている
のだろうか」といった談話の認知過程や主観的な価値づけを積極的にあぶり
出していくことに、教室談話分析の主眼は置かれているといえる。この分析
手法は、特定の方法論を有する「ハウツー」（山森　2005、p. 170）とは異な
り、分析者のねらいに応じて教室の中で生じている談話を丹念に解釈するこ
とを目指している。そのため、記述の仕方は分析する側の目的や観点に大き

く依存する傾向にある。

　これまで紹介した授業分析の手法には、分析に先立ってデータを読み解く理論的な枠組みが既に構築されているものが少なくなかった。こうした中で、質的研究法としてのグラウンデッド・セオリー・アプローチ（Grounded Theory Approach: GTA と略される）は、データの収集とデータの分析を相互に繰り返す中で、徐々に理論を構築していくという特徴を持っている（フリック2015、p. 107-108）。GTA では、最初に理論や概念を規定してからデータを収集するのではなく、データ収集とその分析を小まめに往還する。これにより、データから理論を練り上げていくと同時に、データの解釈に基づいて次のサンプリングの対象や仕方を変えていくことができる。

　また、木下康仁が GTA を改良して作り上げた修正版グラウンデッド・セオリー・アプローチ（M-GTA）は、データを収集しそれを分析する研究者自身の視点や思考プロセスを積極的に方法論の中に組み込んでいる（木下2003）。M-GTA では、「分析ワークシート」を用いることで、記録された発話や振る舞いから特定の傾向を持つ意味のまとまりが「概念」として抽出され、さらに複数の概念同士のまとまりが「カテゴリー」として区分けされる。こうして抽象度が徐々に高められることで、体系的な理論の形成がねらわれている。

3．何のために授業を分析するのか
―残された問いをめぐって

　本章では授業分析をめぐり、「だれ」が「何」を「どうやって」行うのかを見てきた。当然ではあるが、授業分析に万能の方法論はなく、いずれにも長所と短所、強みと弱点がある。したがって、分析手法の選択に並んで、分析者側の目的や問い（Problematik）を明確にすることが大切となる。美味しい料理を作るために、包丁（方法）を鋭利に研ぐことは必要である。しかし、そもそも作りたいのがイタリアンなのかフレンチなのか（目的）がはっきりしなければ、せっかくの包丁もその鋭さを発揮することはできない。包丁の鋭利さは、優れた目的のもとで使われることで初めて際立つからである。

　それでは、何のために授業を分析するのか―この問いに対する答えは、授

業分析に携わる一人ひとりが自身の問題意識を研ぎ澄ますことで、初めて見えてくるであろう。

学習課題

○授業分析には様々な方法がある。それぞれの方法は、どのような対象をどのように分析するのに適しているか。その長所と短所をあげて整理してみよう。

○１つの授業分析の方法を選び、グループで分析チームと授業チーム（教師役と生徒役）に分かれて、授業分析を実践してみよう。

注

[1] 「授業分析」と「授業研究」の区別は、論者によって様々であり、必ずしも両者の間に明確な区別がつけられていない場合もある。その中には、授業分析という用語を用いず、授業研究という概念に一元化する用法も多く見られる。

[2] 実際に授業分析を行うにあたっては、調査対象の選定や依頼の仕方、データの収集と管理に関する倫理などに事細かな注意を払う必要がある。これらについては、秋田・藤江（2019）に詳しい。

引用・参考文献

・秋田喜代美・藤江康彦編著（2019）『これからの質的研究法』東京図書。

・加藤幸次（1977）『授業のパターン分析』明治図書。

・木下康仁（2003）『グラウンデッド・セオリー・アプローチの実践』弘文堂。

・佐々木俊介編『授業における教師の意思決定に関する実証的研究（その3）』筑波大学教育学系。

・佐藤学・岩川直樹・秋田喜代美（1990）「教師の実践的思考様式に関する研究⑴」『東京大学教育学部紀要』第30巻、東京大学教育学部、pp. 177-198。

・佐藤学・秋田喜代美・岩川直樹・吉村敏之（1991）「教師の実践的思考様式に関する研究⑵」『東京大学教育学部紀要』第31巻、東京大学教育学部、pp. 183-200。

・重松鷹泰（1961）『授業分析の方法』明治図書。

・柴田好章（2002）『授業分析における量的手法と質的手法の統合に関する研究』風

間書房。

・柴田好章（2007）「教育学研究における知的生産としての授業分析の可能性」『教育学研究』第74巻(2)、日本教育学会、pp. 189 - 202。

・清水良彦（2011）「多面的な授業分析の開発的研究」『教育方法学研究』第36巻、日本教育方法学会、pp. 13 - 23。

・樋口直宏（1995）「授業中の予想外応答場面における教師の意思決定」『日本教育工学雑誌』第18巻 3 - 4 号、日本教育工学会、pp. 103 - 111。

・藤江康彦（2010）「授業分析と授業」高垣マユミ編『授業デザインの最前線Ⅱ』北大路書房、pp. 168 - 182。

・ウヴェ・フリック（小田博志監訳）（2015、第 6 版）『新版 質的研究入門』春秋社。

・的場正美（2010）「日本における授業研究の成立と展開」加藤詔士・吉川卓治編『西洋世界と日本の近代化』大学教育出版、pp. 120 - 137。

・的場正美（2012）「世界の授業研究」日本教育方法学会編『教育方法 41』図書文化社、pp. 142 - 154。

・的場正美（2014）「授業分析における分析単位と解釈の機能」『東海学園大学研究紀要 人文科学研究編』第19巻、東海学園大学、pp. 115 - 135。

・的場正美・柴田好章・石原正敬・林憲子・北島信子・山川法子（2001）「授業分析における子どもの発言の再構成（中間項）の位置と意味」『名古屋大学大学院教育発達科学研究科紀要（教育科学）』第48巻第 2 号、pp. 141 - 170。

・山森光陽（2005）「授業を分析する」高垣マユミ編『授業デザインの最前線』北大路書房、pp. 159 - 180。

・渡辺光雄（1991）「教師の意思決定に関する研究方法について」長谷川栄・佐々木俊介編『授業における教師の意思決定に関する予備的考察』pp. 61 - 65。

・Flanders, N. A.（1972）: *Analyzing Teaching Behavior.* Addition-Wesley.

・Prange, K.（1981）: Die erzieherische Bedeutung der didaktischen Phantasie. In: *Bildung und Erziehung.* Jg. 4. S. 393-407.

・Stigler, J./Hiebert, J.（1999）: *The Teaching Gap.* New York. = 湊三郎（訳）（2002）『日本の算数・数学教育に学べ』教育出版。

（田中　怜）

第6章　教育評価

1．戦前の教育評価

　1872（明治5）年の「学制」では、小学校は4年ずつ8等級の上等小学と下等小学とに分かれており、月々の試験で教室の席次が決められ、進級のための試験が半年ごとに行われていた。また、修身科が教科の1つとしてあったため、学業だけでなく態度についても問われた。中学校、高等学校、大学では入学試験が、20歳の成人男子に対しては徴兵検査と同時に壮丁教育調査が実施され、近代日本においては試験という形での評価が定着していった。

　しかし、義務教育制度が導入されると、試験制度に対する弊害が指摘されるようになる。そこで1900（明治33）年の第3次小学校令施行規則では、修了や卒業において「試験を用うることなく児童平素の成績を考査」することが定められ、学齢制とともに学籍簿が導入された。これは、児童生徒の氏名、住所、卒業退学、保護者氏名と職業、出欠席や身体の状況、甲乙丙丁からなる各科目の学業成績を記録する書類である。それとともに、「操行」と呼ばれる児童生徒の心性、道徳的判断、情操といった点も評価されることになった。

　ところが、このような考査法は具体的な方法を有しておらず、教師の主観によって学力と態度が混同される評価が見られるようになった。またその頃海外では、ビネー（A. Binet）が知的障害児を診断するために知能の測定尺度によって分類する知能検査法を1905年に開発した。これはターマン（L. M. Terman）によって1916年に改訂され、正規分布による相対評価や、知能指数を示すIQ（Intelligence Quotient）としてアメリカで普及した。これらの特徴は、尺度や知能指数によって知能を客観的に示そうとしたところにあり、日本においても1920年代になると教育測定運動として影響を受けた。具体的には、岡部弥太郎、田中寛一、久保良英、丸山良二らによってこれら海外の図書や資料が翻訳されて理論的基礎を築くとともに、各教科の学力検査法やスケールが開発された。

　1930年代になるとタイラー（R. Tyler）は、このような測定（measurement）

によって、知能は生得的であるという誤解を生む、試験の結果が社会階層差につながる、事実を暗記することだけが重視されるといった問題点を指摘した。そしてそのような測定に代わって、教育目標を行動目標として示して規準（criteria）とするとともに、推理や洞察といった高次の思考力も対象とする評価（evaluation）という概念を提案した。またそれは評価の対象が児童生徒にあるだけでなく、カリキュラムや教材、指導法といった教師側も対象となることが特徴である。タイラーは、この評価観に立ってアメリカの中等教育カリキュラム改革の「8年研究」に臨み、目標の選択−学習経験の選択−学習経験の組織−結果の評価からなるタイラー原理を提唱した。

2．指導要録と通知表・調査書

　学籍簿は、児童生徒に関する帳簿から指導の記録へと転換するために、1949（昭和24）年に「指導要録」と名称が改められた。学校教育法施行規則では、「校長はその学校に在学する児童等の指導要録を作成しなければならない」とされており、外部に対する証明等の原簿（公簿）と指導のための資料という両方の役割がある。指導要録は、学習指導要領に合わせて改訂されており、これまでの主な改訂内容は表1の通りである。

　現行指導要録は、2019（平成31）年3月に文部科学省より通知が出され、新学習指導要領に合わせて小学校は2020（令和2）年、中学校は2021（令和3）年、高等学校は2022（令和4）年（学年進行）より、それぞれ実施される。今回の改訂では、学習指導要領における資質・能力に沿う形で観点が変更されるとともに、小学校5・6年生における外国語科の新設と、3・4年生で「外国語活動」を実施することによる変更、高等学校における観点別学習状況の導入、さらには教師の勤務負担軽減の観点から所見欄の箇条書き化といった変更が行われる。中学校指導要録の参考様式は、図1の通りである。

　指導要録は「学籍に関する記録」と「指導に関する記録」の2種類からなり、前者は20年間、後者は5年間保存しなければならない。「学籍に関する記録」には、「児童の氏名、性別、生年月日及び現住所」「保護者の氏名及び現住所」「入学前の経歴」「入学・編入学等」「転入学」「転学・退学等」「卒業」「進学先」「学校名及び所在地」「校長氏名印」「学級担任者氏名印」について

表1　指導要録の改訂

年	改訂の特徴
1949（昭和24）年	指導要録、小学校版と中高版、在籍状況、出欠状況、標準検査の記録、身体の記録、行動の記録、学習の記録（小＋2～－2、中高5～1）
1955（昭和30）年	中高を分ける、身体の記録の簡便化、20年保存、「評定」と「所見」に区分（評定：5～1相対評価、所見：○×空欄）、行動の記録（道徳的価値、傾向性）
1961（昭和36）年	学習の記録（評定5～1、所見○×、備考）、行動及び性格の記録（事実の記録、評定ABC）、「身体の記録」から「健康の記録」へ
1971（昭和46）年	「健康の記録」削除、学習の記録の所見欄全項目に○×記入、「特別活動の記録」新設、行動及び性格の記録（評定ABC、所見）
1980（昭和55）年（高校は1981（昭和56）年）	学習の記録（評定〈低学年は3～1〉、観点別学習状況〈＋－空欄〉、所見〈自由記述〉）、特別活動の記録（活動への意欲、集団への寄与に○印）、行動及び性格の記録（評定ABC→＋－空欄へ）
1991（平成3）年（高校は、1994（平成6）年）	「学籍に関する記録」と「指導に関する記録」の区分、後者は5年保存、観点別学習状況（ABC絶対評価）、評定（小1・2年廃止、3～6年は3～1の3段階、中学校必修教科と外国語は5～1、中学校選択教科はA～C相対評価、高校5～1。絶対評価を加味した相対評価。）、特別活動の記録（十分満足できる状況にある場合に○印）、行動の記録（十分満足できる状況にある場合に○印）
2001（平成13）年	「総合的な学習の時間の記録」新設（学習活動、観点、評価〈文章で記入〉）、「行動の記録」の見直し、「所見」欄の統合
2010（平成22）年	小学校「外国語活動の記録」新設（観点、評価〈文章で記入〉）、中学校選択教科廃止による書式の整理

それぞれ記入する。この他高等学校については、「留学等」「各教科・科目等の修得単位数」についても記録する。

　「指導に関する記録」は、「各教科の学習の記録」「道徳科の記録」「外国語活動の記録」「総合的な学習（探究）の時間の記録」「特別活動の記録」「行動の記録」「総合所見及び指導上参考となる諸事項」「出欠の記録」について、学年ごとに作成する。また特別支援学校については、自立活動の記録や入学時の障害の状態とともに、個別の指導計画を踏まえた記述とする。

　このうち、「各教科の学習の記録」には、「観点別学習状況」と「評定」がある。「観点別学習状況」は、「知識・技能」「思考・判断・表現」「主体的に学習に取り組む態度」からなり、「十分満足できる」状況をA、「おおむね満足できる」状況をB、「努力を要する」状況をCとする。また「評定」については、小学校1・2年生については記入せず、3年生以上について「十分満

足できる」状況を 3 、「おおむね満足できる」状況を 2 、「努力を要する」状況を 1 とする。中学校および高等学校については、 5 段階で記入する。

「特別の教科　道徳」（小・中学校のみ）は、学習状況や道徳性に係る成長の様子を個人内評価として文章で記述する。「外国語活動の記録」（小学校のみ）は、知識・技能、思考・判断・表現、主体的に学習に取り組む態度について、児童にどのような力が身についたかを文章で記述する。「総合的な学習（探究）の時間の記録」は、学習活動、観点および評価について、文章で記述する。「特別活動の記録」および「行動の記録」（小・中学校のみ）は、それぞれの観点および項目について、十分満足できる状況にあると判断される場合、学年ごとに〇印を記入する。

「総合所見及び指導上参考となる諸事項」は、上記の各項目に関する所見や、進路指導に関する事項（高等学校のみ）、取得資格と生徒が就職している場合の事業所（中・高等学校のみ）、児童・生徒の特徴・特技、部活動（中・高等学校のみ）、学校内外におけるボランティア活動など社会奉仕体験活動、表彰を受けた行為や活動、学力について標準化された検査の結果等、指導上参考となる諸事項を箇条書き等により記述する。「出欠の記録」は、授業日数、出席停止・忌引等の日数等について記録する。なお、文部科学省の通知において、不登校児童生徒が学校外の公的機関や民間施設において相談・指導を受けている場合や、自宅において ICT 等を活用した学習活動を行う際には、指導要録上出席扱いとできるとされている。

指導要録に対して、児童生徒に手渡す書類として通知表（通知票、通信簿）があるが、これは法的には定められておらず、作成や書式は各学校の任意である。それゆえ、通知表のない学校や、観点別評価のみあるいは素点評価等、様々な方法がとられている。また、調査書は学校教育法施行規則第78条において、校長は、中学校卒業後、高等学校、高等専門学校その他の学校に進学しようとする生徒のある場合には、調査書を送付する義務があるとされている。大学入試についても、文部科学省から「大学入学者選抜実施要項」が毎年通知されており、調査書の書式や記載方法が示されている。これらはいずれも、指導要録の内容に基づいており、その意味で指導要録は児童生徒の成績評価に対する原本の役割を果たしている。

中 学 校 生 徒 指 導 要 録 （参 考 様 式）

様式1 （学籍に関する記録）

区分 学年	1	2	3
学 級			
整理番号			

		学 籍 の 記 録					

	ふりがな		性	入学・編入学等	年　月　日 第1学年 入学
生 徒	氏 名		別		第　学年編入学
	生年月日	年　　月　　日生		転　入　学	年　月　日 第　学年転入学
	現住所				
保 護 者	ふりがな			転学・退学等	（　　　年　　月　　日） 年　　月　　日
	氏 名				
	現住所			卒　業	年　　月　　日
入学前の経歴				進 学 先 就 職 先 等	

学 校 名 及 び 所 在 地 （分校名・所在地等）	

年　度	年度	年度	年度
区分 学年	1	2	3
校長氏名印			
学級担任者 氏 名 印			

図1　中学校生徒指導要録（参考様式）

様式2（指導に関する記録）

生　徒　氏　名	学　校　名	区分＼学年	1	2	3
		学　　級			
		整理番号			

各　教　科　の　学　習　の　記　録

教科	観　点＼学　年	1	2	3	教科	観　点＼学　年	1	2	3
国語	知識・技能					知識・技能			
	思考・判断・表現					思考・判断・表現			
	主体的に学習に取り組む態度					主体的に学習に取り組む態度			
	評定					評定			
社会	知識・技能								
	思考・判断・表現								
	主体的に学習に取り組む態度								
	評定								

特　別　の　教　科　道　徳

学年	学習状況及び道徳性に係る成長の様子
1	
2	
3	

数学・理科・音楽・美術・保健体育・技術・家庭・外国語 各観点（知識・技能／思考・判断・表現／主体的に学習に取り組む態度／評定）

総　合　的　な　学　習　の　時　間　の　記　録

学年	学習活動	観点	評価
1			
2			
3			

特　別　活　動　の　記　録

内容	観点＼学年	1	2	3
学級活動				
生徒会活動				
学校行事				

生 徒 氏 名

行 動 の 記 録

項　目 ＼ 学　年	1	2	3	項　目 ＼ 学　年	1	2	3
基本的な生活習慣				思いやり・協力			
健康・体力の向上				生命尊重・自然愛護			
自主・自律				勤労・奉仕			
責任感				公正・公平			
創意工夫				公共心・公徳心			

総 合 所 見 及 び 指 導 上 参 考 と な る 諸 事 項

第1学年	
第2学年	
第3学年	

出 欠 の 記 録

区分 学年	授業日数	出席停止・忌引等の日数	出席しなければならない日数	欠席日数	出席日数	備　　考
1						
2						
3						

133

3．ブルームモデルと到達度評価

　シカゴ大学において、タイラーの下で 8 年研究にも携わったブルーム（B. S. Bloom）は、1956年に『教育目標の分類学（taxonomy）』を刊行した。相対評価を批判したブルームは、テスト作成の共通枠組みとなる教育目標を行動目標として示した。それは、「認知（cognitive）領域」「情意（affective）領域」「精神運動（psychomotor）領域」の 3 領域（「精神運動領域」は未完成）からなる。

　認知領域は、「知識－理解－応用－分析－総合－評価」の 6 段階である。これらは、例えば、「知識」は「具体的知識」「具体的なものを取り扱う方法及び手段についての知識」「概括や抽象についての知識」のように、それぞれさらに細分化される。同様に、情意領域は「受け入れ－反応－価値づけ－組織化－個性化」に分類される。分類学という名の通り、理論上は各領域において無限に目標が細分化され、しかも評価者の主観によらない行動目標として共通化される。

　またブルームは、ブロック（J. H. Block）やキャロル（J. B. Carroll）らとともに、「完全習得学習（mastery learning）」の理論を提唱した。これは、学習者のレベルにふさわしい行動目標を細かく示して、その目標に到達するのに適切な指導方法を使い、十分な学習時間をかけることで、すべての学習者が内容を完全習得するという考えである。評価方法も、学習前に学習者を適切に位置づけ克服すべき課題を発見する診断的評価、学習中に授業の理解や困難を見出してそれらを克服する形成的評価、学習後に成果や課題を確認する総括的評価が実施され、個に応じた目標設定と到達度の確認が行われる。このように、ブルームは相対評価や学力の正規分布を否定して、誰もが平等な結果をもたらすように働きかけた。

　2000年代になると、アンダーソン（L. W. Anderson）やマルザーノ（R. J. Marzano）によって、教育目標の分類学の改訂版が提案された。行動主義から認知主義へという心理学研究の進展とともに、両者は知識と思考とを分離した 2 次元モデルにしたことが共通点としてあげられる。具体的には、アンダーソンは知識の次元を「事実的知識」「概念的知識」「手続き的知識」「メタ

認知的知識」の４つに分類した。また認知過程の次元については、「記憶－理解－応用－分析－評価－創造」の６段階からなる。これに対してマルザーノのモデルは、知識の領域を「情報」「心的手続き」「精神運動的手続き」の３つとした。また、思考システムの次元については、「再生－理解－分析－知識活用」からなる「認知システム」に、「メタ認知システム」および動機づけや情動と関わる「自己システム」の計６つのレベルがある。

ブルーム理論は、日本において1980年代に到達度評価として取り入れられ、京都府などを中心に実践された。到達度評価とは、行動目標を具体的に示して児童生徒一人ひとりを絶対評価することを意味するが、より広義には1970年代までの教育内容の高度化や受験競争の激化に伴う「詰め込み教育」や「落ちこぼれ」の増大といった問題に対して、「すべての子どもに確かな学力を」をスローガンとした教育運動を意味する。

民間教育研究団体である全国到達度評価研究会においては、到達目標である認識形成過程と方向目標である情意形成過程の統一を目指しており、わかる・できることによって意欲も向上するというモデルが示された。また、ブルームの分類学についても、「場面理解－場面操作－事実・用語・法則・原理の理解－法則・原理の適用」といった独自の４段階を示している。さらに、指導要録においても観点別学習状況の中で絶対評価が用いられるが、到達度評価においては「同分母の加法・減法ができる」のように、各教科の指導内容や単元に即した目標を設定するという点で異なる。そして、診断的・形成的・総括的評価を用いながら、すべての児童生徒が目標に到達できるための授業づくりが目指された。

４．真正の評価とポートフォリオ

ブルームモデルの改訂とは別に、アメリカでは1990年代に共通教育目標としてのスタンダードや標準テストによる成果確認が各州において実施され、児童生徒や学校にとって利害の大きいハイ・ステイクスなテストとなった。テストのための知識中心の授業やドリルによる学習が行われるにつれて、三角関数の公式を知っていても測量や太陽の角度を測定できるのか、農家が気候、土壌、消費者のニーズ、苗の原価、人件費等を考えながら畑に何を育て

ればよいかといった、現実や社会との関連が問い直された。

　これについて、「真正の（authentic）評価」を主張したのが、ウィギンズ（G. Wiggins）である。真正性とは、実生活や職業といった現実場面において、知識の再生や応答ではなく自ら知識を作り出したり判断したりすることを意味する。このような評価法として、ウィギンズがマクタイ（J. McTighe）とともに提案したのが、逆向き設計に基づくパフォーマンス評価である。「逆向き設計」とは、「結果－評価（証拠）－学習計画と指導」の順にカリキュラムを設計することを意味する。特に、目標達成の証拠を明示するために、評価方法も文脈に即したパフォーマンス課題を考える必要がある。具体的には、児童生徒の学習活動の様子を直接評価することや、学習の成果としての発表（会）やプレゼンテーション、さらには学習の状況を記述したポスターやノート等がパフォーマンス評価の対象となる。

　日本においては、1998（平成10）年版学習指導要領において創設された「総合的な学習の時間」の評価方法として、ポートフォリオ評価が取り入れられた。ポートフォリオ（portfolio）とは、紙ばさみやファイルを意味するが、株や債券をどのような比率で組み合わせて資産運用するかといった際にも用いられる。それゆえポートフォリオ評価においては、学習活動の最終的な結果だけでなく、過程においてどのような学びの成果があったのかを、収集した資料や観察、聞き取り等の記録や考察とともに児童生徒がノートやファイル、あるいはコンピュータ上にまとめる。教師はポートフォリオを、単元終了時のみならず、学習活動ごとに確認して評価とともに必要な助言等も行う。総合的な学習の時間は、児童生徒の主体的な活動や探究が中心であり、学習テーマも異なる場合が多いので、ポートフォリオに即して学習過程に対する個人のパフォーマンス評価を行い、かつ指導と一体化することが可能になる。

　その一方で、パフォーマンス評価やポートフォリオ評価は、教師の主観的評価に陥る恐れがあり、信頼性や妥当性に課題がある。この点について、パフォーマンスに関する質的な評価指標を意味するルーブリック（rubric）が定められる。評価の観点は、汎用性のレベルによっても異なるが、例えば「リサイクルについて、資源の種類や地域の実態に応じた回収の方法を提案しな

がら発表する」のように、具体的な記述語を取り入れながら設定する。また、「リサイクルについて、実施している自治体の例を比較する」「リサイクルについて、インターネットの内容をそのまま説明する」のように、パフォーマンスの質に応じて得点あるいは ABC といった尺度を設ける。

さらに、信頼性を高める点から複数人による評価や、児童生徒の自己評価、あるいは児童生徒と教師、児童生徒同士といった相互評価も行われる。だが複数では評価に幅やずれが生じるため、モデレーション（moderation）という調整操作が行われる。モデレーションは、指標そのものを調整する場合と、評価結果のずれを相互に検討して調整する場合とがある。ポートフォリオ評価は、個人内の成長や課題を振り返り、次への改善に活かすという役割もあるため、児童生徒が自身の評価を基に主体的に活動するという学習の本質につながる点が特徴である。

5. 学力調査と高大接続

経済協力開発機構（OECD：Organisation for Economic Co-operation and Development）は、「教育政策委員会」や「教育研究革新センター（CERI：Centre for Educational Research and Innovation)」を設置するとともに、各国の教育機会・在学・進学の状況や教育への投資等を比較して労働市場や経済との関係を明らかにすることを目的とした教育インディケータ事業等を実施している。その一環として、2000年に開始されて3年ごとに実施している国際学力調査が、PISA（Programme for International Student Assessment）である。第1回調査では OECD 加盟国（地域）28か国を含む32か国が参加したが、2018年調査では OECD 加盟国37か国を含む79か国が参加した。

PISA 調査は15〜16歳の生徒を対象に、読解力、数学的リテラシー、科学的リテラシーの3分野について実施される。この他に、問題解決または協同問題解決能力、デジタル読解力・デジタル数学的リテラシー、グローバルコンピテンシーといった調査が、回によって実施される。その内容は、例えば読解力においては、在宅勤務に関する2人の意見文を読ませた上で、2つの文章の関係について考えさせる問題や、数学的リテラシーでは、帆船に関する短文を読みながら、船のデッキ上で測定した風速が24km/h のときの凧の

ような帆に吹き込む風の速さを考えさせるといった活用型の問題である。

　日本は、第 1 回の結果は、数学的リテラシーは 1 位であったものの、科学的リテラシーは 2 位、読解力は 8 位であった。その後は、読解力が14位→15位→ 8 位→ 4 位→ 8 位→15位、数学的リテラシーが 6 位→10位→ 9 位→ 7 位→ 5 位→ 6 位、科学的リテラシーが 2 位→ 6 位→ 5 位→ 4 位→ 2 位→ 5 位と、上位ではあるものの課題も残されている。また国際的には、当初はフィンランドが上位となり世界の注目を浴びたが、近年の調査では北京、上海、香港、シンガポールといったアジア圏の国や地域が上位となっている。

　なお、PISA と同様の国際調査には、国際教育到達度評価学会（IEA：International Association for the Evaluation of Educational Achievement）によって、1995年から小学 4 年生と中学 2 年生を対象として 4 年に 1 回行われる国際数学・理科教育調査（TIMSS：Trends in International Mathematics and Science Study）がある。

　PISA の影響もあり、国内においては2007（平成19）年より全国学力・学習状況調査が小学 6 年生および中学 3 年生を対象に実施された。これは、毎年 4 月にすべての国公立小・中学校および希望する私立校に対して同一日程で実施される。ただし2010（平成22）年と2012（平成24）年は、 3 割抽出＋希望校という形であり、2011（平成23）年は東日本大震災のため中止となった。実施教科は、国語と算数（数学）に加えて、理科と英語がそれぞれ 3 年おきに行われる。これまで、国語と算数（数学）は知識に関するA問題と活用に関するB問題とに分かれていたが、2019（平成31）年からは一体的に出題している。また、児童生徒に対する学習意欲、学習方法、学習環境、生活の諸側面等に関する質問紙調査を、学校に対する質問紙調査とともに別途実施している。

　2019（平成31）年の場合、国語の平均は小学校64.0％、中学校73.2％であり、算数・数学は小学校66.7％、中学校60.3％、英語は56.5％と、60％前後の得点となっている。特に、目的や意図に応じて自分の考えの理由を明確に書くことや、結論が成り立つための前提を考え、新たな事柄を見出し説明するといった点、および英語の文を書くことや即興でやり取りすることには課題がある。質問紙調査については、児童生徒の興味関心は増加傾向にあるとと

もに、学校外での英語の使用機会が多い生徒は興味関心および平均正答率が高いといった結果が見られた。さらに都道府県別の結果については、秋田県、石川県、富山県、福井県などが例年上位になっている。

このような状況の中、高大接続の観点から大学入試においても新たな試みが考えられている。高大接続システム改革会議が2016（平成28）年に提出した報告では、「高等学校基礎学力テスト（仮称）」および「大学入学希望者学力評価テスト（仮称）」の導入が提言された。特に後者は、英語4技能の重視、思考力・判断力・表現力と関わる記述式試験の導入と段階別評価、理数や歴史における総合型の出題、CBT（Computer Based Test）方式での実施といった、大学入試センター試験とは異なる点が特徴である。

その後、これらは「高校生のための学びの基礎診断」および「大学入学共通テスト」という名称となり、前者は民間業者が開発した学力テストや検定試験を文部科学省がツールとして2018（平成30）年に認定した。また後者は、2021（令和3）年1月に実施することが決定されたが、英語の試験問題を大学入試センターが作成せずに民間の検定試験の結果を大学に提供することや、国語と数学Ⅰにおいて30〜120字程度、あるいは数式や方略を記述する問題が出されることについては当面導入が見送られた。そのため、「高校生のための学びの基礎診断」や上記以外の提案についても、高大接続改革の本質とは方向性が変わりつつある。

学習課題

○小学校・中学校・高校時代の通知表を持ち寄り、指導要録や国立教育政策研究所「通信簿に関する調査研究」（2003（平成15）年、https://www. nier. go. jp/kiso/hyouka/）等と比較しながら、特徴について考えてみよう。

○ PISA や全国学力学習状況調査の問題を解きながら、日本の児童生徒が苦手だと思われる問題とその理由、および授業における改善方策について考察してみよう。

引用・参考文献

・G.ウィギンズ・J.マクタイ（著）、西岡加名恵（訳）（2012）『理解をもたらすカリキュラム設計　―「逆向き設計」の理論と方法―』日本標準。
・経済協力開発機構（OECD）（編著）、国立教育政策研究所（監訳）（2016）『PISA2015年調査　評価の枠組み― OECD 生徒の学習到達度調査―』明石書店。
・田中耕治（2008）『教育評価』岩波書店。
・西岡加名恵（2016）『教科と総合学習のカリキュラム設計―パフォーマンス評価をどう活かすか―』図書文化。
・伯井美徳・大杉住子（2017）『2020年度大学入試改革！　新テストのすべてがわかる本』教育開発研究所。
・B. S. ブルーム（著）、梶田叡一・渋谷憲一・藤田恵璽（訳）（1973）『教育評価法ハンドブック―教科学習の形成的評価と総括的評価―』第一法規。
・R. J. マルザーノ・J. S. ケンドール（著）、黒上晴夫・泰山裕（訳）（2013）『教育目標をデザインする―授業設計のための新しい分類体系―』北大路書房。

（樋口直宏）

第3部　教育実践論

第1章　授業研究と実践の系譜

1．教育科学研究会と斎藤喜博

　日本の教育実践は、文部科学省や教育委員会による教育課程および方法の開発とともに、学校現場の教員による草の根的な授業研究が、質の高さを支えてきた。戦前においても大正自由教育や生活綴方をはじめとする運動も見られたが、戦後になると、高い組織率を保ってきた教職員組合の研究活動とも関わりながら、民間教育研究団体と呼ばれる教員と研究者による自主的組織が数多く誕生した。これらの民間教育研究団体は、1959（昭和34）年に日本民間教育研究団体連絡会（民教連）を結成した。ただし、「民教連」と称する団体には、教科書および教材会社の研究機関を中心とする「民間教育研究所連盟」や、学習塾団体である「民間教育連盟」等もある。

　主な民間教育研究団体として、国語には児童言語研究会、日本作文の会、文芸教育研究協議会、社会・生活・総合には歴史教育者協議会、日本生活教育連盟、算数・数学には数学教育協議会、理科に科学教育研究協議会、体育に学校体育研究同志会といった団体がある。さらに、日本演劇教育連盟、松本キミ子による絵画指導法であるキミ子方式、竹内敏晴や鳥山敏子による身体論や演劇的手法に基づくからだとことばのレッスンなど、教師とは異なる実践家や芸術家等による授業研究や実践活動も行われている。

　これらの民間教育研究団体の中で、最も歴史ある組織が教育科学研究会（教科研）である。教育科学研究会は、心理学者でもある城戸幡太郎を会長に1937（昭和12）年に結成されたが、戦時中に一時解散して1952（昭和27）年に再結成した。宗像誠也、宮原誠一、勝田守一といった東京大学の教授陣が研究者として加わり、機関誌である『教育』は現在も毎月刊行されている。「『教育』を読む会」をはじめとする各地のサークルで研究活動が行われるとともに、春休みと夏休みには全国研究集会が開催され、「能力・発達・学習」「身体と教育」「自然認識と教育」「平和・人権と教育」といった、授業実践に

とどまらない複数の分科会に分かれて実践報告等が行われる。

　このうち、言語学者の奥田靖雄らによる国語部会は、文字や文法の指導について、独自の理論に基づいて教材『にっぽんご』を開発した。従来の文法指導においては、単語と意味を結びつける語形法や語論を中心に教えていたのに対して、単語を音節に分解してそこに文字を対応させるという音声法に基づく指導、および「読んだ」「読もう」「読むだろう」等を一語として扱い、文法的にどのような意味があるかを説明する形態論に基づく文法の指導法を行った。『にっぽんご』は、「もじのほん」「文法」「語い」「漢字」等の教材から成り、入門期においては音節を表す独自の記号が文字に振られて指導されるとともに、一音節から二音節へ、破裂音グループと鼻音グループ、字形の似ている文字の比較といった、系統的な指導が重視された。また、「ひとやいきものをさししめすたんご」「うごきをさししめすたんご」のように、低学年から品詞を意識した系統的な指導を行っている。

　これに対して、教育科学研究会において教授学部会に所属した後、独立して教授学研究の会を主宰したのが斎藤喜博である。1950年代から60年代にかけて群馬県の島小学校等の校長を務め、そこで毎年開催された公開研究会には、全国から多くの教師が訪れた。そこでは、授業のみならず児童と職員による合唱、舞踊や演劇、職員による研究発表と討議が行われた。それとともに、『島小研究報告』『学校づくりの記』『授業入門』『教育学のすすめ』等多数の著書を執筆した。校長退職後の斎藤は、全国の学校で指導するとともに宮城教育大学の教授にも就いた。

　斎藤は、介入授業と称されるように授業中に教室に入って担任の代わりに授業を進めることもあった。著書『未来誕生』では、3年生国語の教科書「山の子ども」にある「あきおさんとみよ子さんはやっと森の出口に来ました。」という文の出口の位置をめぐって、「境界線の見えるところ」という子どもたちとは異なる解釈をあげた例が取り上げられている。これは「ゆさぶり」と呼ばれる技術であり、正しい答えや解き方だけを教え込むのではなく、現実認識を拡大深化させ再創造しながら、真理を追求することを強調している。なおこの場面の解釈は、1970年代後半に宇佐美寛をはじめとする教育学者によって、「出口論争」と呼ばれる雑誌上での論争を引き起こしている。

２．水道方式

　水道方式は、数学者である遠山啓を中心に1951（昭和26）年に結成された数学教育協議会（数教協）による、計算練習の方式である。当時の戦後新教育について、遠山は数理の体系を無視した生活体験主義、生産を無視した消費生活中心の内容、低い学力水準の３点から批判する。また銀林浩らとともに、水道方式の考え方に基づいた検定教科書『みんなのさんすう』を1960（昭和35）年に刊行するが、検定や採択での支障があり、1965（昭和40）年からは市販本『わかるさんすう』として再出版されている。

　「水道方式」の名称は、一般から特殊へと問題を進めるという原理を、水源地（素過程、標準型）から水道管（複合過程、分岐型）へと例えたことに由来している。当時の日本における算数、数学教育は、数え主義および暗算中心の方法であった。数え主義とは順序数に基づく考え方であり、数を暗記させてそれをもとに加法や減法を暗算で行う方法である。これに対して、水道方式では数を集合数と見なし、量の観点から筆算中心の方法を採用した点が特徴である。

　具体的には、媒介物として正方形のタイルを用いて、それを数に置き換えて計算する（図１）。量の観点に立てば、１はタイル１個を表し、３は数え主義のように２の次と考えるのではなく、１のタイルが３個あることを表す。この考え方は、繰り上がりを理解する際に有効である。すなわち、10は１のタイルが10枚あると同時に、それを１列に結合させて、長方形の10のタイルが１本あると見なす。同様に、40は10のタイルが４本であり、10のタイルが10本になれば、100を表す大きな正方形のタイルが１枚できる。数字を置き換える媒介物にはおはじきや計算棒もあるが、繰り上がりを視覚的に表すには正方形のタイルが最も適している。

　計算練習は、このタイルを用いて行われる。例えば、347+165という加法の計算においては、まず347と165がそれぞれタイルに置き換えられる。そして同じ形のタイルどうしで順に計算する。すなわち、１の位７個と５個を結合させ、10の位の１本と１の位２個ができる。次に10の位４本と６本および１の位の計算でできた１本を加え、100の位１枚と10の位１本ができる。同様

に100の位についても、3枚と1枚と1枚を合わせ、5枚ができる。これを再び数字に置き換え、答えである512が導かれる。授業においては、タイルを実際に操作および図に示しながら指導するともに、各位どうしを量として計算し、タイルの結合によって繰り上がっていく筆算による方法であることを理解させる。

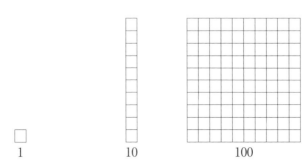

1　　　　　　　　　10　　　　　　　　　100

1のタイル（個）　　　10のタイル（本）　　　100のタイル（枚）
図1　水道方式におけるタイル

　実際の授業においては、素過程から複合過程へと問題を型分けして、どういう順序で提示するかについても重視される。例えば先の3桁＋3桁の加法では、まず222+222のような繰り上がりのない計算が最初に提示される。次に、220+222のように0を含む計算を行い、その後222+229のような1の位で繰り上がりが生じる問題を提示する。それから、大きな数を扱うのが原則である。練習の仕方も、典型的な例題についてはタイルを用いるが、習熟させる練習問題ではしだいにタイルを使わずに計算させていく。

　減法については、加法がタイルの結合であったのに対して、繰り下がりにおいてタイルを分離していく。また、減法の文章題の指導においては、「遊んでいる子ども7人のうち男の子4人を除いたら、残りの女の子は何人ですか」といった求補型の問題および「りんごが5こあります。2ことると、あといくつ残りますか」といった求残型の問題を先に扱い、最後に「男の子が7人、女の子が4人います。男の子は女の子より何人多いですか」といった求差型の問題を扱う方が理解しやすい。

　乗法については、1あたりの量がいくらあるかを知って全体の量を求める

計算と定義する。例えば、1皿に3個のケーキがのっていて、4皿分のケーキの個数を求める計算においては、3＋3＋3＋3と加法によって指導するのではなく、内包量×外延量、すなわち3（個／皿）×4皿という考え方をとる。こうすることで、例えば「1mが8gの針金0.6mの重さは何gか」という小数を用いた問題に対しても、0.6回加えるという誤りを避けることができる。除法についても乗法と同じ考え方にしたがって、1あたり量（等分除）もしくはいくつ分（包含除）を求めさせようとする。分数の計算も、水道方式で可能である。

　水道方式は、学校だけではなく学習塾においても取り入れられている。また遠山自身は、1970年代には八王子養護学校において知的障害児の教育にも携わった。そこでは、数を認識する以前の数概念の萌芽を重視した原数学や原教科を構想して、『歩きはじめの算数』を出版した。さらに晩年は、太郎次郎社を創設して板倉聖宣らとともに、雑誌『ひと』を1973（昭和48）年に刊行した。教材の選択者にならないように教師の意識を変えるとともに、民間教育研究団体の枠組みにとらわれず、合宿「ひと塾」等の活動を通して親も市民もともに参加する新しい形の教育運動を目指していた。

3．仮説実験授業と極地方式

　仮説実験授業は、1963（昭和38）年に当時国立教育研究所に勤務していた板倉聖宣によって提唱された。「たのしい授業」を目的とする仮説実験授業の原理は、3点にまとめられる。第一は、科学上の最も基本的な概念、原理、原則を教えるということである。それは、1つ1つの事象について学ぶことを軽視するわけではない。むしろ仮説実験授業においては、具体例を必ず取り上げることによって、基本的な概念、原理、原則に到達させようとする。第二は、科学的認識は実験を通してのみ成立するということである。子どもたちが自分自身の考えや予想を持って自然に問いかけていくことを、仮説実験授業では重視する。子どもは教師から科学の結果や法則のみを説明されるのではなく、自ら予想することによって、授業に主体的に取り組むことを可能にする。第三は、科学的認識は社会的な認識であるということである。これは、社会的に協力しながら、自分自身が確かめなくても安心して使えるよ

うな知識の体系として、科学を教えることを意味する。このため、他者の実験に関する読み物を学習することも、仮説実験授業では行われる。

　授業にあたっての最も大きな特徴は、「授業書」と呼ばれる、独自に編集した本を使用することである。授業書は、「ものとその重さ」「ばねと力」「足はなんぼん？」など、一単元を一冊として作成されている。理科だけでなく、「鹿児島と明治維新」「広さと面積」「漢字と漢和辞典」など、他教科にもわたっていて、約100種類の授業書がある。だがすべての単元に授業書が作られているわけではないので、学校においては該当する単元のみを仮説実験授業の方法で行うことになる。

　授業書は複数の問題から成り立っていて、授業においては問題を一題ずつ解きながら、授業書に沿って進める。各問題は、主として実験や観察に関する内容で、あらかじめ答えの候補が選択肢になって載っている。子どもは一人ひとり、正しい選択肢はどれかを予想する。その意味で、問題はできるだけ予想が分かれる内容の方が、子どもにとっては興味深いものとなる。予想を立てたら教師が集計し、どうしてその予想を立てたのか理由を発表する。さらに討論によって、異なる予想をした者どうしが互いに質問したり、他者の予想および理由の誤りを指摘したり、自分の予想の正しさを主張する。ただし、理由の発表や討論の活発さについては、仮説実験授業では問わない。最後に、予想の変更がないかを確認し、実験や観察を行う。このように、問題−予想−討論−実験を1つのサイクルとして、それを繰り返しながら授業書を進めていく点が特徴である。

　これに対して極地方式は、高橋金三郎や細谷純を中心とする極地方式研究会によって、1970（昭和45）年に提唱された。極地方式という名称は、登山や探検の際にベースキャンプ、前進キャンプを順次設ける方法に由来している。すべての子どもに高いレベルの科学をやさしく教えるための方法を考える過程を、極地探検になぞらえたのである。極地方式は理科の授業改善を中心としているが、道徳や総合的な学習の時間へと広がりを見せている。

　極地方式は、仮説実験授業のように、テキスト（学習ノート）を単元ごとに作成することを基本とする。しかしそれは、選択肢を用いながら書いてある内容の通りに進むのではなく、質問および実験が中心に書かれていて、あ

くまでも学習のめやすとなっている。教授の原理は、「生兵法実践主義」「ジグズデン・ザグズデン（Zigzden Zagzden）方式」と呼ばれる。すなわち、半わかりでよいから自分の考えを適用し、失敗しながら法則をつくりあげることや、以前に使用した法則を作りかえて、ジグザグに進むことが基本となる。

　極地方式は、授業の進め方という点では大きな特徴はないが、何を題材とするかについての選択や、その順序、および提示や問いかけ方を工夫した。それは、教育心理学の観点からさらに深められている。例えば、細谷はルーレグ法（ruleg system）を援用しながら、子どものつまずきとその解決のメカニズムを明らかにすることによって、「わかる授業」づくりの原理を考察している。すなわち、子どもが課題を解決するのは、一定のルールシステム（ru）を獲得することであるのに対して、つまずくというのは誤ったルールシステム（r̄u：ルバー）を所有している状態であると考える。したがって授業においては、r̄uをruに変える作業が行われる。そしてその組みかえの方略として、「ドヒャー型」と「じわじわ型」の2つを提案した。

　「ドヒャー型」とは、子どもの予想がはずれた時の驚きの声から来ている。すなわち、子どもが自分のr̄uに確信を持っている場合であるほど、子どもにとっては誤りが印象づけられ、ドヒャー型の効果は大きいことになる。そこで、多くの子どもの予想がはずれるような問題を提示することが必要になる。例えば、「じしゃく」の単元における磁石を2つに折る実験などは、N（S）極一方のみの磁石になると考えている子どもにとっては、予想がはずれた驚きは大きく、磁石の原理をより深く探究するようになるだろう。

　これに対して、「じわじわ型」とは、子どもの予想が当たりやすいような問題から、ruへと「じわじわ」と接近し、r̄uをruへと組みかえる方略のことである。こうすることによって、前の学習が次の課題に取り組む際の基礎となり、子どももruを獲得しやすくなる。例えば、磁石を2つに折る実験も、その前に2つの棒磁石をつなげた状態を提示して、それを引き離した場合の極はどうなるかという問題を入れておけば、2つに折るということと2つに分かれるということが関連して、r̄uは減っていくはずである。

　細谷に学んだ伏見陽児と麻柄啓一は、この他に「工作的発問」（「～するにはどうしたらいいだろうか」という形の発問）の原理等を明らかにしながら、

具体的な実践場面を示している。それらは、プリコンセプションやミスコンセプションといった概念変容研究へと発展している。

4．教育技術の法則化運動

　1980年代以降の教育実践に大きな影響を与えたのが、向山洋一を中心とする教育技術の法則化運動である。東京都の小学校教師であった向山は、京浜教育サークルという研究会を催しながら、1979（昭和54）年には『斎藤喜博を追って』を執筆した。ただし向山は、斎藤の「一時間の授業でクラス全員、とび箱をとばせられる」という言葉に刺激を受けただけであり、「この本には、それ以外には斎藤氏のことは出てこない」と自ら記している。

　向山は、とび箱のとばせ方としてＡ式とＢ式の２つの方法を提案する。そこでは、とび箱がとべない子は腕を支点とした体重の移動ができないからであり、それを経験させて感覚をつかませることを目指す。Ａ式においては、とび箱をまたいで座らせることと、腕をついてとび降りさせることの２つを指示しながら、両腕に体重がかかることを説明する。またＢ式においては、教師がとび箱の横に立って、片方の手で腕をつかんで体を支え、もう片方の手でおしりをもってとばせる。向山によれば、これを４－５回繰り返せば７割くらいのとべない児童は15分でとばせられるようになるという。

　これは、雑誌やテレビ等で反響を呼ぶとともに、教育雑誌の出版社である明治図書は向山の執筆記事や著書を積極的に取り上げ、1984（昭和59）年には『子供を動かす法則と応用』を出版した。そこでは、「最後の行動まで示してから、子供を動かせ」を、法則の１つとしてあげている。例えば、校庭の石拾いの場面では、「これから校庭の石を拾います。石はこのバケツに入れます。」のように端的に示すとともに、「１人が30個拾います。」「５分間だけ拾います。」「終わったら、教室に入ります。」のように、どれだけやるのか、終わったら何をするのかといった点を具体的に示すことが強調される。翌年には『授業の腕をあげる法則』も刊行され、授業の原則として、趣意説明、一時一事、簡明、全員、所持物、細分化、空白禁止、確認、個別評定、激励の10箇条をあげている。

　これと同時に、向山は教育技術法則化運動を立ち上げた。そこでは、全国

に法則化サークルを設けるとともに、全国合宿や講座を開催した。合宿では報告されるレポートを向山が審査して、優れた実践はシリーズとして出版された。このように、「プロ教師」の技術が集積されて法則として発表されると、教師はそれを「追試」して確認や修正をしながら共有財産化していく。また機関誌『教室ツーウェイ』の発刊や、日本教育技術学会を発足させて運動を拡大した。

　授業実践においても、例えば国語において安西冬衛の一行詩「春」の「てふてふが一匹韃靼海峡を渡つて行つた。」を分析批評の手法を用いながら児童に解釈させたり、社会科において日本で一番りんごを生産する県はどこかを質問するだけでなく、なぜ青森県が日本一のりんごの生産地になったのかを考えさせようとする。また体育では、飯田勝己や根本正雄とともに、当時は販売されていなかったさか上がり練習用の「段階別台付き鉄棒」を開発した。このように、各教科の内容だけでなく、具体的な発問や指示の明示、および教材・教具を開発することで、誰もが優れた授業ができるようになることが目指される。その一方で、子どもたちにどうすればよいかを考えさせずに、「法則」に従う児童生徒や教師をつくっているのではないかという批判も根強くあり、激しい論争が展開された。

　教育技術法則化運動は、学年別教科別の「日本教育技術方法大系」を作成して、コンピュータで検索できるシステムを作るとともに、ファックス教材や授業ビデオを開発して、21世紀には解散すると宣言していた。実際に21世紀を迎えた時には、これらの構想はほぼ実現しており、教育技術の法則化運動はNPO法人のTOSS（Teacher's Organization of Skill Sharing）へと引き継がれた。「TOSSランド」というポータルサイトにおいては、各教科の授業案や実践のアイデアがデータベースとして収められ、教科・領域と学年を検索すると、関連する事例を参照することができる。また、初期の「黒帯」教師の考え方を発展させた、TOSS授業技量検定を独自に実施して段級位を認定している。さらに、文部科学省や教職員支援機構から、総合的な教師力向上のための調査研究事業や教員の資質向上のための研修プログラム開発支援事業の委託を受けており、授業スキル測定指標、「主体的・対話的で深い学び」や「考え、議論する道徳」を実現するための研修テキストの開発等も行って

いる。

5．百ます計算と見えない学力

　1998（平成10）年版学習指導要領は、「生きる力」と「ゆとり」を標榜するとともに、指導内容が大幅に削減されたため、学力低下を危惧する声が高まった。そのような中、脳科学者である川島隆太による、単純計算が前頭前野を刺激するという研究成果は「脳力トレーニング（脳トレ）」の流行をもたらした。また、身体論を研究する齋藤孝の『声に出して読みたい日本語』（2001（平成13）年）もベストセラーとなり、古典の音読や暗唱も流行した。

　これらと同時期の2000（平成12）年に、兵庫県朝来町立山口小学校に勤務する陰山英男による実践が、新聞やテレビの番組において全国に紹介された。陰山は、地域の学力低下問題に対して反復学習による指導を行い、学力テストの得点や卒業生の進学率の向上といった成果を上げていた。報道をきっかけに、陰山は多くの著作やドリルの監修を行い、陰山メソッドとして広く普及した。

　陰山は、岸本裕史を中心とする「学力の基礎を鍛えどの子も伸ばす研究会（学力研・落ち研）」のメンバーであり、多くの方法はここで開発されていた。岸本は、著書『見える学力、見えない学力』において、テストや通知簿において示される成績はいわば見える学力であり、その土台にある見えない学力をともに豊かにしなければならないと主張した。このうち、見える学力を育てる方法としては、古くからの読み書き計算を重視する。読み書きについては、活字文化や書き言葉に親しむことを目指して、教科書の音読や原稿用紙への全文聴写と視写を行わせる。漢字学習についても、ドリルだけでなく漢字の成り立ちや熟語に関しても指導する。

　また計算練習は、陰山の名を広めた百ます計算が中心となる。これは、図2のように0から9までの数字を縦横にランダムに並べ、1桁＋1桁の計算を100問行うものである。小学1年生の内容であるが、他の学年でもタイムを計測して何回も練習することで、基礎力の定着を目指す。かけ算も同様のやり方が可能であるが、引き算については一方には0から9を、もう一方には10から19を並べて練習する。この他に、エレベータ・往復計算と呼ばれる、

同じ数を10回連続して足していき最後の答えが10倍になる、また逆に10回ず
つ引いていき最後の答えが0になるといった計算練習もある。プリント問題
についても、割り算では「A　かけ算九九の逆算式」「B　くり下がりのない
余りのある割り算」「C　くり下がりのある余りのある割り算」のように、類
型ごとにまとめて出題する。

+	8	3	6	0	4	7	1	5	9	2
8										
3										
6										
0										
4										
7										
1										
5										
9										
2										

100問完答に要する時間（3年生）
成績上位の子 ················ 2分以内
　〃　中位の子 ················ 3分前後
　〃　下位の子 ················ 4分以上

図2　百ます計算

　見える学力に対して、見えない学力は図3のようにことばと読書による言
語的文化と、しつけと遊びによる非言語的文化から成り立っている。言語的
文化は、論理的・抽象的・概念的思考と関わり、非言語的文化は直観的・具
体的・実際的思考と関わる。また、おとなから与えられる他律的文化によっ
てことばとしつけ、子ども自身が選択しながら摂取する自律的文化によっ
て読書と遊びがそれぞれ育成される。同様に、他律的文化は適応的・定常
的・再生的思考、自律的文化は発展的・力動的・創造的思考が関わる。

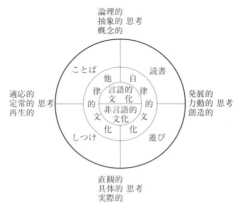

図3　見えない学力と思考機能

　見えない学力を豊かにするためには、学校だけでなく家庭での生活も重視
される。具体的には、遊びによる人間関係づくりや道具の使用、早寝早起き
による規則正しい生活習慣、家事の分担、家庭学習による勉強の習慣づけ、
テレビの見過ぎ、砂糖づけの食生活の見直しと米飯による朝食といった点が
あげられる。これらは特に目新しい内容ではなく、今日の実態とも合わない
面もあるが、岸本や陰山は指導が困難な児童や生徒の様子を前にして、基礎
学習と生活習慣を徹底することが学力と生徒指導の両面の改善をもたらすと
考えていた。またこのような考え方が支持されるのは、誰もがその本質に共
感しているからと思われる。

　陰山は、全国公募により2003（平成15）年から広島県尾道市立土堂小学校
長に着任して、百ます計算や暗唱のほか、15分×週3回設けられる基礎基本
のモジュール授業や、1ヶ月で1年分の漢字を先取りする学習等、土堂小メ
ソッドとして同様の実践を行った。また、コンピュータやそろばん、英語教
材等、民間の方法も積極的に導入する。その一方で、計算や暗唱の速さや学
力テストの平均点が過度に強調されることで、形式的なトレーニングあるい
は受験結果の重視という批判もある。その後、2006（平成18）年からは立命
館大学および小学校に転じ、教育再生会議委員や大阪府教育委員等を歴任し
た。

学習課題

○民間教育研究団体にはどのような組織があるかを調べ、その成り立ち
　や各団体の理念とともに教育方法上の特徴を整理してみよう。
○向山洋一と陰山英男による実践や考え方の共通点と相違点を整理する
　とともに、それぞれに対してどのような批判や論争があるかを調べて
　みよう。

引用・参考文献

・板倉聖宣（1997）『仮説実験授業のＡＢＣ（第4版）』仮説社。
・陰山英男（2002）『本当の学力をつける本－学校でできること　家庭でできること－』文藝春秋。
・陰山英男（2002）『「読み・書き・計算」で学力再生』文藝春秋。
・岸本裕史（1996）『改訂版　見える学力、見えない学力』大月書店。
・鈴木重幸（1972）『日本語文法・形態論』むぎ書房。
・高橋金三郎・細谷純（編著）（1974）『極地方式入門』国土社。
・遠山啓・銀林浩（編）（1971）『新版水道方式入門』国土社。
・遠山啓（1972）『数学の学び方・教え方』岩波書店。
・友兼清治（編著）（2017）『遠山啓－行動する数楽者の思想と仕事－』太郎次郎社エディタス。
・伏見陽児・麻柄啓一（1993）『授業づくりの心理学』国土社。
・細谷純（2001）『教科学習の心理学』東北大学出版会。
・松本キミ子・堀江晴美（1982）『絵のかけない子は私の教師』仮説社。
・向山洋一（1984）『子供を動かす法則と応用』明治図書。
・向山洋一（1985）『授業の腕をあげる法則』明治図書。
・明星学園国語部（1968）『にっぽんご　4の上』むぎ書房。

（樋口直宏）

第2章 総合的な学習（探究）の時間の指導

1.「総合的な学習の時間」創設の経緯

　戦後日本の教育課程は、長く「各教科」と「教科外」の二課程構造を特徴としてきた。平成の時代に入ると、21世紀型の生涯学習社会における自己教育力の育成を目指すために、「新学力観」による教育改革が進められる中で、教育内容や教育方法における「統合」の問題がクローズアップされてきた。具体的には、1989（平成元）年版学習指導要領における小学校低学年の「生活科」の誕生や、小学校中学年以上の「合科的な指導」「関連的な指導」、高等学校社会科の再編などをあげることができる。

　そのような教育改革の過程を経て、1998・1999（平成10・11）年版学習指導要領において、小学校（3年生以上）、中学校、高等学校、養護学校（現在の特別支援学校）等に創設されたのが、「総合的な学習の時間」であった。「総合的な学習の時間」創設にあたっては、1996（平成8）年7月の中央教育審議会第一次答申「21世紀を展望した我が国の教育のあり方について」において、「〈生きる力〉が全人的な力であることを踏まえると、横断的・総合的な指導を一層推進し得るような手だてを講じて、豊かに学習活動を展開していくことがきわめて有効であると考えられる」という理念が示され、その必要性については「今日、国際理解教育、情報教育、環境教育などを行う社会的要請が強まってきている」という現状認識のもとに、数値的な評価はせず、弾力的な取扱いができるようにする方向性が示された。

　これらを踏まえて、1998（平成10）年7月の教育課程審議会答申において、「各学校が地域や学校の実態等に応じて創意工夫を生かして特色ある教育活動を展開できるような時間を確保することである。また、自ら学び自ら考える力などの〈生きる力〉は全人的な力であることを踏まえ、国際化や情報化をはじめ社会の変化に主体的に対応できる資質や能力を育成するために教科

等の枠を超えた横断的・総合的な学習をより円滑に実施するための時間を確保することである」という趣旨が示され、「総合的な学習の時間」が創設されることとなったのである。

　このように、「総合的な学習の時間」は、当時の「ゆとり教育」教育改革路線の中で重要な役割を果たす学習活動として、各学校において創意工夫を活かし、各教科等の枠を超え、各学年における細かな内容を国が規定することはせず、名称についても各学校により定めることとされ創設された。

2.「総合的な学習の時間」の変遷 ─ねらい・目標、内容と方法─

　創設時の1998・1999（平成10・11）年版学習指導要領では、学習指導要領「総則」の中の節である「総合的な学習の時間の取り扱い」として、次の2つの「ねらい」が示された。1つ目は、「自ら課題を見付け、自ら学び、自ら考え、主体的に判断し、よりよく問題を解決する資質や能力を育てること」、2つ目は「学び方やものの考え方を身に付け、問題の解決や探究活動に主体的、創造的に取り組む態度を育て、自己の生き方（自己の在り方生き方）を考えることができるようにする」（括弧内は高等学校）である。学習内容については、「①国際理解、情報、環境、福祉・健康などの横断的・総合的な課題」「②児童（生徒）の興味・関心に基づく課題」「③地域や学校の特色に応じた課題」の3つが例示され、方法については、体験的な学習（自然体験・社会体験、観察や実験、見学や調査、発表や討論、ものづくりや生産活動）や問題解決的な学習を、グループ学習や異年齢集団による学習形態で、全教師が一体となって指導にあたることが示された。

　2003（平成15）年版学習指導要領一部改正では、学習指導要領上にも明確に「総合的な学習の時間」と「各教科」、「教科外」との関連が示されることとなり、3つ目の「ねらい」として、「各教科、道徳及び特別活動で身につけた知識や技能等を相互に関連付け、学習や生活において生かし、それらが総合的に働くようにすること」が付け加えられることになった。それは、創設当時の教育課程審議会答申では、「各教科等それぞれで身につけられた知識や技能などが相互に関連付けられ、深められ児童生徒の中で総合的に働くよ

うになるもの」とされつつも、1998・1999（平成10・11）年版学習指導要領の中では、具体的には明示されていなかった部分である。こうして、各教科等それぞれで身に付けられた知識や技能を相互に働かせ、「総合的な学習の時間」で身に付けた力を各教科等の学習で生かすという、相互環流的な構造を特徴とする部分が明示されることとなった。

　2008・2009（平成20・21）年版学習指導要領では、学校週5日制の完全実施による教育内容の厳選や、学力低下論争による国語、算数・数学、理科等の教科の時間数の増加に伴い、「総合的な学習の時間」の時間数は大幅に削減されることとなった。その一方で、2008（平成20）年1月の中央教育審議会答申においては、「変化の激しい社会に対応して、自ら課題を見付け、自ら学び、自ら考え、主体的に判断し、よりよく問題を解決する資質や能力を育てることなどをねらいとすることから、思考力・判断力・表現力等が求められる『知識基盤社会』の時代においてますます重要な役割を果たす」として、「総合的な学習の時間」の重要性が示された。学習指導要領上も構成の見直しが図られ、「総則」の節から、新たに章立てされることとなり、「ねらい」から「目標」が示されるようになった。「目標」は、「横断的・総合的な学習や探究的な学習を通して、自ら課題を見付け、自ら学び、自ら考え、主体的に判断し、よりよく問題を解決する資質や能力を育成するとともに、学び方を身に付け、問題の解決や探究活動に主体的、創造的、協同的に取り組む態度を育て、自己の生き方を考えることができるようにする」ことであり、「目標」に「探究的な学習」が明示されることとなった。学習活動については、これまでの3つの課題、すなわち、「①国際理解、情報、環境、福祉・健康などの横断的・総合的な課題」「②児童（生徒）の興味・関心に基づく課題」「③地域や学校の特色に応じた課題」に加え、小学校では、「④地域の人々の暮らし、伝統と文化についての学習活動」、中学校では、「④職業や自己の将来に関する学習活動」が、新たな例示として加えられることとなった。また、「各学校において定める目標及び内容については、日常生活や社会との関わりを重視する」ことや、「育てようとする資質や能力及び態度について」の視点が例示されることとなった。さらに、言語力の育成・活用の重視から、「問題解決や探究活動の過程においては、他者と協同して問題を解決しようとする学

習活動や、言語により分析し、まとめたり表現したりするなどの学習活動が行われるようにすること」が示された。

2017・2018（平成29・30）年版学習指導要領は、2016（平成28）年12月の中央教育審議会答申における「探究的な見方・考え方」、すなわち、「各教科等における『見方・考え方』を総合的（・統合的）に働かせて、広範（かつ複雑）な事象を多様な角度から俯瞰して捉え、実社会や実生活の文脈や自己の（在り方）生き方と関連付けて問い続けること」（括弧内は高等学校）を受けて、「目標」として、「探究的な見方・考え方を働かせ、横断的・総合的な学習を行うことを通して、よりよく課題を解決し、自己の生き方を考えていくための資質・能力を次の通り育成することを目指す」ことが示された。具体的には、「探究的な学習の過程において、課題の解決に必要な知識及び技能を身に付け、課題に関わる概念を形成し、探究的な学習のよさを理解するようにする」「実社会や実生活の中から問いを見いだし、自分で課題を立て、情報を集め、整理・分析して、まとめ・表現することができるようにする」「探究的な学習に主体的・協働的に取り組むとともに、互いのよさを生かしながら、積極的に社会に参画しようとする態度を養う」の３つである。

また、学習内容については、「探究課題」という表現が用いられ、小学校では「①国際理解、情報、環境、福祉・健康などの現代的な諸課題に対応する横断的・総合的な課題」「②地域の人々の暮らし、伝統と文化などの地域や学校の特色に応じた課題」「③児童の興味・関心に基づく課題」の３つの例示がなされ、中学校ではそれらに加え、「④職業や自己の将来に関する課題」が、高等学校では「④職業や自己の進路に関する課題」が示された。

教育方法としては、自然体験やボランティア活動などの体験活動や、地域の教材や学習環境を積極的に取り入れることは引き続き重視するとともに、小学校では、プログラミングを体験しながら論理的思考力を身に付ける学習である「プログラミング的思考の育成」が導入されることとなった。

この期の特徴として、2016（平成28）年12月の中央教育審議会答申では、次の三点が述べられている。

第一に、総合的な学習の時間の「目標」は、各学校の学校教育目標を踏まえて設定することとするなど、目標や内容の設定についての考え方を示した。

この点については、「総合的な学習（探究）の時間」が、教科等横断的な「カリキュラム・マネジメント」の軸となるよう目標を設定することが重視された。

第二に、総合的な学習の時間を通して育成する資質・能力について、探究のプロセスを通じて働く学習方法（思考スキル）に関する資質・能力を例示するなどの示し方の工夫を行った。この点については、「探究」を重視し、「探究的な学習」を実現するためには、「①課題の設定→②情報の収集→③整理・分析→④まとめ・表現」の「探究のプロセス」を経由した一連の学習活動が示され、学習活動は常に更新され、発展的に繰り返されるモデルが考えられている。また、「思考スキル」が「考えるための技法」として例示されたことも特徴である。

第三に、高等学校の総合的な学習の時間を、小・中学校の成果を踏まえつつ、自己のキャリア形成の方向性と関連づけながら、生涯にわたって探究する能力を育むための総仕上げとして位置づけた。名称も「総合的な探究の時間」とし、主体的に探究することを支援する教材の導入も検討した。この点については、2016（平成28）年12月の中央教育審議会答申において、「高等学校においては、小・中学校における総合的な学習の時間の取り組みの成果を生かしつつ、より探究的な活動を重視する観点から、位置づけを明確化し直すことが必要と考えられる」とされたことを受けている。小・中学校の「総合的な学習の時間」との違いについて、『高等学校学習指導要領（平成30年告示）解説総合的な探究の時間編』の中では、「総合的な学習の時間は、課題を解決することで自己の生き方を考えていく学びであるのに対して、総合的な探究の時間は、自己の在り方生き方と一体的で不可分な課題を自ら発見し、解決していくような学びを展開していく」（下線、筆者）と述べられ、小・中学校、高等学校の児童生徒の発達段階によって学習課題と自己との関係が発展的に変化していくとともに、求められる「探究」の姿の違いが明確に示されることとなった。

3.「総合的な学習」の今日的重要性
（資質・能力、意義）

⑴総合的な学習（探究）の時間の意義

　総合的な学習（探究）の時間はOECDが実施する生徒の学習到達度調査（PISA）における好成績につながっており、学習の姿勢の改善に大きく貢献するものであると考えられる。

　総合的な学習（探究）の時間は、特に高等学校の教育課程では、①自然や社会との深いつながりや質・量ともに豊かな体験を意図的、計画的、組織的に提供し、②そこで出会う教育的に価値ある諸課題の探究に、各教科・科目等で学んだ知識や技能をも活用しながら、主体的、創造的、協働的に取り組む機会を得られるとして意義が明確に述べられている。

①総合的な学習（探究）の時間とOECDによる生徒の学習到達度　調査（PISA）

　OECDによる生徒の学習到達度調査はPISA（Programme for International Student Assessment）と呼ばれる。PISA調査では15歳児を対象に読解力、数学的リテラシー、科学的リテラシーの3分野について、3年ごとに本調査を実施している。義務教育修了段階の15歳児の生徒が持つ知識や技能について、実生活の様々な場面で直面する課題にどの程度活用できるかを評価する調査である。2018年においては、世界の79か国・地域（OECD加盟37か国、非加盟42か国・地域）、約60万人の生徒が参加する調査であり、結果は図1のようになっている。OECD加盟国の中では数学的リテラシーと科学的リテラシーはトップの水準である。一方で、読解力については課題が指摘されている。具体的には、テキストから情報を探し出す問題、テキストの質と信憑性を評価する問題についての正答率が低くなっている。つまり、探究することや根拠の強さを評価することなどについては課題がある。これらの課題を解決するためには、総合的な学習（探究）の時間の意義は大きい。

②総合的な学習（探究）の時間と学習の姿勢の改善

　総合的な学習（探究）の時間では、各学校における実践の成果を発展させるという姿勢で取り組まれる。また、学校や教師が具体的で発展的な教材を

● OECD加盟国（37か国）における比較　　　[ ] は日本の平均得点と統計的な有意差がない国

	読解力	平均得点	数学的リテラシー	平均得点	科学的リテラシー	平均得点
1	エストニア	523	日本	527	エストニア	530
2	カナダ	520	韓国	526	日本	529
3	フィンランド	520	エストニア	523	フィンランド	522
4	アイルランド	518	オランダ	519	韓国	519
5	韓国	514	ポーランド	516	カナダ	518
6	ポーランド	512	スイス	515	ポーランド	511
7	スウェーデン	506	カナダ	512	ニュージーランド	508
8	ニュージーランド	506	デンマーク	509	スロベニア	507
9	アメリカ	505	スロベニア	509	イギリス	505
10	イギリス	504	ベルギー	508	オランダ	503
11	日本	504	フィンランド	507	ドイツ	503
12	オーストラリア	503	スウェーデン	502	オーストラリア	503
13	デンマーク	501	イギリス	502	アメリカ	502
14	ノルウェー	499	ノルウェー	501	スウェーデン	499
15	ドイツ	498	ドイツ	500	ベルギー	499
16	スロベニア	495	アイルランド	500	チェコ	497
17	ベルギー	493	チェコ	499	アイルランド	496
18	フランス	493	オーストリア	499	スイス	495
19	ポルトガル	492	ラトビア	496	フランス	493
20	チェコ	490	フランス	495	デンマーク	493
	OECD平均	487	OECD平均	489	OECD平均	489
	信頼区間※(日本)：499-509		信頼区間(日本)：522-532		信頼区間(日本)：524-534	

図1　OECD加盟国（37か国）における比較（国立教育政策研究所、2019）

活用して、児童生徒が実社会や実生活とのつながりのある具体的な活動や体験を行うことによって、児童生徒が意欲的で前向きな姿勢となる。このことも総合的な学習（探究）の時間の特徴である。

　実践の成果の発展としては、高等学校学習指導要領解説では、「自然環境とそこに起きているグローバルな環境問題」「地域の伝統や文化とその継承に取り組む人々や組織」「文化や流行の創造と表現」「職業の選択と社会貢献及び自己実現」などを探究課題として設定することが例示されている。

　実社会や実生活とのつながりのある具体的な活動や体験については、特別活動の児童会活動・生徒会活動や学校行事などとも関連する内容である。

(2)総合的な学習（探究）の時間で育成を目指す資質・能力

　総合的な学習（探究）の時間で育成を目指す資質・能力については、教科科目等とともに指導要録に記録される。指導要録とは、児童生徒等の学籍並びに指導の過程及び結果の要約を記録して外部に対する証明等に役立たせるための原簿となるものである。学校教育法施行規則による定めがあり、各学校の校長に指導要録の作成が義務づけられている。総合的な学習（探究）の

表1　総合的な探究の時間の記録　観点と趣旨（高等学校）（文部科学省、2019）

	観　点	趣　旨
総合的な探究の時間	知識・技能	探究の過程において，課題の発見と解決に必要な知識及び技能を身に付け，課題に関わる概念を形成し，探究の意義や価値を理解している。
	思考・判断・表現	実社会や実生活と自己との関わりから問いを見いだし，自分で課題を立て，情報を集め，整理・分析して，まとめ・表現している。
	主体的に学習に取り組む態度	探究に主体的・協働的に取り組もうとしているとともに，互いのよさを生かしながら，新たな価値を創造し，よりよい社会を実現しようとしている。

時間の指導要録については、高等学校を例とすると表1のように観点が示されている。

　総合的な学習（探究）の時間は、知識・技能、思考・判断・表現、主体的に学習に取り組む態度の3観点によって評価される。この3観点は教科等にも共通する観点である。趣旨の内容は、教科等でそれぞれ独自のものであり、特徴としては、知識・技能で「探究の意義や価値を理解」、思考・判断・表現で「自分で課題を立て」、主体的に学習に取り組む態度で「新たな価値を創造し」といった部分に着目できる。

　これらは、OECDの教育スキル局が中心となって現在取り組んでいる「教育とスキルの将来2030（Future of Education and Skills 2030）」で示された学びの羅針盤2030（Learning Compass 2030）にも対応している。「探究の意義や価値を理解」はコンピテンシーのAttitudes and Valuesに対応している。「自分で課題を立て」はStudent agencyに対応している。「新たな価値を創造し」はトランスフォーマティブコンピテンシーのCreating new valueに対応している。このように、総合的な学習（探究）の時間は、OECDでの検討内容と重複する部分が多い。

4．総合的な学習の時間の指導計画と評価

⑴指導計画の作成

　総合的な学習の時間（高等学校においては総合的な探究の時間）の目標と内容は、各学校において定めることとなっている（中学校学習指導要領第4

162

章第2の1および2）。よって、他の教科等では学習指導要領や教科書で決まっている目標や内容についても、指導計画の作成において各学校で定める。

指導計画については、次の6つを考えることとされている。

---

(1) この時間を通してその実現を目指す「目標」。

(2) 「目標を実現するにふさわしい探究課題」及び「探究課題の解決を通して育成を目指す具体的な資質・能力」からなる「内容」。

(3) 「内容」との関わりにおいて実際に生徒が行う「学習活動」。これは、実際の指導計画においては、生徒にとって意味のある課題の解決や探究的な学習活動のまとまりとしての「単元」、さらにそれらを配列し、組織した「年間指導計画」として示される。

(4) 「学習活動」を適切に実施する際に必要とされる「指導方法」。

(5) 「学習の評価」。これには、生徒の学習状況の評価、教師の学習指導の評価、(1)〜(4)の適切さを吟味する指導計画の評価が含まれる。

(6) (1)〜(5)の計画、実施を適切に推進するための「指導体制」。

（文部科学省『中学校学習指導要領（平成29年告示）解説　総合的な学習の時間編』、pp. 62‒63）

総合的な学習の時間の目標（学習指導要領第1の目標）と各学校における目標から、「知識及び技能」「思考力、判断力、表現力等」「学びに向かう力、人間性等」に配慮して、各学校において定める目標を設定する。それに基づいて、「目標を実現するにふさわしい探究課題」を設定する。これは、学習指導要領に「学校の実態に応じ、例えば」として例示されている、「国際理解、情報、環境、福祉・健康などの現代的な諸課題に対応する横断的・総合的な課題」（小・中・高共通）、「地域の人々の暮らし、伝統と文化など地域や学校の特色に応じた課題」（小）（中・高では「地域や学校の特色に応じた課題」）、「児童の興味・関心に基づく課題」（小）（中・高では「生徒の興味・関心に基づく課題」）、「職業や自己の将来に関する課題」（中）（小なし、高では「職業や自己の進路に関する課題」）などを踏まえて設定する。この「『目標を実現するにふさわしい探究課題』及び『探究課題の解決を通して育成を目指す具体的な資質・能力』の二つをよりどころとして、実際に教室で日々展開される学習活動、すなわち単元が、計画、実施される」のである（文部科学省

2017b、p. 64）。

　こうして作成する指導計画には、全体計画と年間指導計画があり、これに基づいて単元計画を作成する。全体計画では、「各学校において定める目標、『目標を実現するにふさわしい探究課題』及び『探究課題の解決を通して育成を目指す具体的な資質・能力』で構成する内容について明記するとともに、学習活動、指導方法、指導体制、学習の評価等についても、その基本的な内容や方針等を概括的・構造的に示す」ものである。

　年間指導計画では、「１年間の時間的な流れの中に単元を位置付けて示すとともに、学校における全教育活動との関連に留意する観点から、必要に応じて他教科等における学習活動も書き入れ、総合的な学習の時間における学習活動との関連を示す」（文部科学省　2017b）ものであり、小学校の場合は図２のようになる。

年間指導計画（第４学年）

	4月	5月	6月	7月	9月	10月	11月	12月
総合的な学習の時間(70)	大好きみどり川 —出発！ みどり川探検隊— (28)　○川と繰り返し関わり、川への思いを深める。　○活動で発見した気付き、思いを書きためる。　○みどり川を愛する会の方と活動を共にして、みどり川への思いを知る。				大好きみどり川 —とことん探究！ みどり川探検隊— (30)　○自分が興味をもったことについて探究し、川について自分の考えをもつ。　○探検や調査活動を通して感じたこと、考えたこと、自分の思いを身近な人に伝える。			
国語(245)	本と出会う、友だちと出会う	段落のつながりに気をつけて読む　仲	伝えたいことをはっきりさせて言おう	本と友だちになろう 本のさきしえ方	調べて発表しよう　詩文	場面を比べて読もう	材料の選び方を考えよう	聞いたことをメモしよう
社会(90)	住みよいくらしをつくる 地図の見方 ごみのしまつと利用		水はどこから		山ろくに広がる用水	のこしたいもの つたえたいもの	わたしたちの県 県のようす くらしと土地のようす	
算数(175)	大きな数	円と球 わり算	1けたでわるわり算	資料の整理　角	三角形	2けたでわるわり算	面積　小数	がい数
理科(105)	あたたかくなると	電気のはたらき	暑くなると 月の動き	星の星 私の研究	私の研究 星の動	もののかさと力 すずしくなると	もののかさと温度	水のすがたとゆくえ
音楽(60)	歌と楽器のひびきを合わせよう		日本の音楽に親しもう・花笠音頭 神田ばやし・こきりこぶし		いろいろな音のちがいをかんじとろう みどり川で音を作ろう		ふしのとくちょうをかんじとろう 曲の気分をかんじとろう	
図工(60)	たしかめながら	ざいりょう物語	きらきら光る絵	絵の具のふしぎ	石ころアート みどり川の生き物	わすれられない日	ワンダーランドへようこそ ぬのから生まれた	ゆめを広げて
体育(105)	集団行動 バスケットボール	かけっこ・リレー リズムダンス スポーツフェスティバルに向けて	一輪車 体力テスト ハンドベースボール	水泳	男女の体にズームイン ハードル走	サッカー	ジョギング 跳び箱運動	マット運動

図２　総合的な学習の時間と各教科等の単元を関連づけた年間指導計画（例）
（文部科学省　2017a、p. 97）。

　本章第1節および第2節で説明した通り、総合的な学習（探究）の時間では、学習過程を探究的にすることが求められる。『中学校学習指導要領（平成29年告示）解説　総合的な学習の時間編』（文部科学省　2017b, p. 109）によれば、探究的な学習過程とは、

【①課題の設定】体験活動などを通して、課題を設定し課題意識をもつ

【②情報の収集】必要な情報を取り出したり収集したりする

【③整理・分析】収集した情報を、整理したり分析したりして思考する

【④まとめ・表現】　気付きや発見、自分の考えなどをまとめ、判断し、表現する

というものであり、総合的な学習（探究）の時間では、この過程が繰り返されていく。

　また、探究的な学習の過程においては、「比較する、分類する、関連付けるなどの考えるための技法が活用されるようにすること」が学習指導要領においてあげられている（『中学校学習指導要領』第4章第3の2の(2)）。これには、思考ツールといわれるものを活用する。思考ツールには、ベン図、Xチャート／Yチャート／Wチャート、くま手チャート、ステップチャート、ウェビングマップ（イメージマップ）、ピラミッドチャート、フィッシュボーン、マトリクス、座標軸、同心円チャートなどがあるが、その詳細と活用方法については、田村・黒上（2013）、田村・黒上・滋賀大学教育学部附属中学校（2014）、関西大学初等部（2014）を参照されたい。

5. 総合的な学習（探究）の時間の評価

　総合的な学習（探究）の時間では、各学校で「学習の評価の計画など」を示すことになっている（中学校学習指導要領第4章第3の1の(2)）。その方法については、「各学校が自ら設定した観点の趣旨を明らかにした上で、それらの観点のうち、生徒の学習状況に顕著な事項がある場合などにその特徴を記入する等、生徒にどのような資質・能力が身に付いたかを文章で記述すること」（文部科学省　2017b、p. 121）、「ペーパーテストなどの評価の方法によって数値的に評価することは適当ではない」（同 p. 122）とされている。このような質的な評価を行うために、ポートフォリオ評価が広く用いられてき

た（第2部第6章参照）。

　総合的な学習（探究）の時間では、各学校において目標及び内容、そして第2節で説明したように育成を目指す資質・能力を定めているので、これらに沿った評価を行う。実際には、単元ごとに評価規準を設定し、指導計画において学習活動との関係で具体的な評価基準と評価の方法を設定する。

6．総合的な学習（探究）の時間の実践と評価の実際

　国立教育政策研究所では「総合的な学習の時間における評価方法等の工夫改善のための参考資料」を公表している。小学校・中学校（いずれも平成23年11月）、高等学校（平成24年7月）の校種別で、評価方法を含めて実践事例が詳細に説明されている。

　評価の実例として、本資料から小学校総合的な学習の時間の指導計画の一部を示す。「(5)指導と評価の計画」の右側に学習活動に対応した評価規準が設けられていることに注目してほしい。

⑴単元名「ぼくたち・私たちの町　大発見」　小学校第3学年　全35時間
※「年間指導計画における本単元の位置づけ」「単元の目標」「単元で育てようとする資質や能力及び態度」「単元で学ぶ内容」については省略。

⑷単元の評価規準

観点	関心・意欲・態度	思考・判断・表現	技能	知識・理解
単元の評価規準	①自分たちの町について関心をもち、探検マップを作ろうとしている。 （以下略）	①イメージマップから広げた「町のすてき」をお互いに関連づけ町のイメージを広げている。	①クラス全体で探究する課題を決めるために、KJ法的な手段を用いている。 （以下略）	①これまで見過ごしてきた街の中にも、豊かな自然や様々な人々のつながりがあることを理解している。 （以下略）

(5)指導と評価の計画

小単元名（時数）	主な学習活動	評価規準及び評価方法	
1　ぼくたち・私たちの町すてきマップを作ろう（12時間）	・自分たちの住んでいる「まちのすてき」をイメージマップに書き出す。 ・考えを学級全員で交流し、町のイメージを広げながら「ぼくたち・私たちの町すてきマップ」にはる。 ・中央公園で「はてな・すてき・びっくり」を探し、絵と言葉で他の児童に説明する練習をする。	思①	・制作物による評価（イメージマップ）
	・1回目の町探検で、「はてな・びっくり・すてき」を探し、探検カードにまとめ、心に一番残ったことを発表し合う。	知①	・制作物による評価（探検カード）
	・1回目の町探検を生かして、2回目の町探検に出かけ、新たに気づいたことや、もっと深まったことをカードにまとめ、発表し合う。	関①	・制作物による評価（学習カード） ・観察による評価（行動観察）

（国立教育政策研究所「総合的な学習の時間における評価方法等の工夫改善のための参考資料（小学校）」
https://www.nier.go.jp/kaihatsu/hyouka/shou/01_sho_sougou.pdf

---

学習課題

○今日の、あるいはこれからの世界や日本社会というものを見通したとき、総合的な学習（探究）の時間を学校教育で学習する意義について話し合ってみよう。

○総合的な学習（探究）の時間の実践（単元）を1つ、提案してグループで検討してみよう。その際、指導計画の(1)から(6)を満たしているか留意すること。

引用・参考文献

〈第 1 ・ 2 節〉

　本節で用いた引用文献『学習指導要領』（文部科学省）、『学習指導要領解説　総合的な学習（探究）の時間編』（文部科学省）、「中央教育審議会答申」、「教育課程審議会答申」については、本文中に記した。

〈第 3 節〉

・文部科学省・国立教育政策研究所（2015）『OECD 生徒の学習到達度調査2018年調査（PISA2018）のポイント』。

・文部科学省（2017a）『小学校学習指導要領（平成29年告示）解説　総合的な探究の時間編』。

・文部科学省（2017b）『中学校学習指導要領（平成29年告示）解説　総合的な探究の時間編』。

・文部科学省（2018）『高等学校学習指導要領（平成30年告示）解説　総合的な探究の時間編』。

・文部科学省（2019）「小学校，中学校，高等学校及び特別支援学校等における児童生徒の学習評価及び指導要録の改善等について（通知）」。

・OECD（2018）. OECD Future of Education and Skills 2030.

〈第 4 節〉

・田村学・黒上晴夫（2013）『考えるってこういうことか！「思考ツール」の授業』（教育技術 MOOK）小学館。

・田村学・黒上晴夫・滋賀大学教育学部附属中学校（2014）『こうすれば考える力がつく！中学校思考ツール』（教育技術 MOOK）小学館。

・関西大学初等部（2014）『思考ツールを使う授業―関大初等部式思考力育成法　教科活用編―』さくら社。

（第 1 ・ 2 節：木村範子、第 3 節：林尚示、第 4 ・ 5 ・ 6 節：鈴木樹）

第3章　授業づくりと学習指導案

1．現代の授業づくりに求められるもの

　学校で働く教師にとって、授業づくりはとても大切な営みである。授業づくりとは、授業の目標や教材や発問・ワークで1時限の授業を組み立てるというよりも、単元全体や他教科・活動との関連においてどのように有機的で効果的な学びをつくり出すかの大きな見取り図を描き、それとの関連において実際に1時限の授業で実施する内容を計画していく営みである。本章では、今求められている授業づくりについて解説し、具体的にどのように個々の授業の計画を立てる（学習指導案を作成する）か解説していこう。

　かつて戦後日本の学校における授業に求められたのは、教育内容の正確性・豊富さや学問的系統性であった。その一方では、学習者の興味関心や生活経験を大切にして課題解決能力の伸長に資するという視点も、授業を構想・計画する際に大切にされてきた。前者はたくさんの内容を順序よく効率的に教えていかなくてはならないことから、詰め込み主義的、教えすぎ、教科書優先的になりがちであり、学習者にとってはあまり興味関心を刺激されない、自らの生活と乖離した授業を早いペースで受けることになる。1970年代には、毎日の教室での授業が理解できない多くの「落ちこぼれ」が生み出された。逆に、後者の子どもの興味関心を大切にして生活経験や具体的な課題解決の手法をとれば、授業は学習者の目を見開かせることがある程度はできる。だが、その方法も未修内容が残ったり系統性に欠けたりして、結局は学習計画が立てづらかったり、学力低下をもたらすとの批判を受けた。ある意味、日本の公教育はこの2つの視点間を往還してきたともいえる。

　しかし、最近の公教育・授業づくりに求められているのは上記のどちらでもなく、児童・生徒に「生きる力」を育むことである。「生きる力」の強調はすでに、1996（平成8）年第15期中央教育審議会答申「21世紀を展望した我が国の教育の在り方について－子どもに『生きる力』と『ゆとり』を－」で提示された、現代日本の学校教育の基本路線である。同答申のなかでは、こ

れからの学校教育が目指す教育として、「生きる力」の育成を基本とし、知識を一方的に教え込むことになりがちであったこれまでの教育から、子どもたちが「自ら学び、自ら考える」教育へ転換することが強調された。

　ところが今、この「生きる力」育成論は、活用型学力や21世紀型スキルを重視する立場にシフトしつつあることも忘れてはならない。もちろん従来の基礎的な知識・技能を身につける習得型学力も、1つの課題を深く追究する探究型学力も大切だが、2000年代に入ってからのPISAなどの各種調査は、日本の子どもたちの思考力・判断力・表現力（＝活用型学力）に課題があることを示している。学校の普段の授業の中で、グループワークや討論や発表などの具体的な知識・技能の活用場面を増やすことによって、学習者自身にも関わりのある課題として深く考えさせることが求められている。

　そこでしばしば取り上げられるのが、アクティブ・ラーニング（AL：「主体的・対話的で深い学び」）を授業に取り入れることである。効果的なコミュニケーション能力や創造・分析する力、柔軟な思考力といったソフトスキルは、従来の教師が教科書を解説する一斉授業ではなかなか育めない。それゆえ、もっと学習者自身が課題意識を持って主体的に学習に取り組み、実際に調べ学習やディスカッションや発表会などの活動を通して学習するための授業づくりが求められていると言えよう。AL型の授業を構想するにあたっての要点を簡潔に述べれば、1つ目はこの活動で学習者にどのような力を育むかという授業目標を明確にして臨まなければならないということである。2つ目は、学習者に主体的に活動させるために、教師がどのようなファシリテーションの役割を果たすか、活動や意見をいかに引き出すか、またそのための働きかけを計画・準備しておくことである。さらに3つ目は、様々な活動が続いていく教室空間で、学習評価の方法を計画しておくことである。

2. インストラクショナル・デザインと授業づくり

　効果的で魅力的な授業が求められる現代において、インストラクショナル・デザイン（ID）が授業づくりにおいて注目されている。IDとは、学校教育現場に限らず、人にものを説明する際に最も効果的な教授方法を設計するという、教育工学的な発想である。普段からなるべく学習成果が上がるよう

に授業を計画・実施するのは当然だが、IDの視点によって私たちはその見直し・再設計をすることができる。

IDのIはインストラクションのIであって、ティーチングのTではない。ティーチングは「教えること」に着目してしまうが、インストラクションは「教えること」以外の様々な教材選択、学習者のレディネスの評価、授業の時間進行管理などの活動があることを前提とする。IDは教えることのプロセスではなく、学習のプロセスを支援することに焦点化しているのである。

カリキュラム・マネジメントの議論でしばしばPDCAサイクルが取り上げられるのに対して、IDではADDIEモデルが基本である。分析（Analysis）では、学習者の特性や現在の知識、学習内容を分析し、目標を明確にする。設計（Design）では、教材研究を十分に行い、その単元・授業での学習の見取り図を描く。その後、開発（Development）の段階で単元計画や個々の授業の流れを作り、教材を準備する。実施（Implement）は、学習指導案に基づき実際に授業を実施する。最後の評価（Evaluation）は授業後に振り返りをして、必要に応じて改善をしていく段階である。IDはこれらの繰り返しの中で、学習目標と評価方法と教育内容のバランスが目の前の学習者にとって好適な環境を生み出せているか（学習意欲を高める方法、教師の関わり方、教材の構成など）を常に検証していく授業設計の考え方である。

それでは、このIDを授業づくりに活かすと、授業がどう変わるのか。これについて、IDは学習意欲を分析するARCSモデルを提唱している。ARCSモデルは、学習意欲を注意（Attention）、関連性（Relevance）、自信（Confidence）、満足感（Satisfaction）に分解し、学習意欲を高める方策の検討に利用される。

具体的には、単元や授業の導入では、「面白そうだな」とか「自分と関係がありそうだな」と学習者の注意を刺激することで、学びにすんなりと入っていくことができる。また、この学習を頑張ったらどのような価値を得られるかという学習者のニーズや興味との関連性を満たす工夫として、学習者の手に届きそうな課題をいくつか用意することによって、「やればできそうだな」と自信を持たせる。さらに、この学習を「やってよかった」と満足感を抱かせるために、学習の終盤で獲得した知識やスキルを活用する機会や他者から

承認される機会を計画しておくことも効果的である。ARCS モデルの活用は
ID の考え方のごく一部だが、これを知っておくだけでも、授業者が授業を組
み立て設計する際の大切な視点となろう。

図1　ARCS モデルの4要因
（出典：『インストラクショナルデザインの道具箱101』p. 10を基に作成）

3．単元計画と学習指導案の作成

　個々の授業の計画は、一般的には学習指導要領に基づきながら、学年計画
を立て、それが学期間計画、月間計画、週間計画、毎時の学習指導案へと細
分化して計画されていく。また、単元ごとの指導計画も重要である。ここで
は、単元計画と学習指導案の作成について説明する。

(1)単元計画

　個々の授業は、一定の単元の中に位置づいている。10～20時限という長い
時間をかけて、「分数の計算」や「生物の観察」などの単元を構成している。
単元計画は、その十数時間の単元の学習が何をねらいとし、どのような時間
配分でその内容を扱い指導するか、大まかな計画を明示したものである。

　単元計画では科目や学年、時期が示された後、単元名が明示される。単元
には大単元・中単元・小単元があるが、中単元で単元計画を作成するのが通
常である。その後にはその単元で扱う学習内容の特性が詳しく記述される。
例えば学習指導要領上の位置づけ、教師の指導観、学習者の状況（レディネ
ス）などである。また、その単元の十数時限で扱う内容と実施方法について、
大まかに計画する。その際には、その単元の学習で何を習得させ、それをど
ういう観点で評価するのか、ルーブリックを作成し評価計画も作成しておく

ことが大切である。単元計画とは、一単元の学習の目標・評価計画と大まかな授業の流れを示した計画であり、カリキュラム・マネジメントの視点から他教科や特別活動などとの結びつきも踏まえながら、単元の授業を計画することが求められている。

(2)学習指導案

　教師が授業を実践するにあたって、事前にその1時限分の計画を1つの形式に沿って表したものを学習指導案（教案または時案）という。学習指導案の作成は、単に毎時間の授業計画を立てるという意味を越えて、各教師が教材を研究し、指導内容を個々の教室の現状に合わせて再構成していく営みである。さらに学習指導案は、教師ならばたとえ時間や場所が離れていてもその授業実践を共有することができる。その意味では、教師にとっての共有財産である。ここでは、次節（第3部第4章1）の学習指導案（大村龍太郎氏）を例に、学習指導案を構成する要素について見ていこう。

　学習指導案は通常、冒頭に「社会科学習指導案（小学校第5学年）」のように、教科・科目と学校段階・学年が明記される。その右下に学校名や日付、教諭名などが記載されることが一般的である。「(1)単元名」には本時の主題や教科書の章節名を書き、「(2)本単元について」では単元設定の理由、学習指導要領上の位置づけ、他教科学習とのつながり、児童・生徒の実態などを書く。指導案例では、日本の食料保障の授業を「持続可能な社会を実現していく資質を育む上で意義深い」と位置づけるとともに、現状を調べて今後の日本の食料保障について考えることが今後の様々な学習につながっていくという全体的な指導観を示している。

　「(3)単元目標」は、本授業が位置づく単元全体の指導目標を踏まえるために明記する。指導案例では、その単元目標を観点別に記述している。「知識・技能」「思考力・判断力・表現力」「学びに向かう力・人間性等」から成る学力の3要素ごとに、どのような観点で子どもたちの力を伸ばすかをバランスよく示している。「(4)単元指導計画」の横には、括弧付けで「全9時間扱い」と表示し、この単元全体が何時間で構成されているのかを明示することが多い。この学習指導案の時限に該当する授業内容には（本時）と付すと、扱っている時限が9時間の中での第8時間目だとわかる。

「(5)本時の目標」では単元目標との関連を示すとともに、「(6)本時の評価の観点」には、話し合いを中心にした教育活動で主に児童の思考・判断・表現の力を見るといった評価の観点を示している。「(7)本時の指導過程」は、この授業が具体的にどのように進行し、その際に何を留意し指導するかの見取り図である。指導案例では、授業の導入で「日本は『食料自給率を上げること』が大切なのかを考え合おう」というめあてが明示され、「自給率を上げていくべき」という立場と「今のまま外国から輸入をすればいい」という立場での話し合いが実施されている様子がわかる。この展開過程は縦軸に「導入・展開・まとめ」の時間の経過の流れを、横軸に学習内容・活動、指導上の留意点、教材・資料などを分けて表記するが、この指導過程の表示は、横軸全体にまたがるように問いかけや学習課題を書いたり、図や写真を表示したりといった様々な形がある。

　本章で解説してきたように、現代の学校・教師が求められているのは、単に学習指導要領・教科書通りの授業ではなく、児童・生徒に実社会で活用できる「生きる力」を育むこととともに、そのために効果の上がる授業をつくることである。これまでの様々な授業実践に学びながら、次章に示すような魅力的な授業をつくることができる授業実践力を育みたいものである。

【学習課題】

○学校教育で重視される活用型学力または21世紀型能力とは何か、グループで討論してみよう。

○教科・単元を決め、自分で1つの学習指導案を作成してみよう。

引用・参考文献

・稲垣忠・鈴木克明（編著）（2011）『教師のためのインストラクショナルデザイン 授業設計マニュアル』北大路書房。

・鈴木克明（監修）、市川尚・根本淳子（編著）（2016）『インストラクショナルデザインの道具箱101』北大路書房。

（牛尾直行）

第4章　学校現場における授業実践事例

1．社会科学習指導案（小学校第5学年）

⑴**単元名**

　これからの日本の食料保障〜食料自給率から食料保障のあり方を考える〜

⑵**本単元について**

　TPP問題などをはじめとして日本の貿易事情も変化していくであろう中で、農業をはじめとした今後の日本の食料生産について関心が高まっている。農水省は「食料自給率を50％まで高めよう」と呼びかけたり、そのための取り組みを行ったりしているが、そのことが日本のためにはならないという見解を示す研究者も出てきている。どちらも日本の将来を考えての主張には違いはない。そのような中で、これからの日本を背負っていく子どもたちが、食料自給率を基に日本の食料保障について考えていく本単元は、持続可能な社会を実現していくための資質を育む上で意義深いものであると考える。

　子どもたちは前単元までに、食料生産に携わる人々が、消費者の需要に応えて新鮮で良質な物を生産し出荷するための工夫や努力、地形や気候などの自然環境や社会的な条件を活かして生産を高める工夫や努力を具体的に調べている。その中で、日本の農業や水産業が国民の食料を確保する重要な役割を果たしていることを考えてきている。それらを基に、本小単元では、食料の中には外国から輸入し、大きく依存しているものがあることや、日本の食料自給率の現状を調べ、今後の日本の食料保障のあり方について考えていく。今後は、同じく国民生活を支える工業生産へと視点を変え、日本の工業生産の特色や工業生産に携わる人々の工夫や努力を調べて理解したり、国民生活に果たす役割について考えたりすることへとつながっていく。

⑶**単元目標**

　　○食料自給率の現状やその要因について資料を適切に調べて理解する。
　　　【知識及び技能】
　　○日本の食料保障について、調べた事実を関連づけ、複数の視点や立場か

175

ら考えることができる。また、根拠を明確にして考えを発言や文章、図等で表現することができる。【思考力・判断力・表現力等】

○日本の食料自給率に関心をもち、意欲的に調べたり、今後の食料保障について考えようとする態度を高めたりする。【学びに向かう力・人間性等】

⑷単元全体の指導計画（全9時間扱い）（○の中の数字は時数）

⑴輸入がストップしたら食生活がどうなるかを知り、単元の学習問題をつくる。①

食料を安定して確保していくために、日本はこれからどうしていくべきか

⑵日本の食料輸入や自給率の現状とその要因を調べる。

・〔事実追究〕「日本はどのような食料をどの国からどのくらい輸入しているのか」②

・〔関係追究〕「なぜ、こんなに食料自給率が低くなったのか」②

⑶〔価値判断〕「日本は食料自給率を上げるべきなのか」を考える。

・資料を根拠に自分の考えをまとめる。②

・みんなで考え合う。①（本時）

⑷調べた事実と自分の考えを新聞にまとめ、保護者や地域の方に発信する。①＋課外

⑸本時の目標

「日本は食料自給率（カロリーベース）を上げることが大切か」というテーマに対して、様々な事実を基にした意見を交流することを通して、日本の食料保障のあり方について複数の視点や立場で自分の考えを深めたり広げたりすることができるようにする。

⑹本時の評価の観点

お互いの考えを表現し合ったり、新たな事実と出会ったりする中で、食料保障に関して納得できる根拠を取り入れて考えを深めたり、視点や立場の違う意見を取り入れて考えを広げたりしているかを、発言及び終末の考えの記述で評価する。【思考力・判断力・表現力】

(7)本時の指導過程

時	学習活動と子どもの意識	指導上の留意点
3分	1　本時のめあてをつかむ。	○　前時を振り返り、めあてにつなぐ。
	日本は「食料自給率を上げること」が大切なのかを考え合おう。	
22分	2　自給率を上げるべきかどうかについて、それぞれの立場で意見を出し合う。	○　それぞれの立場とその根拠を確認したり整理したりすることができるように、それらを対比的に板書していく。
	〔自給率を上げていくべき〕 ⇔ 〔今のまま外国から輸入をすればいい〕	
	・感染病や異常気象など、自然の猛威で輸入できなくなるかもしれない。 ・相手国との関係が悪くなったら輸入をストップされるかもしれない。 ・世界人口はどんどん増えている。食べ物がおいつかなくなるかもしれない。 ・日本の農家はおいしくて、安心・安全のものをつくるから、それを食べたほうがいい。みんなが安心できる。 ・日本の農家の人たちも、日本の人がたくさん買ってくれて助けるはず。 ・輸入がストップする万が一に備えることは、急にはできないはず。自給率を上げておけば心配が少なくなる。	・輸入相手国を増やし、仲よくすればいい。どこかが止まっても他国が助けてくれる。 ・輸入がストップしないように関係を保ったり、対策したりすることの方が大切。 ・世界の人口が増えれば、生産量を増やす技術や休耕地があると資料が示している。 ・日本の農家はレベルが高いから、高くてもおいしいものをほしがる人が買うはず。外国でも売れているという資料がある。 ・外国の安いものが買えなくなるのは国民にとってもよくない。外国産も安全なものも多いから、今、輸入しているはず。 ・日本の国土のせまさでは無理がある。おいしいものが食べられなくなるかも。
15分	3　新たな資料を加え、再度考え合う。	○　日本の利益だけでなく、世界の環境や人々まで視野に入れて考えを広げ深めることができるように、3つの資料を提示する。
	日本のことばかり考えていたけど、世界には食べ物を食べられない人もいる。それに、地球温暖化で自然をこわしたり世界に迷惑をかけたりするんなら、やっぱり輸入をできるだけしない方がいいよ。	①フードマイレージ（食料輸出入にどれだけの二酸化炭素を排出しているか）
	でも、実際に日本が輸入をしたことで、それを作っている人たちは生活が豊かになっているんだ。まったくしなくなる方がいいというのもおかしいと思うよ。	②飢餓に苦しむ国と日本の食料廃棄量 ③日本の輸入による外国の利潤の資料
	確かに日本のことを考えても世界のことを考えても、どちらにもいいところと悪いところがあるな。自給率100%とかはいいすぎでも、やっぱり上げていく必要はあるのかな。	（①②は自給率を上げる考えの根拠となり、③は輸入推進の根拠となる。）
5分	4　本時学習を振り返り、考えを書く。	○　事実を基に考え合えたこと、考えを深められた子どもの姿の具体、広げられた子どもの姿の具体を称賛する。

（大村龍太郎）

2. 体育科学習指導案（小学校第5学年）

⑴**単元名**　いいね、仲間って（体ほぐしの運動）

⑵**本単元について**

　第5学年の児童は、マット運動において、自己の課題を見出し、仲間とともに課題の解決策を話し合ったり、できるようになりたい技に繰り返し挑戦したりした。このような児童が、学級やチームの成長を目指し、仲間とともに体ほぐしの運動に取り組む。このことは、児童が多様な他者とともに運動する価値（共生の視点）を理解したり、楽しさや喜びを味わったりし、豊かなスポーツライフを実現するための資質・能力も育成することにつながるであろう。

　本単元は、手軽な運動に楽しく取り組み、心と体の関係に気づいたり、仲間と豊かに関わり合ったりする学習である。児童は、これまでの学習経験を活かしながら、いろいろな体ほぐしの運動に取り組むであろう。ただし、この時期の児童は、異性との関わり方を意識したり、運動意欲や運動能力に個人差が生じたりするため、全員に共通の動きを求めることは難しい。そこで、自他の心と体の違いに気づいたり、仲間のよさを認め合いながら豊かに関わり合ったりすることができるようにしたい。そうすることで、多様な他者とともに運動することの価値に気づき、より一層仲間とともに運動することが楽しくなると考えるからである。

⑶**単元目標**

　　○いろいろな体ほぐしの運動に楽しく取り組むことを通して、自他の心と体の違いに気づいたり、仲間のよさを認め合いながら豊かに関わり合ったりすることができるようにする。（到達目標）

　　○多様な他者とともに体ほぐしの運動に取り組む価値を理解したり、楽しさや喜びを味わったりすることができるようにする。（方向目標）

⑷**単元全体の指導計画**（全3時間扱い）

　　第1時　「ダブルコーンリレー」をする

　　第2時　「タイミングジャンプリレー」をする（本時）

　　第3時　「ビンゴリレー」をする

(5)本時の指導目標

　「タイミングジャンプリレー」に楽しく取り組むことを通して、自他の心と体の違いに気づいたり、仲間のよさを認め合いながら豊かに関わり合ったりすることができるようにする。

(6)本時の評価の観点

・「タイミングジャンプリレー」の行い方を理解し、自他の心と体の違いに気づいたり、仲間と豊かに関わり合ったりしている。【知識及び技能（運動）】
・自他の心と体の状態に応じて「タイミングジャンプリレー」の行い方を工夫したり、自己やチームで考えた作戦を他者に伝えたりしている。【思考力・判断力・表現力等】
・「タイミングジャンプリレー」に積極的に取り組み、約束を守り助け合って運動したり、仲間の考えや取り組みを認めたり、場や用具の安全に気を配ったりしている。【学びに向かう力・人間性等】

(7)ルール

「ダブルコーンリレー」※①②③④…児童の走順

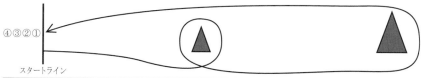

・小さいコーンを回り、大きいコーンで折り返して第2走者と交代する
・小さいコーンの位置は移動することができる（スタートラインと大きいコーンを結ぶ直線上）
・最終走者がゴールするまでの記録を測定する

「タイミングジャンプリレー」※①②③④…児童の走順、○…フープ

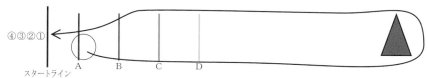

・ジャンプする人はスタートラインに背を向け、目を閉じて立つ
　（立ち位置は、つま先が、第1走者…A線、第2走者…B線、第3走者…C線、第4走者…D線）
・次の走者が床を滑らせたフープにタイミングよくジャンプして入る（両足または片足を完全に入れる）
・失敗した場合は、フープを滑らせた人がフープを取りに行く
・フープに入ったら、赤色コーンで折り返し、途中でフープを拾って次にフープを滑らす人に渡す
・フープを滑らせた人は、自分の立ち位置に移動して跳ぶ準備をする
・最終走者がゴールするまでの記録を測定

179

「ビンゴリレー」※①②③④…児童の走順

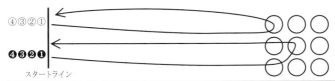

スタートライン

・各チーム3枚のビブスをもつ（第1走者から第3走者まで）
・第1走者は9つの穴（フープまたはケンステップ等）のどこかにビブスを置き、第2走者と交代する。第2走者は7つの穴のどこかにビブスを置き、第3走者と交代する。第3走者は5つの穴のどこかにビブスを置き、ビンゴをねらう。ビンゴにならなかったときは、第4走者と交代する。第4走者は、すでに置かれた自分のチームのビブスの中から1つを選び、ビンゴをねらって他の穴にビブスを置く（決着がつくまで繰り返す）
・先にビンゴしたチームの勝利となる

(8)**本時の指導過程**　※【知・技】、【思・判・表】、【学・人】は、「(6)本時の評価の観点」に対応

時間	学習内容・活動	教師の支援と評価の観点	教材・資料
導入 （8）	準備運動をし、学習のめあてを確認する。 ・体ほぐしの運動への関心 ・体ほぐしの運動の行い方	・音楽に合わせて仲間と運動する場を設定することで、心と体をリラックスし、主運動に取り組むことができるようにする。　【学・人】【知・技】	・CDコンポ ・CD（『パプリカ（フーリン）』）
展開 （15）	「タイミングジャンプリレー」に取り組む①。 ・仲間との関わり	・各チームの記録を合計し、学級全体の記録として提示することで、他のチームとも協力しながら記録をよくするための作戦を考えることができるようにする。　【思・判・表】 ・自他の心と体の違いを踏まえた作戦を考えている児童を価値づけたり紹介したりすることで、自他の心と体の違いに気づくことができるようにする。【学・人】	・フープ ・コーン ・タイマー ・ホワイトボード
（15）	気に入った作戦は何ですか？どんなよさがありますか？ 「タイミングジャンプリレー」に取り組む②。 ・自他の心と体の違い ・仲間との関わり ・自己やチームの特徴に応じた作戦	・気に入った作戦とそのよさについて交流する時間を設定することで、多様な作戦に気づき、チームの力を発揮するための作戦を選ぶことができるようにする。　【思・判・表】	
まとめ （7）	学習を振り返る。 ・自他の成長と変容 ・共生の視点	・仲間のよさを伝え合う場を設定することで、多様な他者とともに運動することの価値や楽しさに気づくことができるようにする。　【学・人】	

（紀村修一）

3. 国語科学習指導案（中学校第3学年）

⑴**単元名**　話し合いで問題を解決しよう

⑵**本単元について**

　今回の学習ではディベートそのものの学習ではなく、生徒に一見対立している意見が同じねらいに向かっていることに気づかせ、合意形成を導き出す力を養いたい。単なる自説の主張し合いから、新しい建設的な考えを創造する学習としてふさわしい論題を設定した。

　国語科や特別活動等での話し合いの指導を振り返ると、話し合いに深まりを持たせられないまま採決を取らせてしまったり、2つの意見が平行線のまま進んでも何の解決策も講じられないまま討議が終わったりしていた。また、討議の内容を深めさせようと話し合いの進め方を工夫したり話型について指導したりすることが多かった。

　「本質的な合意形成」とは、①論点（要件）における合意、②決定における合意、③気持ちの一致、の3点が実現したことと考えることが一般的であろう。そこで、話し合いで何を目指しているのか、また話し合いのねらいに合致する決議が備えるべき本質的条件を洗い出すことで、対立した意見から新しい考えを導き出すことができることを理解させ、本質的な合意形成を図れる力を身につけていきたいと考えている。

⑶**単元目標**

　相手の立場や考えを尊重し、合意形成に向けて話し合いが目的に沿って効果的に展開するように話したり聞き分けたりして、自分の考えを広げたり深めたりすることができる。

⑷**単元全体の指導計画**（全6時間扱い）

　　第1・2時　　これまでの振り返り、本単元のねらい・学習計画、ディベートの準備

　　第3時～5時　論題1～3についてディベートと合意形成に向けた話し合い（本時）

　　第6時　　　　まとめ

⑸本時の指導目標

　合意形成に向け、討議のねらいを明らかにし、よい結論となるべき条件を見つけることができたり、対立した意見からよりよい考えを導き出し深めたりすることができる。

⑹本時の評価の観点

・　聞き手を説得できるように論理の展開を考えて話したり、論理の展開の仕方をとらえながら聞いたりしながら、話の種類と特徴について理解を深めることができたか。【知識及び技能】

・　合意形成に向け、対立した意見から互いに話し合いで目指したものやよい結論となるための条件を見つけ、よりよい考えを導き出すことができたか。【思考力・判断力・表現力等】

・　これまでの言語生活を振り返り、目的に沿って思いや考えを伝え合おうとすることができたか。【学びに向かう力、人間性等】

(7)本時の指導過程

時間	学習内容・活動	教師の支援と評価の観点	教材・資料
導入 （3）	1　本時の学習のねらいを確認する。 話し合いのねらいやよりよい結論となるべき条件を見つけ出し、よりよい提案を考えよう。		
展開 （20）	2　ディベートを行う。 【ディベート論題1】 ピクニックに持っていく昼食は、おにぎりがよいかサンドイッチがよいか？ (1)立論を述べる。 (2)作戦タイムを取る。 (3)反駁を行う。 (4)作戦タイムを取る。 (5)最終弁論を述べる。	・ディベーターは学習カード1をもとにしてディベートを行う。 ・フロアーは本時までに学習カード2に予想される理由づけを準備しておく。 ・フロアーには、各派の意見をメモしながら聞くよう指示する。 ・反駁や作戦タイムの時に、相手の派に対してさらに追及する点や補強点について助言する。 ・各派の発言をもう一度整理する。	学習カード1 （ディベート作戦メモ） 学習カード2 （意見予想） 各派の発言内容メモ 学習カード2 （意見予想）
	3　学習カード2を使って話し合いの内容を深める。 (1)両派の目指したものは何か考える。 (2)両派の予想意見・実際にでたよい意見を確認し、共通の理由づけを線で結ぶ。	○話し合いの中から両派が目指したものを見つけることができたか。 ・「ピクニックで昼食として食べる物に必要な条件」を目指していたことを確認する。 ・一見対立的な発言のように見えても互いに目指していたものは同じであることに気づかせる。	学習カード2
（17）	(3)よい結論となるための条件をまとめる。 ア　持ち運びやすい、イ　腐りにくい、ウ　ゴミが出ない、エ　栄養バランスなど	○よい結論となるための条件を見つけることができたか。 ・よい結論となるための条件を備え、自分が考えたよりよい提案を学習カード2に書く。	
（5）	(4)自分で考えたよりよい提案とその理由を書く。	○自分で考えたよりよい提案を持つことができたか。	
まとめ （5）	4　本時の学習を振り返り、考えを書く。	・合意形成に向けよりよい結論となるべき条件を見つけ出し、よりよい提案を導き出せたことを称賛する。	

（片岡　浄）

4. 技術・家庭科（技術分野）学習指導案（中学校第1学年）

⑴**単元名**　ランプシェードの製作（材料と加工の技術）

⑵**本単元について**

　本単元は、「材料と加工の技術」の発展的な学習として位置づけている。この単元を行う前には、木材を材料とした製作を行っており、ランプシェードは2つ目の製作題材と設定している。木材を材料とした製作は比較的容易に加工でき、初学者にとって学習を進めやすい。

　本単元は2つの特徴がある。1つは、材料を木材からアクリル材に変えて製作を行い、材料の特徴や加工方法の違いを学ばせる点である。材料をアクリル材にすると、取り扱う材料の厚さが木材よりも6分の1程度薄くなり、作業では繊細さが要求される。また、工具も鋸からアクリル切断用カッターとなり、加工方法が大きく変化する。生徒は材料によって切断の方法が変わり、力の入れ方の違い等を理解し、材料に応じた技術を身につけることができる。

　もう1つの特徴は、ランプシェードの設計（デザイン）である。生徒は与えられた条件に基づき、作りたいデザインを考えていく。このときの条件としては、例えば「150mm×150mm×150mm（シェード部分）の枠の中での設計にする」「600mm×150mm×2mmのアクリル材2枚以内で製作する」等があげられる。工夫は与えられた条件の範囲内で行い、例えば規則性のあるデザイン、光の反射を考慮したデザイン、数学的に意味のある寸法でのデザイン等、様々なものが考えられる。また、見た目のデザインだけでなく、接合時の配慮や切断時の加工の容易さ等も考慮しながらデザインを決定するのが望ましい。シェード部分のみの工夫となるが、それだけでも何通りものバリエーションが見られ、生徒の工夫し創造する力を一層伸ばすと考えられる。

⑶**単元目標**

　アクリル材の特徴を理解し、材料の違いによる加工の方法を考える。条件の中で工夫を行い、光の反射、加工性、規則性等を考えたデザインを考える。

(4)単元全体の指導計画（全10時間扱い）

第1時～第2時　　ランプシェードの設計

第3時～第4時　　土台部分の製作

第5時～第6時　　電球部分の取り付け

第7時～第8時　　アクリル材の切断（本時）

第9時～第10時　アクリル材の接合

(5)本時の指導目標

・アクリルカッターの構造を理解し、適切な切断ができる。

・材料が細く、切断が難しいものは、固定の方法を変えるなど、工夫しながら作業を行う。

(6)本時の評価の観点

・アクリル材の切断加工の技能について、生徒の行動や切断後の材料をもとに評価する。【知識及び技能】

・材料が細く、切断が難しいものは、固定方法の工夫・作業の様子を観察し評価する。【思考力・判断力・表現力等】

⑺**本時の指導過程**（2時間続きの授業を想定）

時間	教師の指導	生徒の学習	指導上の留意点
導入 (10)	・前時までの作業の確認。 ・アクリル材の切断方法の説明。 ・切断の実演をするために、生徒を見やすいところに集める。 ・アクリルカッターの構造を確認する。	・作業進度を確認し、本時までにしなくてはならない作業が完了しているか確認する（土台の製作、電球部分の取り付け）。 ・アクリル材の切断方法を学ぶ。	・作業進度の確認のため、何種類かの実物を用意しておく。 ・生徒全員を、見やすいところに集める。前列の生徒は座らせる。
展開① (40)	・アクリル材2枚を配布し、けがき作業を行わせる。 ・罫書が終了次第、アクリルの切断を行わせる。	・アクリル材を持っていき、けがき作業を行う。 ・鋼尺、鉛筆を使用し作業を行う。 ・アクリルカッター、鋼尺を用いてアクリルの切断を行う。	・配布材料や使用工具は、持ち運びしやすいように箱等に整理しておく。
展開② (40)	・一度全体の作業を止めて、注意点を説明する。 ⑴細い材料の切断の注意。 ⑵作業する場所は机の中央部で行う。 ⑶切断後は、それぞれの材料に名前を書く。 ⑷切断時に出るゴミはまとめておく。	・アクリルの切断後は、切断面のバリを落とすようにする。 ・細い材料は両方向から切り込みを入れ、できる限り均一な溝を作るようにする。 ・切断後は損傷防止用の紙にクラス、番号、名前を書く（紛失防止のため）。	・机間巡視を行い、適宜アドバイスをする。 ・切断したアクリル材が散乱しないように声がけを行う。 ・作業する場所が机の端にならないように声がけする。
まとめ (10)	・切断した材料をまとめ、指定場所に保管させる。 ・使用した工具を片づけさせる。 ・身の回りの掃除をさせる。	・自分のクラスの保管場所に材料をまとめる。 ・使用した工具を片づける。 ・時間内に掃除を終える。	・片づけ、掃除までを授業時間内に終えるように心がける。

（渡邉隆昌）

5．理科学習指導案（高等学校第2学年、化学基礎）

⑴**単元名**　物質の構成

⑵**本単元について**

　本単元では、化学基礎の最初の授業にあたり、化学の学問の入り口として学問の対象を設定する。化学は物質を扱う学問であり、高等学校では主に純物質を扱う。そこで、実際の世界は混合物の世界であるとの認識を確認し、純物質を我々がなぜ・どのようにして得ているかについてについて考え、今後の学習の軸とする。

　化学の学問的興味は、身近な世界に存在する物質から始まり、その組成、構成物質の性質への探求を通し、様々な物質の化学反応へとつながる。本単元で生徒に注目させるのは、自然界に存在する混合物（純物質）から、純物質を得ることにより物質の性質が明らかにすることができるという身近な世界を構成する物質を眺めるための"視点"である。

　加えて、中学校で既習の水・塩酸・塩化銅の電気分解を概観し、純物質（厳密には混合物である）から純物質を取り出す現象に目をつけ、粒の元素の構成により、単体、化合物に分類できることを明らかにする。粒の種類に目をつけると、物質を構成する粒のつながりが変化することもわかり、後に化学反応を学ぶ際の助けとなる。

　また、三態変化では、化学変化を学ぶに先立ち、化学で扱う粒の熱運動による振る舞いを扱うことにより、今後の化学反応を扱う際の熱化学の単元へとつなげる。

⑶**単元目標**

　混合物は含まれる純物質の種類・割合によって性質が変わることを知る。また、混合物中に含まれる純物質の物理的性質に着目し、適切な分離法を選ぶために、代表的な分離法の理論について知る。

⑷**単元全体の指導計画**（全4時間）

　　第1時　純物質と混合物【本時】

　　第2時　純物質と混合物（分離法実験）

　　第3時　物質とその成分

第4時　物質の三態と熱運動

(5)**本時の指導目標**

・混合物・純物質の用語を知る。

・純物質と混合物の物理的性質の特徴をグラフから読み取る。

・教科書の例から混合物の分離法についての概要を知る。

・代表的な分離法6つについてグループでまとめてプレゼンテーションを行う。

(6)**本時の評価の観点**

　評価の観点は事前に設定する。それぞれの展開の前に生徒に示し、後に活動を行う。

(7)本時の指導過程

時分	学習内容・活動	教師の支援と評価の観点	教材・資料
導入 (10)	・空気・海水の組成の表を比較し、表から読み取れることをペアで確認し全体で共有する。	・空気・海水という名前と、表の中に書いてある物質の名前との関係に着目させる。(評価1．空気に窒素と酸素が含まれる、2．一定の割合で混合、割合は変化する等言及できる。)	教科書の表をプロジェクターで映す。
	・「混合物」「純物質」という言葉を、教科書の表と対応させる。 ・自身の身の回りの物質を混合物と純物質に分類する。 ・ペアで確認し、全体で共有する。	・混合物に含まれる純物質という用語を提示する。これらの用語を使って導入で使用した表を説明させる。 ・自然を見回したときに、混合物と純物質のどちらが目につくか例をあげさせる。 (評価1．混合物の例をあげることができる、2．何が含まれているか指摘、3．自然界に存在する純物質にも言及)	教科書の表をプロジェクターで映す。 生徒の発言を黒板（ホワイトボード）に可視化。
展開 (10)	・提示された例の混合物をどのように分けるか全体で考える。その際、それぞれの物質のどのような性質を用いたか考える。	・想定した混合物を提示する。大豆とごま・アルミ缶とスチール缶・氷とビー玉をどのような性質を元に分けるかのアイディアを共有させる。	生徒の発言を黒板（ホワイトボード）に可視化。
(5)	・自分のグループの割り当てに従い、教科書・資料集を参考にしてフォーマットに従いまとめる。	・グループを設定し、担当する分離法を割り振る。それぞれのグループに、教科書に出てくる6つの分離法（ろ過・蒸留・昇華法・再結晶・抽出・クロマトグラフィー）の1つをA4のコピー用紙1枚にまとめさせる。1．方法名、2．混合物の例、3.使用する物質の性質、4.分離法によりどのように分けることができるかの4点についてまとめることを指示。後にこれを用いてプレゼンテーションを行うことを提示する。	教科書、資料集 各グループでペン（カラー）とA4コピー用紙。
(10)		(評価1．以上の4点が含まれている、2．伝える上での工夫がされている、3．教科書の例以外について検討している)	
まとめ (10)	・それぞれの場所で、自分たちのグループの担当した分離法の説明をする。または、他のグループの説明を聞く（相互評価 上記の展開に示した評価を用いて相互評価する。説明を聞いた後、手持ちのシールを評価シートのよかった項目に振り分ける）	・6つの方法について、教室の壁面を使いポスターセッションを行う。それぞれのグループで説明する係を順番に残すことを指示、説明係以外は、他のグループのポスターを見て説明を受ける。評価 説明すること・説明を聞くこと両方に関わったか）	マスキングテープ 評価用シール 評価シート
(5)	・評価表を埋め・ペアで共有する。	・次回の実験の予告・今時の自己評価を指示	自己評価用紙

（岩川光一朗）

6．外国語科(英語表現I〔理論・表現I〕)学習指導案(高等学校)

⑴**単元名**　Lesson 4 A Social Issue: Smartphone Addiction

⑵**本単元について**

　本単元では、新科目「論理・表現I」で扱われる発信能力(「話すこと〔やり取り〕」、「話すこと〔発表〕」、「書くこと」)のうち、話すこと〔発表〕に焦点を当て、スピーチの組み立て方や表現方法を学ぶ。社会的な話題を取り上げ、客観的と判断される事実・根拠に触れ、生徒自身が考えを整理したり、物事を論理的に聞き手に伝えたりしながら、思考力と英語での表現力を高めることをねらいとする。その際、他教科での学習内容を教科横断的に活用することも有効であろう。なお、スピーチ実施時には、準備した原稿をそのまま読むのではなく、なるべく原稿を見ずに、自分の言葉として聞き手に伝えることで説得力が高まることを実感させたい。

　本単元の指導で配慮すべき点は、主に以下の2点である。

　1）モデルとなる英文を示しながら、スピーチで用いられる基本構成(導入、サポーティング・センテンス、まとめ)と表現方法を習得させること。

　2）理解の範囲にとどめるのではなく、繰り返しによる練習によって、スピーチに必要な知識・技能を習得させること。

　特に、英語で表現することに抵抗感のある生徒にとっては、人前でスピーチをすることは簡単ではない。モデルとなる英文から構成や表現を借用し、ペアやグループといった小規模の学習単位で繰り返し発話させることで自信をつけさせることが重要である。

⑶**単元目標**

　社会的な話題について、聞いたり読んだりした英文を活用し、英語のスピーチ構成に気を配りながら、自分の意見や主張などを適切な語彙表現を用いて論理的に伝えることができるようにする。

⑷**単元全体の指導計画**（5時間扱い）

　第1時　スピーチの基本構成（導入、サポーティング・センテンス、まとめ）の理解（本時）

第2時　スピーチで用いられる表現の理解と活用

第3時　スピーチの評価指標（ルーブリック）の理解

第4時　ルーブリックに基づくスピーチ原稿の作成

第5時　スピーチの実践

(5)本時の指導目標

・スピーチの基本構成について、モデルとなるスピーチ原稿を読みながら理解する。

・スピーチの基本構成に基づきながら、一定の時間で即興スピーチが行えるようにする。

(6)本時の評価の観点

・即興スピーチの様子を観察し、聞き手を意識した表現になっているかどうかについて、活動の直後にフィードバックを与え、より効果的な表現方法についてクラス全体で共有する。

・スピーチの基本構成、使用語彙や文構造・文法の適切さ、首尾一貫性について、生徒のスピーチ原稿を評価指標（ルーブルリック）により評価する。

⑺本時の指導過程

（以下、日本語で表記するが、やり取りは原則として英語を使用する）

時間	教師の指導【　】内は目的を示す	生徒の学習	指導上の留意点
導入 (10)	①【興味喚起】(例) 最近のスマートフォンの使用時間についてクラス全体に質問を投げかける。 ②【他者との意見共有】ペアになり、上記の質問について、それぞれ1分程度で答えるよう指示する。 ③本時の目的を提示する。	①何時間程度、何を目的としてスマートフォンを使用しているのかを簡潔に答える。 ②どちらが先に回答するのかを決める。回答の際、話者・聞き手ともに相手の目を見るようにする。 ③本時の目的を理解する。	①クラスの雰囲気や生徒の学習姿勢を観察し、質問の難易度を調整する。 ②回答時に日本語を使用しないように指示し、取り組み姿勢を観察する。
展開 (35)	④【モデルとなるスピーチ原稿を提示し、基本構成を理解】スマートフォン中毒に関するスピーチ原稿を読むよう指示する。	④英文を読み、筆者の主張を読み取ったり、スピーチの基本構成(導入、サポーティング・センテンス、まとめ)の流れを理解する。	④導入部、サポーティング・センテンス、まとめの部分について、マーカーで示すように指示する。
	⑤【理解の深化】ペアを組み、スピーチの基本構成について、理解した内容を共有するよう指示する。	⑤ペアになり、基本構成の流れをお互いに確認する。確認後、クラス全体で共有する。	⑤生徒の英語力に応じた語彙・表現を用いて基本構成について解説する。
	⑥【知識の活用】スピーチの基本構成を意識しながら、スマートフォン利用のメリット又はデメリットを箇条書きでメモするように指示し、ペアで即興スピーチを行うよう指示する。	⑥基本構成(導入、サポーティング・センテンス、まとめ)を意識しながら、箇条書きで英文を書き、その後、ペアになってお互いにスピーチを行う。	⑥生徒が自信をもって発言できるよう、ペアを入れ替えて複数回練習してもよい。
まとめ (5)	⑦【表現の工夫】⑥で作成したメモと即興スピーチの内容を基に、スピーチ原稿を作成するよう指示する。	⑦語彙、文構造・文法、首尾一貫性を意識しながら、ある程度のまとまった英文を書く。	⑦机間指導を行い、よい点はクラスで共有し、改善点等はその場で指摘する。
	⑧【他者からの学び】⑦で作成した英文をお互いに読んでコメントを書くように指示する。	⑧お互いの英文を読み、よいと思った点や改善したほうがよい点について英語で簡潔にコメントする。	⑧相手への否定につながらないよう、肯定的なコメントをするよう指示する。
	⑨【振り返り】本時の学習についての気付きや学びを記載する。	⑨どのような気づきや新たな学びがあったかを英語で記載する。	

（赤塚祐哉）

7．学習指導案総括

　本章に掲載した学習指導案6つについて簡単に説明をしておきたい。まず最初にディベート形式の2つの授業1及び3である。新学習指導要領のキーワードにアクティブ・ラーニング（以下、「AL」とする）が盛んに取り上げられ、ややもすると「授業に話合い活動やグループ活動を取り入れればよいのでは」という形式的で安易なAL授業が量産されることが危惧されているが、両授業ともよく練られた学習指導案である。1の大村氏の「これからの日本の食料保障」（小学校5年社会科）の指導案は、具体的な資料や情報を学んだ上で、全9時限中の8時限目に「日本の食料自給率を上げること」についてのディベートを実施する授業の計画である。本授業は日本の食料自給率について前時までに十分にテーマを踏まえた調べ学習をした単元の終末段階で子どもたちに議論をさせ、新たな資料を加えながら考えを深めさせている。学習者も考えやすい身近なテーマから、思考力・判断力・表現力等を育んでいる、現代に求められるALの学習指導案と言えるだろう。

　3の片岡氏の「話し合いで問題を解決しよう」（中学校3年国語科）の指導案もディベートをさせるという点では共通しているが、単元のテーマが話し合いでの問題解決、合意形成を導き出す力を目指しているため、論題そのものにはあまり価値を置かないところが特徴的である。その代わり、指導過程では「両派が目指したものを見つける」「よい結論となるための条件を見つける」「自分で考えたよりよい提案を持つ」という視点で授業が展開される。同じディベートという授業形態であっても、教科や学習内容によって授業案の強調点が異なることが読み取れるだろう。

　2の紀村氏の「いいね、仲間って」（小学校5年体育科）の学習指導案は、多様な運動にともに取り組むことで、自他の体と心に対する気づき、仲間のよさについての気づきを産み出そうとする意図がよく表現されている。「(8)本時の指導過程」に教師が授業中盤で最も強調したい問いかけが吹き出しの形式で挿入されている。図や写真があるのもわかりやすい。

　4の渡邉氏の「ランプシェードの製作」（中学校1年技術分野）の学習指導案は、アクリル材という加工が少し難しい材料を使用して、大きさなどの

限定された条件の中でオリジナルなデザインを工夫し創造させる単元の授業案である。本時は実際にアクリル板を切断する連続した2時限分の授業案だが、安全に、間違いがないように授業が進行するよう、何を指導しなければならないか正確に要点が記述されている。しかし、同時に作業内容だけが記述されているように見えながら、この指導過程をたどれば、「(5)本時の指導目標」が達成できる、綿密な授業計画となっていることがわかる。

　5の岩川氏の「物質の構成」(高等学校2年、化学基礎)の学習指導案は、従来の「教える」「説明する」といった授業法から大きくシフトした指導案と言えるかもしれない。教科書の表を説明したり、授業の主題に関わる用語を提示したりはするが、多くの時間は生徒に考えさせたり説明させたり、プレゼンを行わせたり、である。考え、まとめ、プレゼンをさせ、最後は評価シートを使って相互評価までさせている AL 型の授業である。

　6の赤塚氏の「A Social Issue : Smartphone Addiction」(高等学校、英語表現Ⅰ〔論理・表現Ⅰ〕)の学習指導案もまた、一見 AL 型のスピーチ実施授業でありながら、スピーチの基本構成の理解、スピーチの実施、英文の作成・記述といったバランスのとれた組み立てとなっていることがわかる。ペアでスピーチに取り組むことによって、話してばかり・作文してばかりの授業ではなく、5時限で構成する単元の導入時の指導案として、(2)単元設定の理由で説明されている2つの配慮すべき点を組み込んでいる。

　上記のように、本章で取り上げた1〜6の学習指導案はいずれも現代の小学校・中学校・高等学校の授業で求められている授業スタイルを取り入れた授業案であるということができよう。2の体育科授業と4の技術・家庭科授業はことさらに AL 型授業というわけではないが、もともと国語・社会・数学・理科・英語といった座学授業とは違い、体育や技術は実技や作業を主体として展開される授業スタイルが一般的であり、見るべきは今までの授業スタイルに思考や表現等の要素がいかに付加されるべきかという点である。これら6つの学習指導案から我々が学ぶべきは、AL 型の授業計画・運営の計画をしながら、単元や授業ごとの目標・めあての達成にとどまらず、いかに思考・判断や表現の力を児童・生徒に育もうとしているか、どのような授業者の工夫が盛り込まれているかであろう。

【学習課題】
○1～6の学習指導案から1つ選択し、その学習指導案にはどのような
　工夫がされているか、話し合ってみよう。
○本章の学習指導案を参考にして、自分が将来担当するであろう教科・
　科目の指導案を簡易的に作成・実施してみよう。

（牛尾直行）

資料

学校教育法（抄）（昭和22年法律第26号）

第1章　総則

第1条　この法律で、学校とは、幼稚園、小学校、中学校、義務教育学校、高等学校、中等教育学校、特別支援学校、大学及び高等専門学校とする。

第2条　学校は、国（国立大学法人法（平成15年法律第112号）第2条第1項に規定する国立大学法人及び独立行政法人国立高等専門学校機構を含む。以下同じ。）、地方公共団体（地方独立行政法人法（平成15年法律第118号）第68条第1項に規定する公立大学法人（以下「公立大学法人」という。）を含む。次項及び第127条において同じ。）及び私立学校法（昭和24年法律第270号）第3条に規定する学校法人（以下「学校法人」という。）のみが、これを設置することができる。

2　この法律で、国立学校とは、国の設置する学校を、公立学校とは、地方公共団体の設置する学校を、私立学校とは、学校法人の設置する学校をいう。

第7条　学校には、校長及び相当数の教員を置かなければならない。

第11条　校長及び教員は、教育上必要があると認めるときは、文部科学大臣の定めるところにより、児童、生徒及び学生に懲戒を加えることができる。ただし、体罰を加えることはできない。

第12条　学校においては、別に法律で定めるところにより、幼児、児童、生徒及び学生並びに職員の健康の保持増進を図るため、健康診断を行い、その他その保健に必要な措置を講じなければならない。

第2章　義務教育

第16条　保護者（子に対して親権を行う者（親権を行う者のないときは、未成年後見人）をいう。以下同じ。）は、次条に定めるところにより、子に9年の普通教育を受けさせる義務を負う。

第17条　保護者は、子の満6歳に達した日の翌日以後における最初の学年の初めから、満12歳に達した日の属する学年の終わりまで、これを小学校、義務教育学校の前期課程又は特別支援学校の小学部に就学させる義務を負う。ただし、子が、満12歳に達した日の属する学年の終わりまでに小学校の課程、義務教育学校の前期課程又は特別支援学校の小学部の課程を修了しないときは、満15歳に達した日の属する学年の終わり（それまでの間においてこれらの課程を修了したときは、その修了した日の属する学年の終わり）までとする。

2　保護者は、子が小学校の課程、義務教育学校の前期課程又は特別支援学校の小学部の課程を修了した日の翌日以後における最初の学年の初めから、満15歳に達した日の属する学年の終わりまで、これを中学校、義務教育学校の後期課程、中等教育学校の前期課程又は特別支援学校の中学部に就学させる義務を負う。

3　前2項の義務の履行の督促その他これらの義務の履行に関し必要な事項は、政令で定める。

第21条　義務教育として行われる普通教育は、教育基本法（平成18年法律第120号）第5条第2項に規定する目的を実現するため、次に掲げる目標を達成するよう行われるものとする。

一　学校内外における社会的活動を促進し、自主、自律及び協同の精神、規範意識、公正な判断力並びに公共の精神に基づき主体的に社会の形成に参画し、その発展に寄与する態度を養うこと。

二　学校内外における自然体験活動を促進し、生命及び自然を尊重する精神並びに環境の保全に

　　寄与する態度を養うこと。
　三　我が国と郷土の現状と歴史について、正しい理解に導き、伝統と文化を尊重し、それらをは
　　ぐくんできた我が国と郷土を愛する態度を養うとともに、進んで外国の文化の理解を通じて、
　　他国を尊重し、国際社会の平和と発展に寄与する態度を養うこと。
　四　家族と家庭の役割、生活に必要な衣、食、住、情報、産業その他の事項について基礎的な理
　　解と技能を養うこと。
　五　読書に親しませ、生活に必要な国語を正しく理解し、使用する基礎的な能力を養うこと。
　六　生活に必要な数量的な関係を正しく理解し、処理する基礎的な能力を養うこと。
　七　生活にかかわる自然現象について、観察及び実験を通じて、科学的に理解し、処理する基礎
　　的な能力を養うこと。
　八　健康、安全で幸福な生活のために必要な習慣を養うとともに、運動を通じて体力を養い、心
　　身の調和的発達を図ること。
　九　生活を明るく豊かにする音楽、美術、文芸その他の芸術について基礎的な理解と技能を養う
　　こと。
　十　職業についての基礎的な知識と技能、勤労を重んずる態度及び個性に応じて将来の進路を選
　　択する能力を養うこと。

第4章　小学校

第29条　小学校は、心身の発達に応じて、義務教育として行われる普通教育のうち基礎的なものを
　　施すことを目的とする。
第30条　小学校における教育は、前条に規定する目的を実現するために必要な程度において第21条
　　各号に掲げる目標を達成するよう行われるものとする。
２　前項の場合においては、生涯にわたり学習する基盤が培われるよう、基礎的な知識及び技能を
　　習得させるとともに、これらを活用して課題を解決するために必要な思考力、判断力、表現力そ
　　の他の能力をはぐくみ、主体的に学習に取り組む態度を養うことに、特に意を用いなければなら
　　ない。
第31条　小学校においては、前条第１項の規定による目標の達成に資するよう、教育指導を行うに
　　当たり、児童の体験的な学習活動、特にボランティア活動など社会奉仕体験活動、自然体験活動
　　その他の体験活動の充実に努めるものとする。この場合において、社会教育関係団体その他の関
　　係団体及び関係機関との連携に十分配慮しなければならない。
第32条　小学校の修業年限は、６年とする。
第33条　小学校の教育課程に関する事項は、第29条及び第30条の規定に従い、文部科学大臣が定め
　　る。
第34条　小学校においては、文部科学大臣の検定を経た教科用図書又は文部科学省が著作の名義を
　　有する教科用図書を使用しなければならない。
２　前項に規定する教科用図書（以下この条において「教科用図書」という。）の内容を文部科学
　　大臣の定めるところにより記録した電磁的記録（電子的方式、磁気的方式その他人の知覚によつ
　　ては認識することができない方式で作られる記録であつて、電子計算機による情報処理の用に供
　　されるものをいう。）である教材がある場合には、同項の規定にかかわらず、文部科学大臣の定
　　めるところにより、児童の教育の充実を図るため必要があると認められる教育課程の一部におい

て、教科用図書に代えて当該教材を使用することができる。

3　前項に規定する場合において、視覚障害、発達障害その他の文部科学大臣の定める事由により教科用図書を使用して学習することが困難な児童に対し、教科用図書に用いられた文字、図形等の拡大又は音声への変換その他の同項に規定する教材を電子計算機において用いることにより可能となる方法で指導することにより当該児童の学習上の困難の程度を低減させる必要があると認められるときは、文部科学大臣の定めるところにより、教育課程の全部又は一部において、教科用図書に代えて当該教材を使用することができる。

4　教科用図書及び第2項に規定する教材以外の教材で、有益適切なものは、これを使用することができる。

5　第1項の検定の申請に係る教科用図書に関し調査審議させるための審議会等（国家行政組織法（昭和23年法律第120号）第8条に規定する機関をいう。以下同じ。）については、政令で定める。

第35条　市町村の教育委員会は、次に掲げる行為の1又は2以上を繰り返し行う等性行不良であつて他の児童の教育に妨げがあると認める児童があるときは、その保護者に対して、児童の出席停止を命ずることができる。

一　他の児童に傷害、心身の苦痛又は財産上の損失を与える行為

二　職員に傷害又は心身の苦痛を与える行為

三　施設又は設備を損壊する行為

四　授業その他の教育活動の実施を妨げる行為

2　市町村の教育委員会は、前項の規定により出席停止を命ずる場合には、あらかじめ保護者の意見を聴取するとともに、理由及び期間を記載した文書を交付しなければならない。

3　前項に規定するもののほか、出席停止の命令の手続に関し必要な事項は、教育委員会規則で定めるものとする。

4　市町村の教育委員会は、出席停止の命令に係る児童の出席停止の期間における学習に対する支援その他の教育上必要な措置を講ずるものとする。

第37条　小学校には、校長、教頭、教諭、養護教諭及び事務職員を置かなければならない。

2　小学校には、前項に規定するもののほか、副校長、主幹教諭、指導教諭、栄養教諭その他必要な職員を置くことができる。

3　第1項の規定にかかわらず、副校長を置くときその他特別の事情のあるときは教頭を、養護をつかさどる主幹教諭を置くときは養護教諭を、特別の事情のあるときは事務職員を、それぞれ置かないことができる。

4　校長は、校務をつかさどり、所属職員を監督する。

5　副校長は、校長を助け、命を受けて校務をつかさどる。

6　副校長は、校長に事故があるときはその職務を代理し、校長が欠けたときはその職務を行う。この場合において、副校長が二人以上あるときは、あらかじめ校長が定めた順序で、その職務を代理し、又は行う。

7　教頭は、校長（副校長を置く小学校にあつては、校長及び副校長）を助け、校務を整理し、及び必要に応じ児童の教育をつかさどる。

8　教頭は、校長（副校長を置く小学校にあつては、校長及び副校長）に事故があるときは校長の職務を代理し、校長（副校長を置く小学校にあつては、校長及び副校長）が欠けたときは校長の職務を行う。この場合において、教頭が二人以上あるときは、あらかじめ校長が定めた順序で、

　　校長の職務を代理し、又は行う。

9　主幹教諭は、校長（副校長を置く小学校にあつては、校長及び副校長）及び教頭を助け、命を受けて校務の一部を整理し、並びに児童の教育をつかさどる。

10　指導教諭は、児童の教育をつかさどり、並びに教諭その他の職員に対して、教育指導の改善及び充実のために必要な指導及び助言を行う。

11　教諭は、児童の教育をつかさどる。

12　養護教諭は、児童の養護をつかさどる。

13　栄養教諭は、児童の栄養の指導及び管理をつかさどる。

14　事務職員は、事務をつかさどる。

15　助教諭は、教諭の職務を助ける。

16　講師は、教諭又は助教諭に準ずる職務に従事する。

17　養護助教諭は、養護教諭の職務を助ける。

18　特別の事情のあるときは、第1項の規定にかかわらず、教諭に代えて助教諭又は講師を、養護教諭に代えて養護助教諭を置くことができる。

19　学校の実情に照らし必要があると認めるときは、第9項の規定にかかわらず、校長（副校長を置く小学校にあつては、校長及び副校長）及び教頭を助け、命を受けて校務の一部を整理し、並びに児童の養護又は栄養の指導及び管理をつかさどる主幹教諭を置くことができる。

第38条　市町村は、その区域内にある学齢児童を就学させるに必要な小学校を設置しなければならない。ただし、教育上有益かつ適切であると認めるときは、義務教育学校の設置をもつてこれに代えることができる。

第44条　私立の小学校は、都道府県知事の所管に属する。

第5章　中学校

第45条　中学校は、小学校における教育の基礎の上に、心身の発達に応じて、義務教育として行われる普通教育を施すことを目的とする。

第46条　中学校における教育は、前条に規定する目的を実現するため、第21条各号に掲げる目標を達成するよう行われるものとする。

第47条　中学校の修業年限は、3年とする。

第48条　中学校の教育課程に関する事項は、第45条及び第46条の規定並びに次条において読み替えて準用する第30条第2項の規定に従い、文部科学大臣が定める。

第5章の2　義務教育学校

第49条の2　義務教育学校は、心身の発達に応じて、義務教育として行われる普通教育を基礎的なものから一貫して施すことを目的とする。

第49条の3　義務教育学校における教育は、前条に規定する目的を実現するため、第21条各号に掲げる目標を達成するよう行われるものとする。

第49条の4　義務教育学校の修業年限は、9年とする。

第49条の5　義務教育学校の課程は、これを前期6年の前期課程及び後期3年の後期課程に区分する。

第6章　高等学校

第50条　高等学校は、中学校における教育の基礎の上に、心身の発達及び進路に応じて、高度な普通教育及び専門教育を施すことを目的とする。

第51条　高等学校における教育は、前条に規定する目的を実現するため、次に掲げる目標を達成するよう行われるものとする。

　　一　義務教育として行われる普通教育の成果を更に発展拡充させて、豊かな人間性、創造性及び健やかな身体を養い、国家及び社会の形成者として必要な資質を養うこと。

　　二　社会において果たさなければならない使命の自覚に基づき、個性に応じて将来の進路を決定させ、一般的な教養を高め、専門的な知識、技術及び技能を習得させること。

　　三　個性の確立に努めるとともに、社会について、広く深い理解と健全な批判力を養い、社会の発展に寄与する態度を養うこと。

第52条　高等学校の学科及び教育課程に関する事項は、前2条の規定及び第62条において読み替えて準用する第30条第2項の規定に従い、文部科学大臣が定める。

第53条　高等学校には、全日制の課程のほか、定時制の課程を置くことができる。

2　高等学校には、定時制の課程のみを置くことができる。

第54条　高等学校には、全日制の課程又は定時制の課程のほか、通信制の課程を置くことができる。

2　高等学校には、通信制の課程のみを置くことができる。

第56条　高等学校の修業年限は、全日制の課程については、3年とし、定時制の課程及び通信制の課程については、3年以上とする。

第57条　高等学校に入学することのできる者は、中学校若しくはこれに準ずる学校若しくは義務教育学校を卒業した者若しくは中等教育学校の前期課程を修了した者又は文部科学大臣の定めるところにより、これと同等以上の学力があると認められた者とする。

第7章　中等教育学校

第63条　中等教育学校は、小学校における教育の基礎の上に、心身の発達及び進路に応じて、義務教育として行われる普通教育並びに高度な普通教育及び専門教育を一貫して施すことを目的とする。

第64条　中等教育学校における教育は、前条に規定する目的を実現するため、次に掲げる目標を達成するよう行われるものとする。

　　一　豊かな人間性、創造性及び健やかな身体を養い、国家及び社会の形成者として必要な資質を養うこと。

　　二　社会において果たさなければならない使命の自覚に基づき、個性に応じて将来の進路を決定させ、一般的な教養を高め、専門的な知識、技術及び技能を習得させること。

　　三　個性の確立に努めるとともに、社会について、広く深い理解と健全な批判力を養い、社会の発展に寄与する態度を養うこと。

第65条　中等教育学校の修業年限は、6年とする。

第66条　中等教育学校の課程は、これを前期3年の前期課程及び後期3年の後期課程に区分する。

第71条　同一の設置者が設置する中学校及び高等学校においては、文部科学大臣の定めるところにより、中等教育学校に準じて、中学校における教育と高等学校における教育を一貫して施すことができる。

学校教育法施行規則（抄）（昭和22年文部省令第11号）

第1章　総則

第1節　設置廃止等

第1条　学校には、その学校の目的を実現するために必要な校地、校舎、校具、運動場、図書館又は図書室、保健室その他の設備を設けなければならない。

2　学校の位置は、教育上適切な環境に、これを定めなければならない。

第24条　校長は、その学校に在学する児童等の指導要録（学校教育法施行令第31条に規定する児童等の学習及び健康の状況を記録した書類の原本をいう。以下同じ。）を作成しなければならない。

2　校長は、児童等が進学した場合においては、その作成に係る当該児童等の指導要録の抄本又は写しを作成し、これを進学先の校長に送付しなければならない。

3　校長は、児童等が転学した場合においては、その作成に係る当該児童等の指導要録の写しを作成し、その写し（転学してきた児童等については転学により送付を受けた指導要録（就学前の子どもに関する教育、保育等の総合的な提供の推進に関する法律施行令（平成26年政令第203号）第8条に規定する園児の学習及び健康の状況を記録した書類の原本を含む。）の写しを含む。）及び前項の抄本又は写しを転学先の校長、保育所の長又は認定こども園の長に送付しなければならない。

第25条　校長（学長を除く。）は、当該学校に在学する児童等について出席簿を作成しなければならない。

第26条　校長及び教員が児童等に懲戒を加えるに当つては、児童等の心身の発達に応ずる等教育上必要な配慮をしなければならない。

2　懲戒のうち、退学、停学及び訓告の処分は、校長（大学にあつては、学長の委任を受けた学部長を含む。）が行う。

3　前項の退学は、市長村立の小学校、中学校（学校教育法第71条の規定により高等学校における教育と一貫した教育を施すもの（以下「併設型中学校」という。）を除く。）、若しくは義務教育学校又は公立の特別支援学校に在学する学齢児童又は学齢生徒を除き、次の各号のいずれかに該当する児童等に対して行うことができる。

一　性行不良で改善の見込がないと認められる者

二　学力劣等で成業の見込がないと認められる者

三　正当の理由がなくて出席常でない者

四　学校の秩序を乱し、その他学生又は生徒としての本分に反した者

4　第2項の停学は、学齢児童又は学齢生徒に対しては、行うことができない。

5　学長は、学生に対する第2項の退学、停学及び訓告の処分の手続を定めなければならない。

第28条　学校において備えなければならない表簿は、概ね次のとおりとする。

一　学校に関係のある法令

二　学則、日課表、教科用図書配当表、学校医執務記録簿、学校歯科医執務記録簿、学校薬剤師執務記録簿及び学校日誌

三　職員の名簿、履歴書、出勤簿並びに担任学級、担任の教科又は科目及び時間表

四　指導要録、その写し及び抄本並びに出席簿及び健康診断に関する表簿

五　入学者の選抜及び成績考査に関する表簿

六　資産原簿、出納簿及び経費の予算決算についての帳簿並びに図書機械器具、標本、模型等の

　教具の目録

七　往復文書処理簿

2　前項の表簿（第24条第2項の抄本又は写しを除く。）は、別に定めるもののほか、5年間保存しなければならない。ただし、指導要録及びその写しのうち入学、卒業等の学籍に関する記録については、その保存期間は、20年間とする。

3　学校教育法施行令第31条の規定により指導要録及びその写しを保存しなければならない期間は、前項のこれらの書類の保存期間から当該学校においてこれらの書類を保存していた期間を控除した期間とする。

第4章　小学校

第1節　設備編制

第41条　小学校の学級数は、12学級以上18学級以下を標準とする。ただし、地域の実態その他により特別の事情のあるときは、この限りでない。

第43条　小学校においては、調和のとれた学校運営が行われるためにふさわしい校務分掌の仕組みを整えるものとする。

第44条　小学校には、教務主任及び学年主任を置くものとする。

2　前項の規定にかかわらず、第4項に規定する教務主任の担当する校務を整理する主幹教諭を置くときその他特別の事情のあるときは教務主任を、第5項に規定する学年主任の担当する校務を整理する主幹教諭を置くときその他特別の事情のあるときは学年主任を、それぞれ置かないことができる。

3　教務主任及び学年主任は、指導教諭又は教諭をもつて、これに充てる。

4　教務主任は、校長の監督を受け、教育計画の立案その他の教務に関する事項について連絡調整及び指導、助言に当たる。

5　学年主任は、校長の監督を受け、当該学年の教育活動に関する事項について連絡調整及び指導、助言に当たる。

第45条　小学校においては、保健主事を置くものとする。

2　前項の規定にかかわらず、第4項に規定する保健主事の担当する校務を整理する主幹教諭を置くときその他特別の事情のあるときは、保健主事を置かないことができる。

3　保健主事は、指導教諭、教諭又は養護教諭をもつて、これに充てる。

4　保健主事は、校長の監督を受け、小学校における保健に関する事項の管理に当たる。

第45条の2　小学校には、研修主事を置くことができる。

2　研修主事は、指導教諭又は教諭をもつて、これに充てる。

3　研修主事は、校長の監督を受け、研修計画の立案その他の研修に関する事項について連絡調整及び指導、助言に当たる。

第47条　小学校においては、前3条に規定する教務主任、学年主任、保健主事、研修主事及び事務主任のほか、必要に応じ、校務を分担する主任等を置くことができる。

第48条　小学校には、設置者の定めるところにより、校長の職務の円滑な執行に資するため、職員会議を置くことができる。

2　職員会議は、校長が主宰する。

第49条　小学校には、設置者の定めるところにより、学校評議員を置くことができる。

2　学校評議員は、校長の求めに応じ、学校運営に関し意見を述べることができる。

3　学校評議員は、当該小学校の職員以外の者で教育に関する理解及び識見を有するもののうちから、校長の推薦により、当該小学校の設置者が委嘱する。

第2節　教育課程

第50条　小学校の教育課程は、国語、社会、算数、理科、生活、音楽、図画工作、家庭、体育及び外国語の各教科（以下この節において「各教科」という。）、特別の教科である道徳、外国語活動、総合的な学習の時間並びに特別活動によつて編成するものとする。

2　私立の小学校の教育課程を編成する場合は、前項の規定にかかわらず、宗教を加えることができる。この場合においては、宗教をもつて前項の特別の教科である道徳に代えることができる。

第51条　小学校（第52条の2第2項に規定する中学校連携型小学校及び第79条の9第2項に規定する中学校併設型小学校を除く。）の各学年における各教科、特別の教科である道徳、外国語活動、総合的な学習の時間及び特別活動のそれぞれの授業時数並びに各学年におけるこれらの総授業時数は、別表第1に定める授業時数を標準とする。

第52条　小学校の教育課程については、この節に定めるもののほか、教育課程の基準として文部科学大臣が別に公示する小学校学習指導要領によるものとする。

第52条の2　小学校（第79条の9第2項に規定する中学校併設型小学校を除く。）においては、中学校における教育との一貫性に配慮した教育を施すため、当該小学校の設置者が当該中学校の設置者との協議に基づき定めるところにより、教育課程を編成することができる。

2　前項の規定により教育課程を編成する小学校（以下「中学校連携型小学校」という。）は、第74条の2第1項の規定により教育課程を編成する中学校と連携し、その教育課程を実施するものとする。

第52条の3　中学校連携型小学校の各学年における各教科、特別の教科である道徳、外国語活動、総合的な学習の時間及び特別活動のそれぞれの授業時数並びに各学年におけるこれらの総授業時数は、別表第2の2に定める授業時数を標準とする。

第52条の4　中学校連携型小学校の教育課程については、この章に定めるもののほか、教育課程の基準の特例として文部科学大臣が別に定めるところによるものとする。

第53条　小学校においては、必要がある場合には、一部の各教科について、これらを合わせて授業を行うことができる。

第54条　児童が心身の状況によつて履修することが困難な各教科は、その児童の心身の状況に適合するように課さなければならない。

第55条　小学校の教育課程に関し、その改善に資する研究を行うため特に必要があり、かつ、児童の教育上適切な配慮がなされていると文部科学大臣が認める場合においては、文部科学大臣が別に定めるところにより、第50条第1項、第51条（中学校連携型小学校にあつては第52条の3、第79条の9第2項に規定する中学校併設型小学校にあつては第79条の12において準用する第79条の5第1項）又は第52条の規定によらないことができる。

第57条　小学校において、各学年の課程の修了又は卒業を認めるに当たつては、児童の平素の成績を評価して、これを定めなければならない。

第58条　校長は、小学校の全課程を修了したと認めた者には、卒業証書を授与しなければならない。

第3節　学年及び授業日

第59条　小学校の学年は、4月1日に始まり、翌年3月31日に終わる。

第60条　授業終始の時刻は、校長が定める。

第61条　公立小学校における休業日は、次のとおりとする。ただし、第3号に掲げる日を除き、当該学校を設置する地方公共団体の教育委員会（公立大学法人の設置する小学校にあつては、当該公立大学法人の理事長。第3号において同じ。）が必要と認める場合は、この限りでない。

一　国民の祝日に関する法律（昭和23年法律第178号）に規定する日

二　日曜日及び土曜日

三　学校教育法施行令第29条第1項の規定により教育委員会が定める日

第5章　中学校

第62条　私立小学校における学期及び休業日は、当該学校の学則で定める。

第72条　中学校の教育課程は、国語、社会、数学、理科、音楽、美術、保健体育、技術・家庭及び外国語の各教科（以下本章及び第7章中「各教科」という。）、特別の教科である道徳、総合的な学習の時間並びに特別活動によつて編成するものとする。

第73条　中学校（併設型中学校、第74条の2第2項に規定する小学校連携型中学校、第75条第2項に規定する連携型中学校及び第79条の9第2項に規定する小学校併設型中学校を除く。）の各学年における各教科、特別の教科である道徳、総合的な学習の時間及び特別活動のそれぞれの授業時数並びに各学年におけるこれらの総授業時数は、別表第2に定める授業時数を標準とする。

第74条　中学校の教育課程については、この章に定めるもののほか、教育課程の基準として文部科学大臣が別に公示する中学校学習指導要領によるものとする。

第74条の2　中学校（併設型中学校、第75条第2項に規定する連携型中学校及び第79条の9第2項に規定する小学校併設型中学校を除く。）においては、小学校における教育との一貫性に配慮した教育を施すため、当該中学校の設置者が当該小学校の設置者との協議に基づき定めるところにより、教育課程を編成することができる。

2　前項の規定により教育課程を編成する中学校（以下「小学校連携型中学校」という。）は、中学校連携型小学校と連携し、その教育課程を実施するものとする。

第74条の3　小学校連携型中学校の各学年における各教科、特別の教科である道徳、総合的な学習の時間及び特別活動のそれぞれの授業時数並びに各学年におけるこれらの総授業時数は、別表第2の3に定める授業時数を標準とする。

第74条の4　小学校連携型中学校の教育課程については、この章に定めるもののほか、教育課程の基準の特例として文部科学大臣が別に定めるところによるものとする。

第75条　中学校（併設型中学校、小学校連携型中学校及び第79条の9第2項に規定する小学校併設型中学校を除く。）においては、高等学校における教育との一貫性に配慮した教育を施すため、当該中学校の設置者が当該高等学校の設置者との協議に基づき定めるところにより、教育課程を編成することができる。

2　前項の規定により教育課程を編成する中学校（以下「連携型中学校」という。）は、第87条第1項の規定により教育課程を編成する高等学校と連携し、その教育課程を実施するものとする。

第5章の2　義務教育学校並びに中学校併設型小学校及び小学校併設型中学校

第1節　義務教育学校

第79条の2　義務教育学校の前期課程の設備、編制その他設置に関する事項については、小学校設

置基準の規定を準用する。

2　義務教育学校の後期課程の設備、編制その他設置に関する事項については、中学校設置基準の規定を準用する。

第79条の3　義務教育学校の学級数は、18学級以上27学級以下を標準とする。ただし、地域の実態その他により特別の事情のあるときは、この限りでない。

第79条の4　義務教育学校の分校の学級数は、特別の事情のある場合を除き、8学級以下とし、前条の学級数に算入しないものとする。

第79条の5　次条第1項において準用する第50条第1項に規定する義務教育学校の前期課程の各学年における各教科、特別の教科である道徳、外国語活動、総合的な学習の時間及び特別活動のそれぞれの授業時数並びに各学年におけるこれらの総授業時数は、別表第2の2に定める授業時数を標準とする。

2　次条第2項において準用する第72条に規定する義務教育学校の後期課程の各学年における各教科、特別の教科である道徳、総合的な学習の時間及び特別活動のそれぞれの授業時数並びに各学年におけるこれらの総授業時数は、別表第2の3に定める授業時数を標準とする。

第2節　中学校併設型小学校及び小学校併設型中学校

第79条の9　同一の設置者が設置する小学校（中学校連携型小学校を除く。）及び中学校（併設型中学校、小学校連携型中学校及び連携型中学校を除く。）においては、義務教育学校に準じて、小学校における教育と中学校における教育を一貫して施すことができる。

2　前項の規定により中学校における教育と一貫した教育を施す小学校（以下「中学校併設型小学校」という。）及び同項の規定により小学校における教育と一貫した教育を施す中学校（以下「小学校併設型中学校」という。）においては、小学校における教育と中学校における教育を一貫して施すためにふさわしい運営の仕組みを整えるものとする。

第79条の10　中学校併設型小学校の教育課程については、第4章に定めるもののほか、教育課程の基準の特例として文部科学大臣が別に定めるところによるものとする。

2　小学校併設型中学校の教育課程については、第5章に定めるもののほか、教育課程の基準の特例として文部科学大臣が別に定めるところによるものとする。

第79条の11　中学校併設型小学校及び小学校併設型中学校においては、小学校における教育と中学校における教育を一貫して施すため、設置者の定めるところにより、教育課程を編成するものとする。

第6章　高等学校

第1節　設備、編制、学科及び教育課程

第80条　高等学校の設備、編制、学科の種類その他設置に関する事項は、この節に定めるもののほか、高等学校設置基準（平成16年文部科学省令第20号）の定めるところによる。

第83条　高等学校の教育課程は、別表第3に定める各教科に属する科目、総合的な学習の時間及び特別活動によつて編成するものとする。

第84条　高等学校の教育課程については、この章に定めるもののほか、教育課程の基準として文部科学大臣が別に公示する高等学校学習指導要領によるものとする。

第85条　高等学校の教育課程に関し、その改善に資する研究を行うため特に必要があり、かつ、生徒の教育上適切な配慮がなされていると文部科学大臣が認める場合においては、文部科学大臣が

別に定めるところにより、前2条の規定によらないことができる。

第87条　高等学校（学校教育法第71条の規定により中学校における教育と一貫した教育を施すもの（以下「併設型高等学校」という。）を除く。）においては、中学校における教育との一貫性に配慮した教育を施すため、当該高等学校の設置者が当該中学校の設置者との協議に基づき定めるところにより、教育課程を編成することができる。

2　前項の規定により教育課程を編成する高等学校（以下「連携型高等学校」という。）は、連携型中学校と連携し、その教育課程を実施するものとする。

第2節　入学、退学、転学、留学、休学及び卒業等

第90条　高等学校の入学は、第78条の規定により送付された調査書その他必要な書類、選抜のための学力検査（以下この条において「学力検査」という。）の成績等を資料として行う入学者の選抜に基づいて、校長が許可する。

2　学力検査は、特別の事情のあるときは、行わないことができる。

3　調査書は、特別の事情のあるときは、入学者の選抜のための資料としないことができる。

小学校学習指導要領（抄）（平成29年3月）

第1章　総則

第1　小学校教育の基本と教育課程の役割

1　各学校においては、教育基本法及び学校教育法その他の法令並びにこの章以下に示すところに従い、児童の人間として調和のとれた育成を目指し、児童の心身の発達の段階や特性及び学校や地域の実態を十分考慮して、適切な教育課程を編成するものとし、これらに掲げる目標を達成するよう教育を行うものとする。

2　学校の教育活動を進めるに当たっては、各学校において、第3の1に示す主体的・対話的で深い学びの実現に向けた授業改善を通して、創意工夫を生かした特色ある教育活動を展開する中で、次の(1)から(3)までに掲げる事項の実現を図り、児童に生きる力を育むことを目指すものとする。

(1)　基礎的・基本的な知識及び技能を確実に習得させ、これらを活用して課題を解決するために必要な思考力、判断力、表現力等を育むとともに、主体的に学習に取り組む態度を養い、個性を生かし多様な人々との協働を促す教育の充実に努めること。その際、児童の発達の段階を考慮して、児童の言語活動など、学習の基盤をつくる活動を充実するとともに、家庭との連携を図りながら、児童の学習習慣が確立するよう配慮すること。

(2)　道徳教育や体験活動、多様な表現や鑑賞の活動等を通して、豊かな心や創造性の涵養を目指した教育の充実に努めること。

　　学校における道徳教育は、特別の教科である道徳（以下「道徳科」という。）を要として学校の教育活動全体を通じて行うものであり、道徳科はもとより、各教科、外国語活動、総合的な学習の時間及び特別活動のそれぞれの特質に応じて、児童の発達の段階を考慮して、適切な指導を行うこと。　道徳教育は、教育基本法及び学校教育法に定められた教育の根本精神に基づき、自己の生き方を考え、主体的な判断の下に行動し、自立した人間として他者と共によりよく生きるための基盤となる道徳性を養うことを目標とすること。

　　道徳教育を進めるに当たっては、人間尊重の精神と生命に対する畏敬の念を家庭、学校、その他社会における具体的な生活の中に生かし、豊かな心をもち、伝統と文化を尊重し、それら

を育んできた我が国と郷土を愛し、個性豊かな文化の創造を図るとともに、平和で民主的な国家及び社会の形成者として、公共の精神を尊び、社会及び国家の発展に努め、他国を尊重し、国際社会の平和と発展や環境の保全に貢献し未来を拓く主体性のある日本人の育成に資することとなるよう特に留意すること。

(3) 学校における体育・健康に関する指導を、児童の発達の段階を考慮して、学校の教育活動全体を通じて適切に行うことにより、健康で安全な生活と豊かなスポーツライフの実現を目指した教育の充実に努めること。特に、学校における食育の推進並びに体力の向上に関する指導、安全に関する指導及び心身の健康の保持増進に関する指導については、体育科、家庭科及び特別活動の時間はもとより、各教科、道徳科、外国語活動及び総合的な学習の時間などにおいてもそれぞれの特質に応じて適切に行うよう努めること。また、それらの指導を通して、家庭や地域社会との連携を図りながら、日常生活において適切な体育・健康に関する活動の実践を促し、生涯を通じて健康・安全で活力ある生活を送るための基礎が培われるよう配慮すること。

3　2の(1)から(3)までに掲げる事項の実現を図り、豊かな創造性を備え持続可能な社会の創り手となることが期待される児童に、生きる力を育むことを目指すに当たっては、学校教育全体並びに各教科、道徳科、外国語活動、総合的な学習の時間及び特別活動（以下「各教科等」という。ただし、第2の3の(2)のア及びウにおいて、特別活動については学級活動（学校給食に係るものを除く。）に限る。）の指導を通してどのような資質・能力の育成を目指すのかを明確にしながら、教育活動の充実を図るものとする。その際、児童の発達の段階や特性等を踏まえつつ、次に掲げることが偏りなく実現できるようにするものとする。

(1) 知識及び技能が習得されるようにすること。

(2) 思考力、判断力、表現力等を育成すること。

(3) 学びに向かう力、人間性等を涵養すること。

4　各学校においては、児童や学校、地域の実態を適切に把握し、教育の目的や目標の実現に必要な教育の内容等を教科等横断的な視点で組み立てていくこと、教育課程の実施状況を評価してその改善を図っていくこと、教育課程の実施に必要な人的又は物的な体制を確保するとともにその改善を図っていくことなどを通して、教育課程に基づき組織的かつ計画的に各学校の教育活動の質の向上を図っていくこと（以下「カリキュラム・マネジメント」という。）に努めるものとする。

第2　教育課程の編成

1　各学校の教育目標と教育課程の編成

教育課程の編成に当たっては、学校教育全体や各教科等における指導を通して育成を目指す資質・能力を踏まえつつ、各学校の教育目標を明確にするとともに、教育課程の編成についての基本的な方針が家庭や地域とも共有されるよう努めるものとする。その際、第5章総合的な学習の時間の第2の1に基づき定められる目標との関連を図るものとする。

2　教科等横断的な視点に立った資質・能力の育成

(1) 各学校においては、児童の発達の段階を考慮し、言語能力、情報活用能力（情報モラルを含む。）、問題発見・解決能力等の学習の基盤となる資質・能力を育成していくことができるよう、各教科等の特質を生かし、教科等横断的な視点から教育課程の編成を図るものとする。

(2) 各学校においては、児童や学校、地域の実態及び児童の発達の段階を考慮し、豊かな人生の

実現や災害等を乗り越えて次代の社会を形成することに向けた現代的な諸課題に対応して求められる資質・能力を、教科等横断的な視点で育成していくことができるよう、各学校の特色を生かした教育課程の編成を図るものとする。

3 教育課程の編成における共通的事項

(1) 内容等の取扱い

ア 第2章以下に示す各教科、道徳科、外国語活動及び特別活動の内容に関する事項は、特に示す場合を除き、いずれの学校においても取り扱わなければならない。

イ 学校において特に必要がある場合には、第2章以下に示していない内容を加えて指導することができる。また、第2章以下に示す内容の取扱いのうち内容の範囲や程度等を示す事項は、全ての児童に対して指導するものとする内容の範囲や程度等を示したものであり、学校において特に必要がある場合には、この事項にかかわらず加えて指導することができる。ただし、これらの場合には、第2章以下に示す各教科、道徳科、外国語活動及び特別活動の目標や内容の趣旨を逸脱したり、児童の負担過重となったりすることのないようにしなければならない。

ウ 第2章以下に示す各教科、道徳科、外国語活動及び特別活動の内容に掲げる事項の順序は、特に示す場合を除き、指導の順序を示すものではないので、学校においては、その取扱いについて適切な工夫を加えるものとする。

エ 学年の内容を2学年まとめて示した教科及び外国語活動の内容は、2学年間かけて指導する事項を示したものである。各学校においては、これらの事項を児童や学校、地域の実態に応じ、2学年間を見通して計画的に指導することとし、特に示す場合を除き、いずれかの学年に分けて、又はいずれの学年においても指導するものとする。

オ 学校において2以上の学年の児童で編制する学級について特に必要がある場合には、各教科及び道徳科の目標の達成に支障のない範囲内で、各教科及び道徳科の目標及び内容について学年別の順序によらないことができる。

カ 道徳科を要として学校の教育活動全体を通じて行う道徳教育の内容は、第3章特別の教科道徳の第2に示す内容とし、その実施に当たっては、第6に示す道徳教育に関する配慮事項を踏まえるものとする。

(2) 授業時数等の取扱い

ア 各教科等の授業は、年間35週（第1学年については34週）以上にわたって行うよう計画し、週当たりの授業時数が児童の負担過重にならないようにするものとする。ただし、各教科等や学習活動の特質に応じ効果的な場合には、夏季、冬季、学年末等の休業日の期間に授業日を設定する場合を含め、これらの授業を特定の期間に行うことができる。

イ 特別活動の授業のうち、児童会活動、クラブ活動及び学校行事については、それらの内容に応じ、年間、学期ごと、月ごとなどに適切な授業時数を充てるものとする。

ウ 各学校の時間割については、次の事項を踏まえ適切に編成するものとする。

(ア) 各教科等のそれぞれの授業の1単位時間は、各学校において、各教科等の年間授業時数を確保しつつ、児童の発達の段階及び各教科等や学習活動の特質を考慮して適切に定めること。

(イ) 各教科等の特質に応じ、10分から15分程度の短い時間を活用して特定の教科等の指導を行う場合において、教師が、単元や題材など内容や時間のまとまりを見通した中で、

　　　その指導内容の決定や指導の成果の把握と活用等を責任をもって行う体制が整備されて
　　　いるときは、その時間を当該教科等の年間授業時数に含めることができること。

　　(ウ)　給食、休憩などの時間については、各学校において工夫を加え、適切に定めること。

　　(エ)　各学校において、児童や学校、地域の実態、各教科等や学習活動の特質等に応じて、
　　　創意工夫を生かした時間割を弾力的に編成できること。

　　エ　総合的な学習の時間における学習活動により、特別活動の学校行事に掲げる各行事の実施
　　　と同様の成果が期待できる場合においては、総合的な学習の時間における学習活動をもって
　　　相当する特別活動の学校行事に掲げる各行事の実施に替えることができる。

　(3)　指導計画の作成等に当たっての配慮事項

　　各学校においては、次の事項に配慮しながら、学校の創意工夫を生かし、全体として、調和の
　とれた具体的な指導計画を作成するものとする。

　　ア　各教科等の指導内容については、(1)のアを踏まえつつ、単元や題材など内容や時間のまと
　　　まりを見通しながら、そのまとめ方や重点の置き方に適切な工夫を加え、第3の1に示す主
　　　体的・対話的で深い学びの実現に向けた授業改善を通して資質・能力を育む効果的な指導が
　　　できるようにすること。

　　イ　各教科等及び各学年相互間の関連を図り、系統的、発展的な指導ができるようにすること。

　　ウ　学年の内容を2学年まとめて示した教科及び外国語活動については、当該学年間を見通し
　　　て、児童や学校、地域の実態に応じ、児童の発達の段階を考慮しつつ、効果的、段階的に指
　　　導するようにすること。

　　エ　児童の実態等を考慮し、指導の効果を高めるため、児童の発達の段階や指導内容の関連性
　　　等を踏まえつつ、合科的・関連的な指導を進めること。

4　学校段階等間の接続

　　教育課程の編成に当たっては、次の事項に配慮しながら、学校段階等間の接続を図るものとす
　る。

　(1)　幼児期の終わりまでに育ってほしい姿を踏まえた指導を工夫することにより、幼稚園教育要
　　　領等に基づく幼児期の教育を通して育まれた資質・能力を踏まえて教育活動を実施し、児童が
　　　主体的に自己を発揮しながら学びに向かうことが可能となるようにすること。

　　　また、低学年における教育全体において、例えば生活科において育成する自立し生活を豊か
　　　にしていくための資質・能力が、他教科等の学習においても生かされるようにするなど、教科
　　　等間の関連を積極的に図り、幼児期の教育及び中学年以降の教育との円滑な接続が図られるよ
　　　う工夫すること。特に、小学校入学当初においては、幼児期において自発的な活動としての遊
　　　びを通して育まれてきたことが、各教科等における学習に円滑に接続されるよう、生活科を中
　　　心に、合科的・関連的な指導や弾力的な時間割の設定など、指導の工夫や指導計画の作成を行
　　　うこと。

　(2)　中学校学習指導要領及び高等学校学習指導要領を踏まえ、中学校教育及びその後の教育との
　　　円滑な接続が図られるよう工夫すること。特に、義務教育学校、中学校連携型小学校及び中学
　　　校併設型小学校においては、義務教育9年間を見通した計画的かつ継続的な教育課程を編成す
　　　ること。

209

第1章　総則

第1　中学校教育の基本と教育課程の役割

1　各学校においては、教育基本法及び学校教育法その他の法令並びにこの章以下に示すところに従い、生徒の人間として調和のとれた育成を目指し、生徒の心身の発達の段階や特性及び学校や地域の実態を十分考慮して、適切な教育課程を編成するものとし、これらに掲げる目標を達成するよう教育を行うものとする。

2　学校の教育活動を進めるに当たっては、各学校において、第3の1に示す主体的・対話的で深い学びの実現に向けた授業改善を通して、創意工夫を生かした特色ある教育活動を展開する中で、次の(1)から(3)までに掲げる事項の実現を図り、生徒に生きる力を育むことを目指すものとする。

(1)　基礎的・基本的な知識及び技能を確実に習得させ、これらを活用して課題を解決するために必要な思考力、判断力、表現力等を育むとともに、主体的に学習に取り組む態度を養い、個性を生かし多様な人々との協働を促す教育の充実に努めること。その際、生徒の発達の段階を考慮して、生徒の言語活動など、学習の基盤をつくる活動を充実するとともに、家庭との連携を図りながら、生徒の学習習慣が確立するよう配慮すること。

(2)　道徳教育や体験活動、多様な表現や鑑賞の活動等を通して、豊かな心や創造性の涵養を目指した教育の充実に努めること。

　　学校における道徳教育は、特別の教科である道徳（以下「道徳科」という。）を要として学校の教育活動全体を通じて行うものであり、道徳科はもとより、各教科、総合的な学習の時間及び特別活動のそれぞれの特質に応じて、生徒の発達の段階を考慮して、適切な指導を行うこと。

　　道徳教育は、教育基本法及び学校教育法に定められた教育の根本精神に基づき、人間としての生き方を考え、主体的な判断の下に行動し、自立した人間として他者と共によりよく生きるための基盤となる道徳性を養うことを目標とすること。

　　道徳教育を進めるに当たっては、人間尊重の精神と生命に対する畏敬の念を家庭、学校、その他社会における具体的な生活の中に生かし、豊かな心をもち、伝統と文化を尊重し、それらを育んできた我が国と郷土を愛し、個性豊かな文化の創造を図るとともに、平和で民主的な国家及び社会の形成者として、公共の精神を尊び、社会及び国家の発展に努め、他国を尊重し、国際社会の平和と発展や環境の保全に貢献し未来を拓く主体性のある日本人の育成に資することとなるよう特に留意すること。

(3)　学校における体育・健康に関する指導を、生徒の発達の段階を考慮して、学校の教育活動全体を通じて適切に行うことにより、健康で安全な生活と豊かなスポーツライフの実現を目指した教育の充実に努めること。特に、学校における食育の推進並びに体力の向上に関する指導、安全に関する指導及び心身の健康の保持増進に関する指導については、保健体育科、技術・家庭科及び特別活動の時間はもとより、各教科、道徳科及び総合的な学習の時間などにおいてもそれぞれの特質に応じて適切に行うよう努めること。また、それらの指導を通して、家庭や地域社会との連携を図りながら、日常生活において適切な体育・健康に関する活動の実践を促し、生涯を通じて健康・安全で活力ある生活を送るための基礎が培われるよう配慮すること。

3　2の(1)から(3)までに掲げる事項の実現を図り、豊かな創造性を備え持続可能な社会の創り手となることが期待される生徒に、生きる力を育むことを目指すに当たっては、学校教育全体並びに

各教科、道徳科、総合的な学習の時間及び特別活動（以下「各教科等」という。ただし、第2の3の(2)のア及びウにおいて、特別活動については学級活動（学校給食に係るものを除く。）に限る。）の指導を通してどのような資質・能力の育成を目指すのかを明確にしながら、教育活動の充実を図るものとする。その際、生徒の発達の段階や特性等を踏まえつつ、次に掲げることが偏りなく実現できるようにするものとする。

(1)　知識及び技能が習得されるようにすること。

(2)　思考力、判断力、表現力等を育成すること。

(3)　学びに向かう力、人間性等を涵養すること。

4　各学校においては、生徒や学校、地域の実態を適切に把握し、教育の目的や目標の実現に必要な教育の内容等を教科等横断的な視点で組み立てていくこと、教育課程の実施状況を評価してその改善を図っていくこと、教育課程の実施に必要な人的又は物的な体制を確保するとともにその改善を図っていくことなどを通して、教育課程に基づき組織的かつ計画的に各学校の教育活動の質の向上を図っていくこと（以下「カリキュラム・マネジメント」という。）に努めるものとする。

第2　教育課程の編成

1　各学校の教育目標と教育課程の編成

　　教育課程の編成に当たっては、学校教育全体や各教科等における指導を通して育成を目指す資質・能力を踏まえつつ、各学校の教育目標を明確にするとともに、教育課程の編成についての基本的な方針が家庭や地域とも共有されるよう努めるものとする。その際、第4章総合的な学習の時間の第2の1に基づき定められる目標との関連を図るものとする。

2　教科等横断的な視点に立った資質・能力の育成

(1)　各学校においては、生徒の発達の段階を考慮し、言語能力、情報活用能力（情報モラルを含む。）、問題発見・解決能力等の学習の基盤となる資質・能力を育成していくことができるよう、各教科等の特質を生かし、教科等横断的な視点から教育課程の編成を図るものとする。

(2)　各学校においては、生徒や学校、地域の実態及び生徒の発達の段階を考慮し、豊かな人生の実現や災害等を乗り越えて次代の社会を形成することに向けた現代的な諸課題に対応して求められる資質・能力を、教科等横断的な視点で育成していくことができるよう、各学校の特色を生かした教育課程の編成を図るものとする。

3　教育課程の編成における共通的事項

(1)　内容等の取扱い

　　ア　第2章以下に示す各教科、道徳科及び特別活動の内容に関する事項は、特に示す場合を除き、いずれの学校においても取り扱わなければならない。

　　イ　学校において特に必要がある場合には、第2章以下に示していない内容を加えて指導することができる。また、第2章以下に示す内容の取扱いのうち内容の範囲や程度等を示す事項は、全ての生徒に対して指導するものとする内容の範囲や程度等を示したものであり、学校において特に必要がある場合には、この事項にかかわらず加えて指導することができる。ただし、これらの場合には、第2章以下に示す各教科、道徳科及び特別活動の目標や内容の趣旨を逸脱したり、生徒の負担過重となったりすることのないようにしなければならない。

　　ウ　第2章以下に示す各教科、道徳科及び特別活動の内容に掲げる事項の順序は、特に示す場合を除き、指導の順序を示すものではないので、学校においては、その取扱いについて適切

な工夫を加えるものとする。

エ　学校において 2 以上の学年の生徒で編制する学級について特に必要がある場合には、各教科の目標の達成に支障のない範囲内で、各教科の目標及び内容について学年別の順序によらないことができる。

オ　各学校においては、生徒や学校、地域の実態を考慮して、生徒の特性等に応じた多様な学習活動が行えるよう、第 2 章に示す各教科や、特に必要な教科を、選択教科として開設し生徒に履修させることができる。その場合にあっては、全ての生徒に指導すべき内容との関連を図りつつ、選択教科の授業時数及び内容を適切に定め選択教科の指導計画を作成し、生徒の負担過重となることのないようにしなければならない。また、特に必要な教科の名称、目標、内容などについては、各学校が適切に定めるものとする。

カ　道徳科を要として学校の教育活動全体を通じて行う道徳教育の内容は、第 3 章特別の教科道徳の第 2 に示す内容とし、その実施に当たっては、第 6 に示す道徳教育に関する配慮事項を踏まえるものとする。

(2)　授業時数等の取扱い

ア　各教科等の授業は、年間35週以上にわたって行うよう計画し、週当たりの授業時数が生徒の負担過重にならないようにするものとする。ただし、各教科等や学習活動の特質に応じ効果的な場合には、夏季、冬季、学年末等の休業日の期間に授業日を設定する場合を含め、これらの授業を特定の期間に行うことができる。

イ　特別活動の授業のうち、生徒会活動及び学校行事については、それらの内容に応じ、年間、学期ごと、月ごとなどに適切な授業時数を充てるものとする。

ウ　各学校の時間割については、次の事項を踏まえ適切に編成するものとする。

(ア)　各教科等のそれぞれの授業の 1 単位時間は、各学校において、各教科等の年間授業時数を確保しつつ、生徒の発達の段階及び各教科等や学習活動の特質を考慮して適切に定めること。

(イ)　各教科等の特質に応じ、10分から15分程度の短い時間を活用して特定の教科等の指導を行う場合において、当該教科等を担当する教師が、単元や題材など内容や時間のまとまりを見通した中で、その指導内容の決定や指導の成果の把握と活用等を責任をもって行う体制が整備されているときは、その時間を当該教科等の年間授業時数に含めることができること。

(ウ)　給食、休憩などの時間については、各学校において工夫を加え、適切に定めること。

(エ)　各学校において、生徒や学校、地域の実態、各教科等や学習活動の特質等に応じて、創意工夫を生かした時間割を弾力的に編成できること。

エ　総合的な学習の時間における学習活動により、特別活動の学校行事に掲げる各行事の実施と同様の成果が期待できる場合においては、総合的な学習の時間における学習活動をもって相当する特別活動の学校行事に掲げる各行事の実施に替えることができる。

(3)　指導計画の作成等に当たっての配慮事項

各学校においては、次の事項に配慮しながら、学校の創意工夫を生かし、全体として、調和のとれた具体的な指導計画を作成するものとする。

ア　各教科等の指導内容については、(1)のアを踏まえつつ、単元や題材など内容や時間のまとまりを見通しながら、そのまとめ方や重点の置き方に適切な工夫を加え、第 3 の 1 に示す主

体的・対話的で深い学びの実現に向けた授業改善を通して資質・能力を育む効果的な指導ができるようにすること。

　　イ　各教科等及び各学年相互間の関連を図り、系統的、発展的な指導ができるようにすること。
4　学校段階間の接続
　教育課程の編成に当たっては、次の事項に配慮しながら、学校段階間の接続を図るものとする。
⑴　小学校学習指導要領を踏まえ、小学校教育までの学習の成果が中学校教育に円滑に接続され、義務教育段階の終わりまでに育成することを目指す資質・能力を、生徒が確実に身に付けることができるよう工夫すること。特に、義務教育学校、小学校連携型中学校及び小学校併設型中学校においては、義務教育9年間を見通した計画的かつ継続的な教育課程を編成すること。
⑵　高等学校学習指導要領を踏まえ、高等学校教育及びその後の教育との円滑な接続が図られるよう工夫すること。特に、中等教育学校、連携型中学校及び併設型中学校においては、中等教育6年間を見通した計画的かつ継続的な教育課程を編成すること。

高等学校学習指導要領（抄）（平成30年3月）

第1章　総則
第1款　高等学校教育の基本と教育課程の役割
1　各学校においては、教育基本法及び学校教育法その他の法令並びにこの章以下に示すところに従い、生徒の人間として調和のとれた育成を目指し、生徒の心身の発達の段階や特性等、課程や学科の特色及び学校や地域の実態を十分考慮して、適切な教育課程を編成するものとし、これらに掲げる目標を達成するよう教育を行うものとする。
2　学校の教育活動を進めるに当たっては、各学校において、第3款の1に示す主体的・対話的で深い学びの実現に向けた授業改善を通して、創意工夫を生かした特色ある教育活動を展開する中で、次の⑴から⑶までに掲げる事項の実現を図り、生徒に生きる力を育むことを目指すものとする。
⑴　基礎的・基本的な知識及び技能を確実に習得させ、これらを活用して課題を解決するために必要な思考力、判断力、表現力等を育むとともに、主体的に学習に取り組む態度を養い、個性を生かし多様な人々との協働を促す教育の充実に努めること。その際、生徒の発達の段階を考慮して、生徒の言語活動など、学習の基盤をつくる活動を充実するとともに、家庭との連携を図りながら、生徒の学習習慣が確立するよう配慮すること。
⑵　道徳教育や体験活動、多様な表現や鑑賞の活動等を通して、豊かな心や創造性の涵養を目指した教育の充実に努めること。
　　学校における道徳教育は、人間としての在り方生き方に関する教育を学校の教育活動全体を通じて行うことによりその充実を図るものとし、各教科に属する科目（以下「各教科・科目」という。）、総合的な探究の時間及び特別活動（以下「各教科・科目等」という。）のそれぞれの特質に応じて、適切な指導を行うこと。
　　道徳教育は、教育基本法及び学校教育法に定められた教育の根本精神に基づき、生徒が自己探求と自己実現に努め国家・社会の一員としての自覚に基づき行為しうる発達の段階にあることを考慮し、人間としての在り方生き方を考え、主体的な判断の下に行動し、自立した人間として他者と共によりよく生きるための基盤となる道徳性を養うことを目標とすること。
　　道徳教育を進めるに当たっては、人間尊重の精神と生命に対する畏敬の念を家庭、学校、そ

の他社会における具体的な生活の中に生かし、豊かな心をもち、伝統と文化を尊重し、それらを育んできた我が国と郷土を愛し、個性豊かな文化の創造を図るとともに、平和で民主的な国家及び社会の形成者として、公共の精神を尊び、社会及び国家の発展に努め、他国を尊重し、国際社会の平和と発展や環境の保全に貢献し未来を拓く主体性のある日本人の育成に資することとなるよう特に留意すること。

⑶　学校における体育・健康に関する指導を、生徒の発達の段階を考慮して、学校の教育活動全体を通じて適切に行うことにより、健康で安全な生活と豊かなスポーツライフの実現を目指した教育の充実に努めること。特に、学校における食育の推進並びに体力の向上に関する指導、安全に関する指導及び心身の健康の保持増進に関する指導については、保健体育科、家庭科及び特別活動の時間はもとより、各教科・科目及び総合的な探究の時間などにおいてもそれぞれの特質に応じて適切に行うよう努めること。

　　また、それらの指導を通して、家庭や地域社会との連携を図りながら、日常生活において適切な体育・健康に関する活動の実践を促し、生涯を通じて健康・安全で活力ある生活を送るための基礎が培われるよう配慮すること。

3　2の⑴から⑶までに掲げる事項の実現を図り、豊かな創造性を備え持続可能な社会の創り手となることが期待される生徒に、生きる力を育むことを目指すに当たっては、学校教育全体及び各教科・科目等の指導を通してどのような資質・能力の育成を目指すのかを明確にしながら、教育活動の充実を図るものとする。その際、生徒の発達の段階や特性等を踏まえつつ、次に掲げることが偏りなく実現できるようにするものとする。

⑴　知識及び技能が習得されるようにすること。

⑵　思考力、判断力、表現力等を育成すること。

⑶　学びに向かう力、人間性等を涵養すること。

4　学校においては、地域や学校の実態等に応じて、就業やボランティアに関わる体験的な学習の指導を適切に行うようにし、勤労の尊さや創造することの喜びを体得させ、望ましい勤労観、職業観の育成や社会奉仕の精神の涵養に資するものとする。

5　各学校においては、生徒や学校、地域の実態を適切に把握し、教育の目的や目標の実現に必要な教育の内容等を教科等横断的な視点で組み立てていくこと、教育課程の実施状況を評価してその改善を図っていくこと、教育課程の実施に必要な人的又は物的な体制を確保するとともにその改善を図っていくことなどを通して、教育課程に基づき組織的かつ計画的に各学校の教育活動の質の向上を図っていくこと（以下「カリキュラム・マネジメント」という。）に努めるものとする。

第2款　教育課程の編成

1　各学校の教育目標と教育課程の編成

　　教育課程の編成に当たっては、学校教育全体や各教科・科目等における指導を通して育成を目指す資質・能力を踏まえつつ、各学校の教育目標を明確にするとともに、教育課程の編成についての基本的な方針が家庭や地域とも共有されるよう努めるものとする。その際、第4章の第2の1に基づき定められる目標との関連を図るものとする。

2　教科等横断的な視点に立った資質・能力の育成

⑴　各学校においては、生徒の発達の段階を考慮し、言語能力、情報活用能力（情報モラルを含む。）、問題発見・解決能力等の学習の基盤となる資質・能力を育成していくことができるよ

う、各教科・科目等の特質を生かし、教科等横断的な視点から教育課程の編成を図るものとする。

(2)　各学校においては、生徒や学校、地域の実態及び生徒の発達の段階を考慮し、豊かな人生の実現や災害等を乗り越えて次代の社会を形成することに向けた現代的な諸課題に対応して求められる資質・能力を、教科等横断的な視点で育成していくことができるよう、各学校の特色を生かした教育課程の編成を図るものとする。

3　教育課程の編成における共通的事項

(1)　各教科・科目及び単位数等

　　ア　卒業までに履修させる単位数等

　　　　各学校においては、卒業までに履修させるイからオまでに示す各教科・科目及びその単位数、総合的な探究の時間の単位数並びに特別活動及びその授業時数に関する事項を定めるものとする。この場合、各教科・科目及び総合的な探究の時間の単位数の計は、(2)のア、イ及びウの(ア)に掲げる各教科・科目の単位数並びに総合的な探究の時間の単位数を含めて74単位以上とする。

　　　　単位については、1単位時間を50分とし、35単位時間の授業を1単位として計算することを標準とする。ただし、通信制の課程においては、5に定めるところによるものとする。

　　イ　各学科に共通する各教科・科目及び総合的な探究の時間並びに標準単位数

　　　　各学校においては、教育課程の編成に当たって、次の表に掲げる各教科・科目及び総合的な探究の時間並びにそれぞれの標準単位数を踏まえ、生徒に履修させる各教科・科目及

教科	科目	標準単位数
国語	現代の国語	2
	言語文化	2
	論理国語	4
	文学国語	4
	国語表現	4
	古典探究	4
地理歴史	地理総合	2
	地理探究	3
	歴史総合	2
	日本史探究	3
	世界史探究	3
公民	公共	2
	倫理	2
	政治・経済	2
数学	数学Ⅰ	3
	数学Ⅱ	4
	数学Ⅲ	3
	数学A	2
	数学B	2
	数学C	2
理科	科学と人間生活	2
	物理基礎	2
	物理	4
	化学基礎	2
	化学	4
	生物基礎	2
	生物	4
	地学基礎	2
	地学	4

教科	科目	標準単位数
保健体育	体育	7〜8
	保健	2
芸術	音楽Ⅰ	2
	音楽Ⅱ	2
	音楽Ⅲ	2
	美術Ⅰ	2
	美術Ⅱ	2
	美術Ⅲ	2
	工芸Ⅰ	2
	工芸Ⅱ	2
	工芸Ⅲ	2
	書道Ⅰ	2
	書道Ⅱ	2
	書道Ⅲ	2
外国語	英語コミュニケーションⅠ	3
	英語コミュニケーションⅡ	4
	英語コミュニケーションⅢ	4
	論理・表現Ⅰ	2
	論理・表現Ⅱ	2
	論理・表現Ⅲ	2
家庭	家庭基礎	2
	家庭総合	4
情報	情報Ⅰ	2
	情報Ⅱ	2
理数	理数探究基礎	1
	理数探究	2〜5
総合的な探究の時間		3〜6

び総合的な探究の時間並びにそれらの単位数について適切に定めるものとする。ただし、生徒の実態等を考慮し、特に必要がある場合には、標準単位数の標準の限度を超えて単位数を増加して配当することができる。

ウ　主として専門学科において開設される各教科・科目

　　各学校においては、教育課程の編成に当たって、次の表に掲げる主として専門学科（専門教育を主とする学科をいう。以下同じ。）において開設される各教科・科目及び設置者の定めるそれぞれの標準単位数を踏まえ、生徒に履修させる各教科・科目及びその単位数について適切に定めるものとする。

エ　学校設定科目

　　学校においては、生徒や学校、地域の実態及び学科の特色等に応じ、特色ある教育課程の編成に資するよう、イ及びウの表に掲げる教科について、これらに属する科目以外の科目（以下「学校設定科目」という。）を設けることができる。この場合において、学校設定科目の名称、目標、内容、単位数等については、その科目の属する教科の目標に基づき、高等学校教育としての水準の確保に十分配慮し、各学校の定めるところによるものとする。

オ　学校設定教科

　(ア)　学校においては、生徒や学校、地域の実態及び学科の特色等に応じ、特色ある教育課程の編成に資するよう、イ及びウの表に掲げる教科以外の教科（以下「学校設定教科」という。）及び当該教科に関する科目を設けることができる。この場合において、学校設定教科及び当該教科に関する科目の名称、目標、内容、単位数等については、高等学校教育の目標に基づき、高等学校教育としての水準の確保に十分配慮し、各学校の定めるところによるものとする。

　(イ)　学校においては、学校設定教科に関する科目として「産業社会と人間」を設けることができる。この科目の目標、内容、単位数等を各学校において定めるに当たっては、産業社会における自己の在り方生き方について考えさせ、社会に積極的に寄与し、生涯にわたって学習に取り組む意欲や態度を養うとともに、生徒の主体的な各教科・科目の選択に資するよう、就業体験活動等の体験的な学習や調査・研究などを通して、次のような事項について指導することに配慮するものとする。

　　　㋐　社会生活や職業生活に必要な基本的な能力や態度及び望ましい勤労観、職業観の育成

　　　㋑　我が国の産業の発展とそれがもたらした社会の変化についての考察

　　　㋒　自己の将来の生き方や進路についての考察及び各教科・科目の履修計画の作成

(2)　各教科・科目の履修等

ア　各学科に共通する必履修教科・科目及び総合的な探究の時間

　(ア)　全ての生徒に履修させる各教科・科目（以下「必履修教科・科目」という。）は次のとおりとし、その単位数は、(1)のイに標準単位数として示された単位数を下らないものとする。ただし、生徒の実態及び専門学科の特色等を考慮し、特に必要がある場合には、「数学Ⅰ」及び「英語コミュニケーションⅠ」については２単位とすることができ、その他の必履修教科・科目（標準単位数が２単位であるものを除く。）についてはその単位数の一部を減じることができる。

　　　㋐　国語のうち「現代の国語」及び「言語文化」

　　㋑　地理歴史のうち「地理総合」及び「歴史総合」
　　㋒　公民のうち「公共」
　　㋓　数学のうち「数学Ⅰ」
　　㋔　理科のうち「科学と人間生活」、「物理基礎」、「化学基礎」、「生物基礎」及び「地学基礎」のうちから２科目（うち１科目は「科学と人間生活」とする。）又は「物理基礎」、「化学基礎」、「生物基礎」及び「地学基礎」のうちから３科目
　　㋕　保健体育のうち「体育」及び「保健」
　　㋖　芸術のうち「音楽Ⅰ」、「美術Ⅰ」、「工芸Ⅰ」及び「書道Ⅰ」のうちから１科目
　　㋗　外国語のうち「英語コミュニケーションⅠ」（英語以外の外国語を履修する場合は、学校設定科目として設ける１科目とし、その標準単位数は３単位とする。）
　　㋘　家庭のうち「家庭基礎」及び「家庭総合」のうちから１科目
　　㋙　情報のうち「情報Ⅰ」
　㋑　総合的な探究の時間については、全ての生徒に履修させるものとし、その単位数は(1)のイに標準単位数として示された単位数の下限を下らないものとする。ただし、特に必要がある場合には、その単位数を２単位とすることができる。
　㋒　外国の高等学校に留学していた生徒について、外国の高等学校における履修により、必履修教科・科目又は総合的な探究の時間の履修と同様の成果が認められる場合においては、外国の高等学校における履修をもって相当する必履修教科・科目又は総合的な探究の時間の履修の一部又は全部に替えることができる。
　イ　専門学科における各教科・科目の履修
　　専門学科における各教科・科目の履修については、アのほか次のとおりとする。
　㋐　専門学科においては、専門教科・科目（(1)のウの表に掲げる各教科・科目、同表に掲げる教科に属する学校設定科目及び専門教育に関する学校設定教科に関する科目をいう。以下同じ。）について、全ての生徒に履修させる単位数は、25単位を下らないこと。ただし、商業に関する学科においては、上記の単位数の中に外国語に属する科目の単位を５単位まで含めることができること。また、商業に関する学科以外の専門学科においては、各学科の目標を達成する上で、専門教科・科目以外の各教科・科目の履修により、専門教科・科目の履修と同様の成果が期待できる場合においては、その専門教科・科目以外の各教科・科目の単位を５単位まで上記の単位数の中に含めることができること。
　㋑　専門教科・科目の履修によって、アの必履修教科・科目の履修と同様の成果が期待できる場合においては、その専門教科・科目の履修をもって、必履修教科・科目の履修の一部又は全部に替えることができること。
　㋒　職業教育を主とする専門学科においては、総合的な探究の時間の履修により、農業、工業、商業、水産、家庭若しくは情報の各教科の「課題研究」、看護の「看護臨地実習」又は福祉の「介護総合演習」（以下「課題研究等」という。）の履修と同様の成果が期待できる場合においては、総合的な探究の時間の履修をもって課題研究等の履修の一部又は全部に替えることができること。また、課題研究等の履修により、総合的な探究の時間の履修と同様の成果が期待できる場合においては、課題研究等の履修をもって総合的な探究の時間の履修の一部又は全部に替えることができること。
　ウ　総合学科における各教科・科目の履修等

総合学科における各教科・科目の履修等については、アのほか次のとおりとする。

(ｱ) 総合学科においては、(1)のオの(ｲ)に掲げる「産業社会と人間」を全ての生徒に原則として入学年次に履修させるものとし、標準単位数は2〜4単位とすること。

(ｲ) 総合学科においては、学年による教育課程の区分を設けない課程（以下「単位制による課程」という。）とすることを原則とするとともに、「産業社会と人間」及び専門教科・科目を合わせて25単位以上設け、生徒が多様な各教科・科目から主体的に選択履修できるようにすること。その際、生徒が選択履修するに当たっての指針となるよう、体系性や専門性等において相互に関連する各教科・科目によって構成される科目群を複数設けるとともに、必要に応じ、それら以外の各教科・科目を設け、生徒が自由に選択履修できるようにすること。

(3) 各教科・科目等の授業時数等

ア 全日制の課程における各教科・科目及びホームルーム活動の授業は、年間35週行うことを標準とし、必要がある場合には、各教科・科目の授業を特定の学期又は特定の期間（夏季、冬季、学年末等の休業日の期間に授業日を設定する場合を含む。）に行うことができる。

イ 全日制の課程における週当たりの授業時数は、30単位時間を標準とする。ただし、必要がある場合には、これを増加することができる。

ウ 定時制の課程における授業日数の季節的配分又は週若しくは1日当たりの授業時数については、生徒の勤労状況と地域の諸事情等を考慮して、適切に定めるものとする。

エ ホームルーム活動の授業時数については、原則として、年間35単位時間以上とするものとする。

オ 生徒会活動及び学校行事については、学校の実態に応じて、それぞれ適切な授業時数を充てるものとする。

カ 定時制の課程において、特別の事情がある場合には、ホームルーム活動の授業時数の一部を減じ、又はホームルーム活動及び生徒会活動の内容の一部を行わないものとすることができる。

キ 各教科・科目等のそれぞれの授業の1単位時間は、各学校において、各教科・科目等の授業時数を確保しつつ、生徒の実態及び各教科・科目等の特質を考慮して適切に定めるものとする。

ク 各教科・科目等の特質に応じ、10分から15分程度の短い時間を活用して特定の各教科・科目等の指導を行う場合において、当該各教科・科目等を担当する教師が単元や題材など内容や時間のまとまりを見通した中で、その指導内容の決定や指導の成果の把握と活用等を責任をもって行う体制が整備されているときは、その時間を当該各教科・科目等の授業時数に含めることができる。

ケ 総合的な探究の時間における学習活動により、特別活動の学校行事に掲げる各行事の実施と同様の成果が期待できる場合においては、総合的な探究の時間における学習活動をもって相当する特別活動の学校行事に掲げる各行事の実施に替えることができる。

コ 理数の「理数探究基礎」又は「理数探究」の履修により、総合的な探究の時間の履修と同様の成果が期待できる場合においては、「理数探究基礎」又は「理数探究」の履修をもって総合的な探究の時間の履修の一部又は全部に替えることができる。

(4) 選択履修の趣旨を生かした適切な教育課程の編成

　　教育課程の編成に当たっては、生徒の特性、進路等に応じた適切な各教科・科目の履修ができるようにし、このため、多様な各教科・科目を設け生徒が自由に選択履修することのできるよう配慮するものとする。また、教育課程の類型を設け、そのいずれかの類型を選択して履修させる場合においても、その類型において履修させることになっている各教科・科目以外の各教科・科目を履修させたり、生徒が自由に選択履修することのできる各教科・科目を設けたりするものとする。

(5)　各教科・科目等の内容等の取扱い

　ア　学校においては、第2章以下に示していない事項を加えて指導することができる。また、第2章以下に示す内容の取扱いのうち内容の範囲や程度等を示す事項は、当該科目を履修する全ての生徒に対して指導するものとする内容の範囲や程度等を示したものであり、学校において必要がある場合には、この事項にかかわらず指導することができる。ただし、これらの場合には、第2章以下に示す教科、科目及び特別活動の目標や内容の趣旨を逸脱したり、生徒の負担が過重となったりすることのないようにするものとする。

　イ　第2章以下に示す各教科・科目及び特別活動の内容に掲げる事項の順序は、特に示す場合を除き、指導の順序を示すものではないので、学校においては、その取扱いについて適切な工夫を加えるものとする。

　ウ　学校においては、あらかじめ計画して、各教科・科目の内容及び総合的な探究の時間における学習活動を学期の区分に応じて単位ごとに分割して指導することができる。

　エ　学校においては、特に必要がある場合には、第2章及び第3章に示す教科及び科目の目標の趣旨を損なわない範囲内で、各教科・科目の内容に関する事項について、基礎的・基本的な事項に重点を置くなどその内容を適切に選択して指導することができる。

(6)　指導計画の作成に当たって配慮すべき事項

　　各学校においては、次の事項に配慮しながら、学校の創意工夫を生かし、全体として、調和のとれた具体的な指導計画を作成するものとする。

　ア　各教科・科目等の指導内容については、単元や題材など内容や時間のまとまりを見通しながら、そのまとめ方や重点の置き方に適切な工夫を加え、第3款の1に示す主体的・対話的で深い学びの実現に向けた授業改善を通して資質・能力を育む効果的な指導ができるようにすること。

　イ　各教科・科目等について相互の関連を図り、系統的、発展的な指導ができるようにすること。

(7)　キャリア教育及び職業教育に関して配慮すべき事項

　ア　学校においては、第5款の1に示すキャリア教育及び職業教育を推進するために、生徒の特性や進路、学校や地域の実態等を考慮し、地域や産業界等との連携を図り、産業現場等における長期間の実習を取り入れるなどの就業体験活動の機会を積極的に設けるとともに、地域や産業界等の人々の協力を積極的に得るよう配慮するものとする。

　イ　普通科においては、生徒の特性や進路、学校や地域の実態等を考慮し、必要に応じて、適切な職業に関する各教科・科目の履修の機会の確保について配慮するものとする。

　ウ　職業教育を主とする専門学科においては、次の事項に配慮するものとする。

　　(ア)　職業に関する各教科・科目については、実験・実習に配当する授業時数を十分確保するようにすること。

(イ)　生徒の実態を考慮し、職業に関する各教科・科目の履修を容易にするため特別な配慮が必要な場合には、各分野における基礎的又は中核的な科目を重点的に選択し、その内容については基礎的・基本的な事項が確実に身に付くように取り扱い、また、主として実験・実習によって指導するなどの工夫をこらすようにすること。

エ　職業に関する各教科・科目については、次の事項に配慮するものとする。

(ア)　職業に関する各教科・科目については、就業体験活動をもって実習に替えることができること。この場合、就業体験活動は、その各教科・科目の内容に直接関係があり、かつ、その一部としてあらかじめ計画し、評価されるものであることを要すること。

(イ)　農業、水産及び家庭に関する各教科・科目の指導に当たっては、ホームプロジェクト並びに学校家庭クラブ及び学校農業クラブなどの活動を活用して、学習の効果を上げるよう留意すること。この場合、ホームプロジェクトについては、その各教科・科目の授業時数の10分の2以内をこれに充てることができること。

(ウ)　定時制及び通信制の課程において、職業に関する各教科・科目を履修する生徒が、現にその各教科・科目と密接な関係を有する職業（家事を含む。）に従事している場合で、その職業における実務等が、その各教科・科目の一部を履修した場合と同様の成果があると認められるときは、その実務等をもってその各教科・科目の履修の一部に替えることができること。

4　学校段階等間の接続

教育課程の編成に当たっては、次の事項に配慮しながら、学校段階等間の接続を図るものとする。

(1)　現行の中学校学習指導要領を踏まえ、中学校教育までの学習の成果が高等学校教育に円滑に接続され、高等学校教育段階の終わりまでに育成することを目指す資質・能力を、生徒が確実に身に付けることができるよう工夫すること。特に、中等教育学校、連携型高等学校及び併設型高等学校においては、中等教育6年間を見通した計画的かつ継続的な教育課程を編成すること。

(2)　生徒や学校の実態等に応じ、必要がある場合には、例えば次のような工夫を行い、義務教育段階での学習内容の確実な定着を図るようにすること。

ア　各教科・科目の指導に当たり、義務教育段階での学習内容の確実な定着を図るための学習機会を設けること。

イ　義務教育段階での学習内容の確実な定着を図りながら、必履修教科・科目の内容を十分に習得させることができるよう、その単位数を標準単位数の標準の限度を超えて増加して配当すること。

ウ　義務教育段階での学習内容の確実な定着を図ることを目標とした学校設定科目等を履修させた後に、必履修教科・科目を履修させるようにすること。

(3)　大学や専門学校等における教育や社会的・職業的自立、生涯にわたる学習のために、高等学校卒業以降の教育や職業との円滑な接続が図られるよう、関連する教育機関や企業等との連携により、卒業後の進路に求められる資質・能力を着実に育成することができるよう工夫すること。

5　通信制の課程における教育課程の特例

通信制の課程における教育課程については、1から4まで（3の(3)、(4)並びに(7)のエの(ア)及び

㈠を除く。）並びに第１款及び第３款から第７款までに定めるところによるほか、次に定めるところによる。

⑴ 各教科・科目の添削指導の回数及び面接指導の単位時間（１単位時間は、50分として計算するものとする。以下同じ。）数の標準は、１単位につき次の表のとおりとする。

⑵ 学校設定教科に関する科目のうち専門教科・科目以外のものの添削指導の回数及び面接指導の単位時間数については、１単位につき、それぞれ１回以上及び１単位時間以上を確保した上で、各学校が適切に定めるものとする。

⑶ 理数に属する科目及び総合的な探究の時間の添削指導の回数及び面接指導の単位時間数については、１単位につき、それぞれ１回以上及び１単位時間以上を確保した上で、各学校において、学習活動に応じ適切に定めるものとする。

⑷ 各学校における面接指導の１回あたりの時間は、各学校において、⑴から⑶までの標準を踏まえ、各教科・科目及び総合的な探究の時間の面接指導の単位時間数を確保しつつ、生徒の実態並びに各教科・科目及び総合的な探究の時間の特質を考慮して適切に定めるものとする。

⑸ 学校が、その指導計画に、各教科・科目又は特別活動について体系的に行われるラジオ放送、テレビ放送その他の多様なメディアを利用して行う学習を計画的かつ継続的に取り入れた場合で、生徒がこれらの方法により学習し、報告課題の作成等により、その成果が満足できると認められるときは、その生徒について、その各教科・科目の面接指導の時間数又は特別活動の時間数（以下「面接指導等時間数」という。）のうち、10分の６以内の時間数を免除することができる。また、生徒の実態等を考慮して特に必要がある場合は、面接指導等時間数のうち、複数のメディアを利用することにより、各メディアごとにそれぞれ10分の６以内の時間数を免除することができる。ただし、免除する時間数は、合わせて10分の８を超えることができない。

　なお、生徒の面接指導等時間数を免除しようとする場合には、本来行われるべき学習の量と質を低下させることがないよう十分配慮しなければならない。

⑹ 特別活動については、ホームルーム活動を含めて、各々の生徒の卒業までに30単位時間以上指導するものとする。なお、特別の事情がある場合には、ホームルーム活動及び生徒会活動の内容の一部を行わないものとすることができる。

【執筆者】

第1部

林　　尚示	東京学芸大学	（第1・2章、第3部第2章－3）
牛尾　直行	順天堂大学	（第3章、第3部第3・4章）
木村　範子	筑波大学	（第4章、第3部第2章－1・2）

第2部

細矢　智寛	女子美術大学	（第1章）
花屋　哲郎	秀明大学	（第2章）
樋口　直宏	筑波大学	（第3・6章、第3部第1章）
小林　祐紀	茨城大学	（第4章）
田中　　怜	筑波大学	（第5章）

第3部

鈴木　　樹	鎌倉女子大学	（第2章－4・5・6）
大村龍太郎	東京学芸大学	（第4章－1）
紀村　修一	山口大学教育学部附属山口小学校	（第4章－2）
片岡　　浄	元つくば市中学校校長	（第4章－3）
渡邉　隆昌	筑波大学附属駒場中・高等学校	（第4章－4）
岩川光一朗	筑波大学大学院	（第4章－5）
赤塚　祐哉	早稲田大学本庄高等学院	（第4章－6）

（所属は執筆当時）

【編著者紹介】

樋口直宏（ひぐち・なおひろ）　（第2部第3・6章、第3部第1章）

筑波大学人間系教育学域教授。専門は、教育方法学（思考力の育成、授業研究、小中一貫教育）。著書『批判的思考指導の理論と実践』（学文社、2013）、『教育の方法と技術』（編著）（ミネルヴァ書房、2019）ほか。

林　尚示（はやし・まさみ）　（第1部第1・2章、第3部第2章−3）

教育学講座。東京学芸大学教育学部教授。同大学教職大学院・博士課程兼任。著書『教師のための教職シリーズ9特別活動　改訂版−総合的な学習（探究）の時間とともに−』（共著、学文社、2019）ほか。

牛尾直行（うしお・なおゆき）　（第1部第3章、第3部第3・4章）

順天堂大学スポーツ健康科学部准教授。専門は教育制度学（インドの教育制度、教育政策）。「義務教育」（藤井穂高編著『教育の法と制度』ミネルヴァ書房、2018）、「チェンナイにおける SC/ST/OBCs 学生の学歴形成と教育制度」（押川・南出編著『学校化に向かう南アジア』（昭和堂、2016）ほか。

実践に活かす　教育課程論・教育の方法と技術論

2020年6月11日	初版第1刷発行
2024年3月31日	初版第3刷発行

編　著　者	樋口直宏　林尚示　牛尾直行
発　行　人	鈴木　宣昭
発　行　所	学事出版株式会社
	〒101−0051　東京都千代田区神田神保町1−2−5
	電話　03−3518−9655
	HP アドレス　https://www.gakuji.co.jp

装　　　丁	Katsumura
印刷・製本	電算印刷株式会社